普通高等教育师范类地理系列教材

综合自然地理学

葛京凤　主编

科学出版社
北京

内 容 简 介

本书立足高师院校教学需要，以现代系统理论为指导，全面介绍了国内综合自然地理学的发展情况。全书共9章，内容可分四大部分：第一部分介绍了综合自然地理学的发展概况，包括绪论和第一章。第二部分对自然地理学的研究对象——自然地理系统进行了剖析，在论述其整体特征的基础上，重点对其物质与能量结构进行了分析，在此基础上介绍了自然地理系统的时间演化规律和地域分异规律，包括第二章、第三章和第四章。第三部分为本书的实践研究内容，涉及综合自然区划、土地分级与分类、土地评价等，包括第五章、第六章和第七章。第四部分着重于将综合自然地理学与当前地理学的研究热点相结合，对土地利用/土地覆被变化、人类与自然地理系统的相互作用关系进行论述，包括第八章和第九章。

本书可作为高等师范院校地理专业教材，也可作为资源环境、地理信息系统、城乡规划与管理、土地科学、农业科学等专业教学和科研工作者的参考用书。

图书在版编目(CIP)数据

综合自然地理学 / 葛京凤主编. —北京：科学出版社，2010.11
普通高等教育师范类地理系列教材
ISBN 978-7-03-029157-8

Ⅰ.①综… Ⅱ.①葛… Ⅲ.①自然地理学-高等学校-教材 Ⅳ.①P9

中国版本图书馆CIP数据核字(2010)第192793号

责任编辑：许 健 韩 芳 / 责任校对：刘珊珊
责任印制：刘 学 / 封面设计：殷 靓

科学出版社 出版
北京东黄城根北街16号
邮政编码：100717
http://www.sciencep.com
南京展望文化发展有限公司排版
广东虎彩云印刷有限公司印刷
科学出版社发行 各地新华书店经销
*
2010年11月第 一 版 开本：889×1194 1/16
2025年 8 月第十五次印刷 印张：10 1/2
字数：330 000
定价：40.00元

《综合自然地理学》编委会名单

“普通高等教育师范类地理系列教材”
专家委员会

序

正值中国地理学会在北京人民大会堂举行百年庆典之际，欣闻科学出版社组织全国高等师范院校共同编写地理科学类系列精编教材，以适应我国高等师范院校教学改革和综合化发展的需要，我作为教育部地球科学教学指导委员会主任委员感到由衷地高兴和鼓舞。

众所周知，高等师范院校的设置和发展可以说是中国高等教育在世界上的特色之一，为我国开展基础教育、提高国民素质教育作出了杰出贡献。地理科学类专业最早于1921年在东南大学（今南京大学的前身）设立了我国大学中的第一个地理学系，随后清华大学、金陵大学、北平师范大学纷纷增设地理学或地学系，因此地理科学类专业教育迄今已有八十余年的历史，培养了一大批服务于地理、环境与社会经济的地理科学人才。现今随着日益凸显的全球性的资源环境问题与人地关系矛盾的加剧和地理信息技术的迅速兴起、发展与应用，地理科学新的快速发展与拓展，地理科学类专业由原较单一的地理教育专业发展为地理科学、地理信息系统、资源环境与城乡规划管理等三个本科专业，并在综合性大学、高等师范院校、农林类高校等都有广泛开办。其中，高等师范院校较完整地设立了三个专业，在培养地理科学类的地理教学师资、地理信息系统、资源环境和城乡规划管理等人才方面发挥了主力军的作用，成为了我国培养这一类型人才的重要阵地，多被誉为“教师的摇篮”；与此同时，高等师范院校根据我国师范院校的性质和发展战略方向，以及我国高等教育改革的趋势，依托各区域的地理特点和文化积淀，针对社会的迫切需求，办出了不同于综合性大学的立足本土与本身的基础教育师资和区域性应用人才的特色。

由高等师范院校的资源环境与地理科学类的学院联合撰编系列精品教材，可紧密结合高等师范院校地理科学类专业的特点，量体裁衣，因校制宜，形成高等师范院校不同于综合性大学的自己系列精品教材；同时，可充分发挥师范院校教师们在师范院校地理科学类专业教学经验丰富和服务于基础教育及地方社会经济发展等的优势，将多年来精品课程建设、实践（实验）教学、专业建设、教学研究与教学改革等成果融入其中，形成真正的精品教材；再者，高等师范院校共同搭建系列精品教材编写平台，每本教材以1～2校为主编单位，多家院校参与、相互学习、相互交流、相互借鉴，取长补短，优势互补，共同提高，不仅利于每本教材编写水平的提升，也可促进师范院校专业建设和整体教学水平的提高，将提高本科教学质量、培养高素质人才、服务于地方基础教育和社会经济发展落到实处，推动我国高等教育的改革和发展。

我相信，科学出版社和高等师范院校精诚团结，真诚合作，各院校相互交流协作，一定能编出适合中国国情与需要，适应我国高等教育发展，适合高等师范院校的系列精品教材。

中国科学院院士

教育部高等学校地球科学教学指导委员会主任委员

前言

随着科学技术的不断进步与发展，人类与环境的作用关系愈加复杂，对自然地理环境也愈需要长序列、全方位、多尺度的综合研究。综合自然地理学作为一门理论性较强、理论与实践并重的学科，将自然地理环境视为一个统一的物质体系，研究自然地理综合体各组成要素间的相互作用关系、物质能量的转化，揭示系统的整体性与差异性、地表自然界的地域分异规律，划分各级自然地理综合体，探索人类与环境相互作用的机制，谋求可持续发展的合理途径。

根据教育部颁布的教学计划，全国高等院校地理专业全面开设了综合自然地理学课程，陈传康、刘胤汉、景贵和、伍光和、全石琳、刘南威、程伟民、梁留科、邱道持、蒙吉军等学者先后出版了多本综合自然地理学教材，对综合自然地理学的发展起到了重要的推动作用，也为本教材的编写提供了借鉴和参考。经过地理学者的多年探索，综合自然地理学尽管学科理论已相对成熟，应用范围更趋广泛，对社会发展的支撑作用不断增强，但还处于不断发展完善中，尤其在如何更有效地指导实践方面，仍需进一步深入研究。

本教材在编著中主要体现了两点：① 体系的完整性。全书分为历史发展、基础理论、实践应用和作用关系四部分。体系完整、明快、简捷，以圈层、要素相互作用为动力机制，结构与功能为整体特征的新观念，引导和培养学生形成格局—过程—机制为主线的逻辑思维，并提高其综合分析能力。② 内容的丰富性。全书着重体现了综合自然地理的发展历程，丰富并完善了综合自然地理学的理论基础，同时吸收了国内外最新研究成果，补充了理论与实践结合的案例。

本书由河北师范大学葛京凤担任主编，由科学出版社组织葛京凤、乌兰图雅、胡敏等拟定了编写大纲，福建师范大学晏路明结合自己的多年教学和实践经验对本书的整体框架作了详细修改并提出了宝贵的建议。本教材编委人员和分工为：葛京凤、梁彦庆编写绪论、第四章；葛京凤、许振国编写第一章；梁彦庆编写第二、第三章；郭爱请编写第五章；李晓青、邓楚雄、谢炳庚编写第六章；乌兰图雅编写第七章；黄志英编写第八章；胡敏编写第九章。乌兰图雅和晏路明分别负责第六和第九章审稿，全书最后由葛京凤统定稿，梁彦庆、黄志英、李灿、刘云亮和部分研究生负责排版、校对及图件绘制，科学出版社在书稿审查、编辑上做了大量工作，在此表示衷心的感谢。

在本书的编写过程中，得到了河北师范大学、河北省环境演变与生态建设实验室、湖南师范大

Foreword

学、福建师范大学、内蒙古师范大学、石家庄经济学院的领导和老师的大力支持，谨此一并致谢。

在编写过程中，我们参考了许多有关综合自然地理学的著作、教材和论文，在此向有关作者表示由衷的感谢。

由于作者水平有限，书中疏漏与谬误之处难免，恳请同行专家及广大师生批评指正。

编者

2010年6月

目 录

Contents

绪　论

综合自然地理学和部门自然地理学都是自然地理学的分科，前者研究地球自然环境的整体性质，是综合性研究；后者研究构成地表自然环境的组成成分，是分析性研究。两者在认识自然环境方面是相辅相成的。通常广义的自然地理学包括两者在内，狭义的自然地理学一般专指综合自然地理学。

一、综合自然地理学的研究对象

综合自然地理学和其他学科一样，具有自己的研究对象，正是由于研究对象的不同，才使不同学科具有相应的独立性，并在分科体系中具有自己的地位。

综合自然地理学是地理科学体系中一门既古老又年轻的学科，其研究对象是人类赖以生存和活动的自然地理环境，是地球表层的大气、水、岩石、生物以及其他派生的自然物质共同组成的整体——自然综合体。从系统的观点看，这样的物质整体，与外界环境保持着不断的物质能量交换，使其内部维持着有序的结构和稳定的功能，是具有耗散结构的开放体系。这个特殊的物质体系，我们称之为自然地理系统。

自然地理系统是当代综合自然地理工作者对其研究对象的表述。运用系统方法研究自然地理环境的结构、功能、演化和分布规律，探索物质能量在自然地理系统中储存、传输、交换和平衡机制，从而在理论和方法上不断丰富和完善综合自然地理学。

对于自然地理系统这一特殊的物质体系，许多地理学家曾用不同的术语来表达，如地理壳、地理圈、景观圈、景观壳、地球表层、自然地理环境、自然地理面等。名称虽然不同，但所指内容都是自然地理系统这一独特的物质体系，所不同的只是空间范围的差异。

自然地理系统在其漫长的进化过程中形成了独特的本质特性，是一个在结构和功能上不同于地球其他各圈层的空间系统，这个特殊的物质系统具有以下特征：

第一，地球上两种能源(太阳能和地球内能)相互作用，同时起着重要作用。在地球内能引起的内力作用下，地球表面的形状趋向于由简单变为复杂，由平坦变为凸凹，形成千姿百态的地貌形态。而以太阳辐射为基本能源的外力作用则通过风化、剥蚀、搬运、堆积等作用，消除内力所造成的起伏，总的趋势是夷平高地，并将被破坏的产物搬到低洼处沉积下来，使地面趋于平坦。可见，地表形态是两种主要能源共同作用的结果，这一特点是地球其他圈层所不具备的。两种能源在自然地理环境中相互叠加，共同作用，尤其是太阳辐射集中分布于地球表层，在这里重新转化，引起地表一系列自然地理过程，并支配着整个自然地理系统的功能、结构及动态发展。

第二，这里同时存在着物质的三相和三相圈层的界面。固、液、气三相物质并存，形成了海洋、陆地、冰川、沙漠、湖泊等大小等级不同的异质系统，从而造成了不同规模的水分、大气循环，实现物质和能量的循环运动和转换。其中陆地表面是固体和气体的界面，海洋表面是液体和气体的界面，海洋下界是液体和固体的界面，海洋沿岸是三相物体的界面。各界面上三相物质共存，相互交换，相互渗透，物质与能量的交换和循环(如大气循环、水循环、地质循环)极为活跃。

第三，具有本身自我发展的形成物，如生物圈、风化壳、土壤层、地貌形态、沉积岩、黏土矿物等，这些都是自然地理系统所特有的。

第四，在自然地理系统的进化过程中，既形成了有序的空间结构，又存在复杂的内部差异。地表物质的组成和结构以及物质交换和能量循环发生了明显的内部分异，这种地域分异不仅表现在水平方向上，也表现在垂直方向上，其分异的结果形成了各级自然综合体或不同层次的自然地理系统。

第五，自然地理系统是人类赖以生存和发展的环境，是人类活动及其影响最为集中的空间。人是自然地理系统发展到了高级阶段的产物，是自然界的一部分，一方面受自然环境的影响，另一方面又积极作用于这个环境。随着社会生产力的发展，人类与自然地理环境相互作用的规模和强度在日益增大。

二、综合自然地理学在地理学中的地位

地球表层是人类生存生活的环境，包括各种自然地理要素相互作用而形成的自然地理环境、人类社会发展过程中形成的社会经济环境和社会文化环境。研究地理环境的地理学，既要研究三种环境的综合特点，又要分别研究三种环境各自的特征和规律，还要研究各种环境的组成成分。因此，地理学的分科具有三个层次：① 研究整个地理环境综合特征的综合地理学；② 分别研究自然地理环境、经济地理环境和社会文化地理环境整体特征的综合自然地理学、综合经济地理学和社会文化地理学；③ 分别研究上述三种环境中各组成要素的部门地理学，如部门自然地理学、部门经济地理学等。

从研究层次看，综合自然地理学处于地理学分科的第二层次，在第三层次的自然地理学分析研究的基础上进行综合研究，是一门承前启后的课程，即部门自然地理学是它的基础课，同时它也为第一层次的综合地理学奠定基础。

部门自然地理学是气候学、地貌学、水文地理学、土壤地理学、植物地理学和动物地理学的总称，分别以地球表层范围内的大气对流层、岩石圈表层、水圈和生物圈为具体的研究对象，侧重研究自然地理环境各个组成部分的物质组成、结构形态、空间分布和变化动态等方面的规律性，是分析性研究。而综合自然地理学是以部门自然地理学为基础，综合研究自然地理系统的整体，阐明这个整体的组成与结构特点、功能效应、发展动态、地域差异以及人与自然关系等基本问题，是综合性研究。从认识的角度看，部门自然地理是从某一个侧面认识地球表层自然环境的某一组成要素，综合自然地理学是从整体上来认识地球表层的自然环境；前者是认识论中的分析，后者是认识论中的综合。因此，部门自然地理学与综合自然地理学之间的关系就是部分与整体、分析与综合的统一，两者在认识自然地理环境方面是相辅相成、互相补充的，只有掌握了部门自然地理知识，同时也掌握了综合自然地理知识，才能深入地、全面地认识自然地理环境。

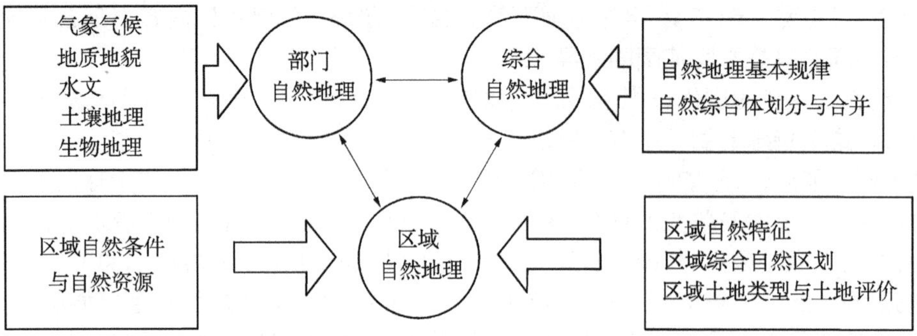

图 0-1 自然地理学分科关系图

无论是部门自然地理学，还是综合自然地理学，除了进行基本理论研究以外，还必须结合实际进行区域性的自然地理研究，使理论得到验证。如区域气候、区域地貌、区域土壤等属于部门自然地理学的区域研究。综合自然地理学的区域性研究，主要是对某一具体区域所进行的综合自然区划、土地类型和土地评价研究。因此，区域自然地理学、部门自然地理学和综合自然地理学三者既相互独立，又相互联系，共同构成了自然地理学的整体。

三、综合自然地理学的任务

综合自然地理学是一门理论性较强，理论与实践并重的学科，是从自然地理系统及其各级自然地理综合体的结构和功能等方面进行综合分析和系统研究，因而，其主要研究内容和任务是：

1) 研究自然地理系统的整体规律性，探讨系统的结构与功能以及各种结构的形成机制和规律，研究系统中的物质和能量的交换与循环，寻求进行控制和调节的途径。

2) 分析研究自然地理系统的时间和空间分异规律，根据地域分异规律的不同尺度及从属关系，划分出不同等级的自然综合体，进行多种等级的地域系统和类型系统研究，即综合自然区划、土地类型、土地评价

研究。

3）研究各级自然地理综合体的综合特征，参与经济建设的自然条件评价，探讨合理、有效开发利用和改造自然的方向和途径。

4）揭示人类活动与自然地理系统相互作用的机制和关系，谋求人地和谐、可持续发展的正确途径。

参考文献

葛京凤.2005.综合自然地理学.北京：中国环境科学出版社.

刘南威，郭有立.2004.综合自然地理学.第二版.北京：科学出版社.

蒙吉军.2005.综合自然地理学.北京：北京大学出版社.

钱学森.1991.谈地理科学的内容及研究方法.地理学报，46(3).

伍光和，蔡运龙.2004.综合自然地理学.第二版.北京：高等教育出版社.

第一章　综合自然地理学的形成与发展简史

综合自然地理学是一门既古老又年轻的科学，其思想在远古时代就有了萌芽，但其理论体系的形成则不过几十年的历史。综合自然地理学的形成过程可概括为知识萌芽很早、理论形成较晚，其形成和发展过程是以其母体——地理学的发展史为背景，在地理学经历古代地理学、近代地理学和现代地理学时期的同时，综合自然地理学也取得了相应的进展。

第一节　古代地理学时期

从远古到18世纪中期为地理学发展的初期阶段——搜集和积累资料阶段，在这漫长的过程中，地理知识的积累随着人类活动范围的扩大而逐渐增加，这一时期是地理学发展史上的古代地理学时期，也是综合自然地理知识积累、综合思想萌芽的时期。

从现在发掘的遗址和遗物看，自然的综合概念在很久以前就形成了。例如，从猿到人的转变过程，为什么不发生在冰天雪地与沙漠之中，而只出现在气候较为温暖、动植物比较丰富的地区？单就这点看，综合、适宜的自然地理环境，对人类的形成与发展起了重要作用。从另一个角度看，人类对于环境，早就开始了对多种自然条件进行综合选择利用。如距今6 000多年的陕西半坡遗址，恰好处于暖温带落叶阔叶林区，林木繁茂，全年平均气温为13.3℃，年降水量为604.2 mm，同时位于河流阶地，土壤肥沃，物种丰富，因而适宜居住与开垦。国内外发现的大量遗址表明，人类的居住地总是先在温带平原、河流附近，而后向台地、河谷地及丘陵地发展，这些均说明优越的地理环境条件总是人类的活动首选。又如埃及公元前1400年的东南金矿山地区地图，其上绘有城市、矿区、山脉、河流等，也证明了人类活动总是把土地、河流、山脉及自然资源等并列描绘在一起，这种并列实际上已经包含了简单的综合自然地理知识成分，是综合自然地理知识积累的开始。

一、中外地理著作中的综合思想

（一）中国的综合思想

我国作为世界四大文明古国之一，古代就有许多史书和有关地理的专著包含着丰富的综合性的区域自然地理内容，在许多方面为地理学的发展做出了贡献。

早在公元前5世纪，《禹贡》一书就曾根据当时我国各地自然情况，以山岳河海为界，把领土分为九州，即冀（今晋、冀、辽南）、兖（鲁西）、青（鲁东）、徐（鲁南、苏北、皖北）、扬（苏南、皖南、浙北、赣北）、荆（湘、鄂）、豫（豫）、梁（川）、雍（陕、甘），并扼要阐述了各州的自然条件、人类活动及典型物产。该著作从山川形势、自然景观、土壤分布、物产田赋、交通路线出发，指出了其间的联系并对各区特点做了比较。因此，《禹贡》不仅是中国，也是世界上最早的区划著作之一。大约同一时期的《周礼》一书将当时我国的土地划分为山林、川泽、丘陵、坟衍和原隰等五类，这种原始的土地类型划分可以说是我国最早的综合自然地理知识的萌芽。

战国时期（公元前3世纪前后）的《管子·地员篇》，是我国古代土地类型的著作。该书首先根据地势高低和地貌形态的差别，将土地分为渎田（大平原）、丘陵和山地三大类；然后又按地表组成物质和中小地貌形态以及其他自然特征的差异，细分为25个土地亚类；并且还依据各类土地的土壤肥力以及对农、林业的适宜程度，将土地划分为上、中、下三等。这无疑是世界上最早的土地分类和分等研究。《管子·地员篇》还记述了植物垂直分布与水平分布的现象，阐明了植物与地形、土壤和水文的相互关系，指出“草土之道、各有谷造，或高或下、各有草土”这个客观规律，即阐明了植物与土壤相互关系的综合思想。

西汉司马迁（公元前135～前87年）在其名著《史记》中，对全国的自然条件和资源状况做了概要记载，并对如何开发地利提出了建议。东汉班固（公元32～92年）编著的《汉书·地理志》是我国第一部以“地理”命名的著作，记述了西汉末年全国和地方的行政疆域、历史沿革、自然条件、资源、人口、物产、民俗、主要道路和市镇,为以后历代封建王朝的地志编修树立了典范。北魏时郦道元(466～527年)所著《水经注》,是我国古代一部较完整的、以记载河道水系为主的综合性地理著作。唐朝玄奘(600～664年)编撰的《大唐西域记》,记述了从帕米尔高原到咸海之间广大地区的气候、湖泊、地形、土壤、林木、动物等情况,是这一地区最为全面、系统而又综合的地理记述。北宋科学家沈括(1031～1095年)所著的《梦溪笔谈》,是一部有关自然地理现象综合观察与探索的科学著作,内容广博,是反映我国当时科学水平的一部巨著,被称作"中国科学史的里程碑",该书提出了河流侵蚀、搬运和堆积作用,推断出海陆变迁的普遍规律。沈括的这种推断,比欧洲15世纪达·芬奇(L. da Vinci)的流水侵蚀说早400年。明末徐霞客(1586～1641年)所著的《徐霞客游记》,涉及地貌、水文、地质、植物等,开创了我国地理学系统观察自然、描写自然的新方向。清初顾祖禹著《读史方舆纪要》,书中人地关系的辩证思想较为突出,"经世致用"的思想贯穿全书。17世纪的刘献廷与孙兰,运用综合观点对自然地理方法论进行研究,主张打破方志,改革地理研究,提出地理学应为"经世致用"之学,要探索"天地之故",他们非常关注自然现象之间的相互关系,常用归纳法和实地调查法来揭示自然规律,是朴素而又可贵的综合自然地理学思想。

(二) 国外的综合思想

在西方,古希腊和古罗马的文化中也积累了大量的、具有综合自然地理意义的资料,记载了各地的自然、社会和经济情况,其观点和见解可以说是欧洲最早综合自然地理学思想的萌芽。

古希腊学者埃拉托色尼(Eratosthenes,约公元前275～前194年),第一次使用"地理学"一词作书名,编写了一部关于已知世界和地球基本知识的著作。书中论述了地球的形状和大小以及当时所知的海陆分布,开创了以数理地理为中心内容对整个地球进行研究的方向,被后世称为"宇宙派"。由于他第一次创造了"地理学"这个术语,被西方地理学家推崇为"地理学之父"。

古罗马学者斯特拉波(Strabo,公元前64～公元23年)在其17卷《地理》著作中较详尽地记载了当时以地中海为中心的罗马帝国的地理情况,为西方区域地理的发展奠定了基础。斯特拉波认为,地理学不能只研究各国的形状和大小,还要研究它们的相互关系;还指出一个地区具有自然条件和人文条件,前者是不变的,而后者是不断变化的。其著作被认为是最早记载自然与人文地理的地理志,奠定了地方志的方向,被后世称为"博杂派"。

古希腊学者托勒密(Pto-lemy,公元90～168年)撰写的《地理学指南》,是一部全面探讨希腊罗马地区地理知识的典籍。

公元5～15世纪,是欧洲漫长而黑暗的中世纪。罗马帝国到后期分崩离析,形成闭关自守、政教合一的君主国。欧洲社会在宗教势力的控制下,科学领域受神权的支配,人们开阔了的地理眼界被重新缩小了,地理学发展在这一时期几乎处于停滞状态。

二、地理大发现时期的资料积累

15世纪初,我国伟大的航海家郑和七次下西洋(1405～1433年)。从15世纪末开始,随着欧洲资本主义经济的迅速发展,西欧人为了扩大海外贸易市场,开辟新航道的远洋探察活动突然增加。1492年,哥伦布(C. Colombus,1451～1506年)率领的船队横渡大西洋到达美洲海岸,发现了新大陆;1498年,瓦斯科·达·伽马(Vasco da Gama,1469～1524年)等人绕过非洲的好望角,发现了通往印度的新航线;1519～1521年,麦哲伦(F. Magellan,1480～1521年)和他的伙伴完成了世界上第一次环球一周的航行。通过上述一系列世界范围的地理探险活动,证实了地球上广大海洋的存在,弄清了海陆的基本轮廓,明确了地球的形状、大小和运动形式,收集和积累了大量的海洋、生物、地质资料,地理资料的积累空前丰富起来。新发现的国家和土地得到了描写,并在地图上确定下来;科学的地图投影法出现(如墨卡托投影),使世界地图第一次接近了精确。明斯特尔(Munster,1489～1552年)完成了描述地理著作《宇宙学》。

当时,科学的发展要求对已有的地理知识进行整理和总结。地理学家瓦伦纽斯(B. Varenius,1622～1650年)则是第一个尝试将有关地球知识进行理论概括和总结的学者。瓦伦纽斯是德国早期的地理学家(后迁居荷兰),在综合自然地理学发展史中,是首先建立"自然界是统一的"概念的学者。他在大学预备班时研究过哲学、数学、物理,后在大学学医,再后又改学地理专业。他以地理为基础,利用当时在荷兰阿姆斯特丹常与航海商及水手接触的机会，了解其所见所闻，并对当时的地理大发现和天文学上的重大成果极为重视。1649～1650年间，瓦伦纽斯完成了名著《地理学通论》（于1650年出版）。该书是一部综合性较强的著作，第一次将哥白尼、开普勒、伽利略的学说引进地理学来探讨数理地理问题；并从“自然界是统一的”思想出发，把当时积累下来的有关气候、海洋、地形等知识作为一个统一的物质体系来论述，认为“水陆界”的各组成部分处于相互渗透中。他是第一个接近正确理解自然地理学研究对象的学者，认为地理学主要是研究地球的“外部表面”，研究地球的“水界和陆界”。与此同时，还将地理学分为普通地理学和特殊地理学，前者侧重研究整个地球表面，后者侧重研究地表的局部地段，并阐明了两者的相互依存关系。瓦伦纽斯的上述地理观念，比同时代的人要高得多。有的学者认为，这种见解至少比当时地理发展水平超出一个世纪。然而，由于历史条件的所限，这些学术观点在当时并没有对地理学的发展产生显著影响，但以后的地理学者却从瓦伦纽斯这里得到了新概念，从而在综合自然地理知识的积累上有了较快发展。其后，哈雷（Halley，1656～1742年）画出了南北半球的信风带，并标明了亚洲的季风。林奈（Linnne，1707～1778年）提出了一个简单而有用的植物分类系统方案。

第二节 近代地理学时期

18世纪末到20世纪中期，地理学发展进入近代时期。这一时期的特点在于地理学已不是单纯的记述地理现象，而是进一步对地理事物加以分析说明，因此又称为解释地理学时期，以区别古代时期的描述地理学。

一、统一地理学的分化

18世纪末至19世纪中期，地理学正处在由广泛积累资料向系统整理资料过渡，地理认识由感性向理性过渡的转折时期。在这个时期，古代地理学的两大基本学派——“宇宙派”和“博杂派”明显地发展成为近代地理学的两大分支——自然地理学和人文地理学，两位德国地理学大师亚历山大·冯·洪堡（Alexander von Humboltt，1769～1859年）和卡尔·李特尔（Carl Ritter，1779～1859年）对此做出了杰出的贡献，被誉为近代地理学的奠基人。

洪堡被公认为世界科学史上的最著名人物之一，他知识渊博，青年时期接受了地质学的训练，并在物理学、植物学、矿物学等方面有广泛的知识基础。他做了大量野外工作，考察了西欧和南欧的许多地方。在其28岁时母亲去世，他将自己得到的全部遗产用以进行考察和探险事业。1799年他和法国植物学者邦普兰（Aimé Bonpland）到达美洲，在奥里诺科河流域和安第斯山区进行了历时5年的科学考察，行程1万公里，到过委内瑞拉、哥伦比亚、智利、秘鲁、巴西、古巴、墨西哥和美国。沿途采集了大量植物和岩石标本，测量了经纬度和地磁等现象，并且了解当地居民生活，调查社会和经济情况。1804年洪堡回到欧洲后，整理考察报告，鉴定数以千计的植物标本，出版了《新大陆热带地区旅行记》，共30卷。这是有关新大陆自然、经济和政治的第一部百科全书，也是拉丁美洲北部最早的区域地理著作。

洪堡在他一生的最后几年撰写了不朽著作——《宇宙》，共5卷，是其一生科学发现和学术成就的总结。洪堡的科学贡献是多方面的，仅就自然地理学而言，其主要贡献有：

1）首创了多种重要的自然地理研究方法。① 等温线法，用等温线表示温度的水平分布，绘制了世界第一幅平均等温线图（图1-1），并注意到了海陆分布所造成的等温线与纬度的差异，创立了大陆性的概念；② 剖面图法，利用地形剖面图研究山区的地理情况；③ 比较法，运用比较法去分析地理规律，揭示自然地理环境的综合性和区域性特点。

2）创造性地运用因果联系法则，对各种自然地理现象的成因和分布规律做出理论性概括。如气候带的分布及其成因、洋流的成因、植物对气候的依存关系、山地植被的垂直分布规律等。

3）明确指出了自然地理学研究的综合特征，提出“自然界是统一的整体”，自然地理学的主要任务在于“认识多种多样的自然统一体，研究地球上各种自然现象的一般规律和内在联系”。洪堡这些精辟论断，使自然地理学从地理学的羽翼下独立出来，并且从理论到方法上把自然地理学推向一个新阶段。

李特尔的出身、经历和一些学术见解与洪堡不同，但对于近代地理学的贡献是相同的。李特尔家境贫寒，靠半工半读完成学业。他的后半生一直在柏林大学任教，是第一个德国地理学讲座教授，而且是全世界最早的地理学会——柏林地理学会创建人。扎实的基础、丰富的实际调查工作经验和生动的口才，使他成为

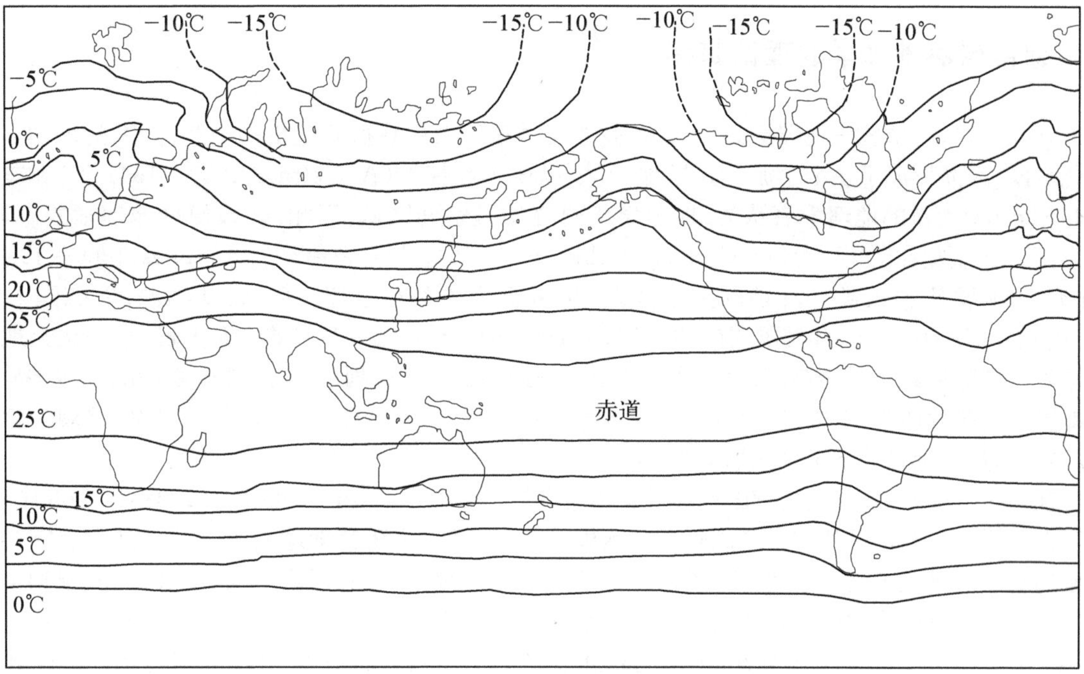

图 1-1　年平均温度等值线图
注：此图 1845 年由洪堡编制

伟大的地理教育家。

李特尔是人文地理学的倡导者，强调人地相关的综合性和统一性。他把地球表面作为人类活动的舞台，认为地理学是研究人类住所的地理表面；还把古代的地志学发展成为人文地理学。

与洪堡一样，李特尔写下了一部代表他主要学术成就的巨著——《地学通论》，该书的全名是《地球科学——它同自然和人类历史科学研究与教学的坚实基础》，这个题目几乎概括了李特尔的全部地理思想。比较地理学在李特尔看来，就是形态学、类型学的思想，通过地理学单位的分类、比较来分析其成因和变化规律。而这种分类、比较是从形象上、形态上进行的，就像生物学中的门、纲、目、科、属、种一样。李特尔的区域方法和对地面现象的综合比较观点一直为后世所效仿。然而，他用唯心主义的观点，把地球的构成、海陆形状与分布归结于神的安排，在地理学界颇受批评。

洪堡和李特尔在同一年于柏林去世。他们在科学史上有如巍巍高山，成就卓著。作为地理学者在世界学术界、教育界的巨大影响和享有的崇高地位是史无前例的。他们是古典(代)地理学的集大成者，是近代地理学的开拓者和奠基人，是继往开来的一代地理、科学大师。

19 世纪到 20 世纪初，科学技术的发展和新科学的不断涌现，加速了科学分化的进程。当时在科学分化思潮的影响下，不仅原来统一的地理学分化为自然地理学和人文地理学，自然地理学也逐渐分化为一系列独立的部门自然地理学。这一过程现在仍在继续进行，不仅分化出一些二级的部门地理学(如地貌学、气候学等)，而且分化出一些三级的部门地理学(如河流地貌学、陆地水文学、湖泊学等)，乃至四级部门地理学(如泥石流学、雪学等)。这种分化过程使科学研究更加深入，无疑是进步的表现，但同时却产生地理学本身是否存在的问题。这些分化出来的部门地理学学者，甚至认为地理学已经完成了历史使命，没有再存在的价值了。而其他方面的学者也对地理学采取了否定态度。这样，便出现了地理学发展的危机。

楚国南在《地理学发展史》中的“译者题记”里的一段话，确切地说明了当时地理学所处的困境：“科学的地理学，乃是近代自然科学进步以后才发展起来的，也正是由于自然科学的进步，地理学所属的内容都分为许多支派、许多部门，各具组织化、系统化，成为一门特殊的、独立的科学。而地理学的内容，却渐渐地被抽空了，地理学的存在也成了问题。……至少是地理学是否可以成为一种科学的问题。譬如说任何一种科学，都有它自己的研究中心和所属的特殊的体材，它所研究的内容也被新发展起来的地质学、气象学、人类学、社会学……分割开来，作为专门研究的对象，所以，地理学是否可以成为一有组织的、完整而独立的科学，乃成为 19 世纪末以来科学争论的一个大问题。”

二、综合自然地理学的理论萌芽

为了寻找出路，对抗统一地理学的分化，许多地理学家努力寻找摆脱危机的出路，力图为地理学寻求自己的研究对象，因而形成了多个学派：① 区域学派，以德国赫特纳(A. Hettner，1859～1941 年)和美国哈特向(R. Harshorne)为首的地理学者认为，地理学所研究的是空间区域，因此，区域便是地理学的研究对象。② 人地关系学派，法国的白兰士(Vidal de la Blache，1845～1918 年)、白吕纳(J. Brunhes，1869～1930 年)等认为，地理学主要研究人类与环境的关系问题，也可视为人类生态学。③ 景观学派，以德国的帕萨格(S. Passarge，1867～1958 年)和英国的赫伯森(A. J. Herbertson，1865～1915 年)为代表，他们认为地理学主要研究地表个别区域或地段的特征，包括从小地段的识别到自然区的划分，以及地球表面的区域差异。但这些学派都受历史条件所限，有的过于肤浅，如区域学派；有的过于社会化，如人地关系学派；景观学派的理论也很不成熟，这些远远抵挡不了分化思潮的影响。

在地理学大分化时期，杰出的德国地理学家李希霍芬(Ferdinand von Richthofen，1833～1905 年)坚持用洪堡关于自然界统一和联系的综合观点研究自然界，认为地理学是研究地球表面以及与其有成因关系的事物和现象的科学。其主要观点包括：① 地理学的研究对象是地球表面，即岩石圈、水圈、大气圈和生物圈相互接触的地方。他认为集中研究地球表层各种相互联系的现象，发掘人类和自然现象之间的关系是研究的最高目标。② 将世界作为一个整体来研究，同时还要考察地球表面的细小片段，阐明特定地区内各种事物的相互因果关系。他认为地球表面是由许多区域组成的，把这些区域并列到一起就构成了整体。在进行区域研究时，他将地表按其范围大小依次划分为不同区域：地表主要部分(erdteile)、大区(lander)、景观区(landschaften)和地方(ortlichkeisen)。③ 区域地理不限于单纯的描述独特现象，还要探索现象发生的规律性，提出假说，阐明特定地区各种事物的相互因果关系。如对于黄土地区的研究，首先对其自然现象进行观察、测量和详细描述，然后要探索黄土的堆积过程，研究黄土的形成对于植被和人类土地利用所产生的影响等问题。很显然，李希霍芬的上述观点不仅继承了洪堡的地理学思想和研究方法，而且发展了综合自然地理学思想。

19 世纪末叶，自然地理学最重要的成就之一就在于俄国地理学家道库恰耶夫(B. B. Докучаев，1846～1903 年)提出了自然综合体和自然地带学说，并且由他的学生和继承者加以补充和发展。道库恰耶夫是土壤学家，他在从事土壤研究中，第一个认为土壤研究并非仅仅是风化崩解的基岩，而是在各种无机和有机自然因素和人类活动的综合相互作用下形成的。这同当时西欧各国学者深信土壤是底土地质结构唯一反映的说法，形成鲜明的对比。他认为土壤是母质、气候、坡度、植物、动物和陆地年龄相互作用的结果，由此他看到了整个世界相互联系、相互制约的本质特征。道库恰耶夫的发现以及所从事的研究工作，进一步促进了综合自然地理学的萌芽。① 他创立了自然综合体思想，认为地表的一切自然组成成分(地形、地表岩石、气候、水、土壤、动植物群落等)都是密切地相互制约、相互作用着，并且作为统一复杂的物质体系的一部分而不断地发展着。自然综合体的科学概念，一直是道库恰耶夫学派拟定改造和利用自然措施的理论依据。他强调指出，对于农业生产的自然因素(土壤、气候、水体、有机物等)应从它们的相互关系方面进行综合分析研究；土壤是自然地理综合体的重要组成成分，又是反映自然地理综合体内在联系的一面镜子，深刻认识土壤的本质属性特别重要。② 他提出了自然地带学说，在《论自然带学说》一文中指出，整个无机界和有机界，从其一般性来看，都带有鲜明的世界地带性特征。这种世界性的自然地带，便是一般的(最大的)地理综合体的例子。③ 他还曾论证并预言将出现一门新的学科。道库恰耶夫晚年时这样写道："大家知道，最近在现代自然科学的领域中正逐渐形成和分出一门极有意义的科学。这门科学就是关于那些各种各样错综复杂的相互联系和相互作用的学说，也就是关于那些支配着存在于所谓生物界和非生物界之间的长期变化的规律的学说……实质上可以说，这门还是十分年轻的但却充满极高科学兴趣和科学意义的学科，是处在现代自然科学所有重要部门的最中心，也就是处在地质学、山川学、气候学、植物学以及最广义的人类学这样一些部门的最中心。……而且在不久的将来，它一定会占有完全独立和光荣的地位。它将有自己十分确定的任务和方法，而不会与现在的自然科学各部门相混淆……"道库恰耶夫所设想的新学科，正是现在的综合自然地理学。他所提出的自然综合体的理论和自然地带学说，正是综合自然地理学理论体系的基本组成部分。

三、综合自然地理学理论体系的形成

李希霍芬和道库恰耶夫开创的综合自然地理方向，在20世纪初得到迅速发展，并在20世纪20～50年代逐渐形成了比较完整的综合自然地理学。在这一发展过程中，逐渐出现了两种研究方向，形成两大地理学派：景观学派和普通自然地理学派。这两大学派在综合自然地理学理论形成中都占有极为重要的地位。

（一）景观学派

“景观”一词来自德文“landschaft”，原意是“地方风景”，并无一定的区域含义，如洪堡用“景观”这个词指可以目睹的现象，是对美丽风景的欣赏。地理学者多视景观为景色均一的地区，但景观的确切含义游移不定，目前仍未取得一致的意见。德国的景观学派以帕萨格(S. Passarge，1867～1958年)为代表，把景观类型看作是一种空间体系，即一种相关要素的集合体。他们认为植被是景观类型最好的标志，以植被为指标，划分了地球上的景观带。其后于1939年，德国另一地理学家特罗尔(C. Troll)引用了“景观生态学”这一术语，把地理学与生态学结合起来，用生态学的理论和实践武装了地理学，使综合自然地理学得到进一步发展。

德国的景观学派偏重于人文景观，而原苏联的景观学派偏重于自然景观的研究，并自成一派，影响很大。

原苏联地理学家贝尔格(Л. C. Eepr，1876～1950年)于1913年提出了“地理景观”概念，认为地表是由客观存在的具有不同特点的地域(地段)所构成，每个地域(地段)独特的地形、气候、土壤、植物等自然要素都是有规律的结合。地表的这些地域(地段)概称地理景观，简称景观。贝尔格是把地理景观作为地理学研究对象的第一个人。他曾明确指出地理景观与自然地带的相互关系，即景观是自然地带的组成部分，自然地带则为“同一类型景观分布占优势的地域”。因此，贝尔格认为，自然地带可称为景观地带，景观是自然地理学的研究对象，自然地理学就是景观学。1931年，贝尔格所著的《苏联景观地理带》一书出版，对景观学的原理做了系统的阐述，对综合自然地理区划也起到了重要的促进作用。

俄国十月革命以后，景观学在苏联逐渐成为自然地理学的重要核心和新的研究方向，并引起了地理学界普遍的关注。景观学理论体系的形成和发展过程，大致可分为三个阶段：

1) 20世纪20年代前后，苏联一些地理学者在进行区域性地理考察时，广泛应用了景观分析(综合分析)方法。

2) 20世纪30年代，开展了关于景观学方法的探讨。由于贝尔格等学者最初提出的“景观”概念等同于自然综合体，没有分级的含义，而客观的自然综合体是具有不同的等级的。因此引起了原苏联地理学者关于景观这一科学概念的争论。这些争论，可归纳为三种意见：① 把景观广泛理解为“自然综合体”的同义语；② 把景观理解为具体的区域单位，而且是自然区划的基本(下限)单位(区域派)；③ 把景观理解为基本的类型，是地域综合体系统的起始单位(类型派)。

3) 20世纪40年代，经过科学实践和学术争论，景观学派的学者逐渐取得接近一致的认识。即在自然界中，客观存在着不同等级的地域单位(地理综合体)，每个比较高级(比较复杂)的地域单位，都是相对比较低级(相对比较单调)的地理综合体有规律的结合，这就是划分地理综合体区域系统的理论基础。同时，任何一级具体的地域单位，可以不按它们相互之间的位置进行划分，而按其相似性的标志分类，从而得出地域单位的类型系统。划分区域系统和类型系统具有同等重要的意义，两者并行不悖，相辅相成，并且把景观确定为综合自然地理学研究的主要对象。以上这些观点从理论和实践上都丰富了景观形态学的研究，这正是综合自然地理学理论的一个重要组成部分。

由于景观学派过分强调地表局部(地域)的规律性研究，甚至认为景观学就是自然地理学，因此忽视了地球表面客观存在的一般规律性的研究。

（二）普通自然地理学派

在景观学发展的同时，俄国地理学界的另一学派——普通自然地理学派，则强调地表整体结构及其发展变化的一般规律性的研究具有重要的意义，而对地方性的、区域性的自然地理规律性研究则不够重视。这一学派的早期代表者布罗乌诺夫(И. Л. Броунов,1852～1927 年)于 1910 年提出自然地理学的研究对象是地球表壳(外部地壳),并将地球表壳定义为岩石圈、水圈、大气圈和生物圈相互渗透、相互作用的球面。他在《自然地理学教程》一书中提出如下观点：① 自然地理学的主要任务,在于研究作为生物活动场所的地球表壳现在的物理结构,以及该表壳中所发生的各种现象;② 地球表壳是由固体壳(岩石圈)、液体壳(水圈)、气体壳(大气圈)以及同它们相连接的生物圈所构成,所有这些物质圈层(表壳)在很大程度上是相互渗透的,并通过它们之间的相互作用决定着地球的外貌;③ 研究地球表壳各圈层的相互作用也是自然地理学最重要的任务之一,正是这些任务使自然地理学成为完全独立的学科。布罗乌诺夫的见解虽有一定的局限性,但是比较接近于对综合自然地理学本质的理解,他比较正确的阐明了地球表壳这一物质体系的科学概念,这正是这一学派的重大贡献。

20 世纪 20～50 年代,普通自然地理学派关于地表整体规律性的理论研究又有新的发展。这个时期该学派最著名的代表学者是格里哥里耶夫(А. А. Григорьев,1883～1968 年)。他先后列举了大量证据,进一步阐明"地球表壳"的本质特征,论证了将其作为自然地理学研究对象的理论依据,并建议将其改称"地球自然地理壳",简称自然地理壳。格里哥里耶夫认为：自然地理壳的形成和发展决定于其所处的宇宙空间部位,它本身又是由地壳表部岩石圈、大气圈下部对流层、水圈、植被、土被和动物界等特定的物质要素所组成的统一整体,因而具有独特的构造、动态和发展变化的规律性。对于这些规律性,一方面应从整体的角度进行研究,另一方面也需对其各类地域层次进行对比分析。同时,他又从方法论角度提出研究自然地理壳的基本要求：① 必须从相互联系和相互制约方面研究自然地理壳的组成成分,以阐明自然地理壳构成统一整体的物质基础和各种过程的实质;② 必须从自然地理壳与宇宙因素(首先是太阳辐射)以及与地球内部之间的物质和能量联系方面进行研究,以阐明自然地理壳的动态和地域分异规律;③ 必须用辩证的观点分析研究自然地理壳发展过程中各种矛盾的特性,以阐明自然地理壳的演化规律;④ 应当运用地球物理学理论和数学方法从质和量两方面综合研究自然地理壳,以求定性和定量地阐明自然地理壳的构造以及在时间和空间方面的规律性。另外,他还提出,自然地理壳整体性研究在于找出地理壳各组成成分之间、地理壳同"外部世界"(太阳辐射、地球内部物质等)之间的物质和能量交换过程;关于自然地理壳地域分异规律研究,主要涉及地表水平地带性分异规律和垂直地带性分异规律以及两者的相互关系问题、自然地理区划问题、小区域景观分析问题等。

从以上两大学派的论战中可以看出,综合自然地理学在理论上有了长足的发展,如果排除两个学派在各自研究方向上的片面性,那么两者正确的一面则共同构成了综合自然地理学的基本理论。景观学派研究的自然综合体地域分异规律和综合自然区划,为划分土地类型、评价土地资源、制定合理开发利用和保护自然环境的措施提供了理论依据。普通自然地理学派研究自然地理过程等综合体动态的理论,即关于自然综合体的内部和自然综合体之间物质与能量转换、历史演变和现代发展过程,具有特别重要的意义。这两个学派都着重研究地球表层组成成分的相互关系、探索其综合特征、形成机制、地域差异和发展规律,因而使综合自然地理学的基础理论日臻完善。

1947 年卡列斯尼克(С. В. Калесник)出版了《普通地理学原理》。这部名著阐明了地球表面自然界的结构,即地理壳各组成成分之间的相互作用和相互制约的性质。由于地理壳各个不同部分的结构差异性,使其分化为在外貌上和内部上各不相同的地段,即地理景观。卡列斯尼克的著作标志着普通地理学发展到一个新阶段、新高峰。这部著作虽在一定程度上仍未完全摆脱部门自然地理材料汇编的框架结构,但在书中最后几章有关自然地理学的综合问题研究,即地域分异规律、自然区划单位的划分、人类与环境的关系等却反映了综合自然地理学的基本内容和基本原理,具有继往开来的意义,成为支撑综合自然地理学理论体系的重要柱石之一。

1957 年和 1959 年,伊萨钦科(А. Г. Исаченко)先后两次来我国讲学。他的讲稿由我国高等教育出版社以《自然地理学原理》为书名于 1960 年正式出版。该书系统地叙述了综合自然地理学的基本理论问题(地域分异规律、景观学说、自然区划理论),是对 20 世纪 60 年代以前有关综合自然地理学的思想、理论比较全面的概括和系统的总结。至此,综合自然地理学的理论体系已经形成,并作为一门科学完全确立了。

第三节　现代地理学时期

现代地理学的产生是社会生产力发展和科学技术进步的必然结果,正如古代地理学是农业社会的产物,近代地理学是工业社会的产物一样,现代地理学是新的科学技术社会的产物。

第二次世界大战以来,原子能、电子计算机和空间技术的兴起,边缘学科的大量产生,以及系统科学(系统论、控制论、信息论)的问世,传统的地理学由于本身理论和方法无法适应社会的需要而受到严重挑战。1953年德国学者舍弗尔(F. K. Schaefer)首先挑起了反对区域地理的大旗。20世纪50～60年代在美国开展了轰轰烈烈的计量运动,其中影响最大的是戛里逊(Williaml Garrison)及其领导的华盛顿计量地理小组,为现代地理学培养了一大批人才,以后都成为推动计量地理学发展的中坚力量;艾萨德(Walter Isard)所领导的区域科学协会也极大地促进了现代地理学思想在全世界的扩展。

现代地理学是把人类居住的地球表面看作统一的系统,采用定性和定量相结合的方法,来揭示各种地理现象内在规律并预测其未来演变的研究领域,因此科学化是现代地理学的主要特征,包括解释途径的确定化、分析方法的模式化、研究领域的系统化(杨吾扬,1985)和应用范围的广泛化(伍光和,2004)。这一时期的综合自然地理学在理论、实践以及研究手段方面也出现了一些新的趋向,面临着新的突破。

一、强化学科的系统化、理论化、模式化

20世纪50年代以来新理论和新兴科学的产生,反映了现代科学思维在结构上和方法上的深刻变革,这对自然地理学综合研究的思想和新的科学体系的建立具有深远的影响。

系统论、信息论、控制论的兴起,是当代科学技术综合发展的基本特征,是社会发展的重要标志。它们打破了研究单一运动形态的学科界限,打破了自然科学和社会科学的界限。这些新的理论和方法从整体性、系统性高度,研究复杂物质体系的物质、能量、信息的传输与交换。它们的科学概念、理论、方法与地理学综合性、整体性认识和方法论基本一致,是地理学盼望已久的理论武器。综合自然地理学在理论上引入系统分析方法,将其作为认识自然地理综合体之间的相互作用关系,将传统的要素分析上升为系统分析,为现代综合自然地理学的发展提供了理论和分析的基础。

耗散结构理论的产生与发展,突破了过去物理学、化学等实验科学封闭体系的观念与方法,在生命与非生命运动形态之间架起了桥梁。特别是它将研究对象的重心转向非平衡的开放系统,这对研究地理综合体中平衡稳定有序与非平衡稳定有序的关系,部分与整体、单因素与综合、必然与偶然、可逆与不可逆等的关系,提供了新的认识论。

一些新兴科学的产生与发展,大多采用了一些新技术和新方法,有的可以在综合自然地理学加以引进、借鉴,以寻求综合自然地理学研究方法上的改进和完善。近几十年来,综合自然地理学在其研究中,已经引入数学、物理学、化学、生物学、经济学、社会学等许多相关科学的理论和方法,促进了综合自然地理学的发展和进步。

近年来,模式特别是抽象模式(包括各种图表和数学模式)在综合自然地理学中得到广泛应用。模式是比较高级和精密的科学方法,在很大程度上反映地理分析方法的水平高低。模式又可分为实体模式和抽象模式,过去在综合自然地理学中常用的多是常规的实体模式,如典型地段、实验场地的综合剖面图等,目前趋向于采用大量的抽象模式。在原苏联、德国、捷克等国,用来研究自然地理综合体和地域分异规律的模式有空间模式、功能模式和动态模式。空间模式又有地图和数学模式两类,都是用来模拟景观各组成成分或形态部分的空间关系。除采用框图模式外,还有用数学模式来描述景观的形态结构,借以反映景观形态一致性或非一致性的程度、个别组成部分的效率和几率等。功能模式又分为能量、物质、信息模式,这些模式在外表上都很相似,每一个模式都由若干个组合构成,这些组合都有接收、转换和传递物质、能量或信息的能力,都有联系的路线或渠道,而在方向性和本质上又各有不同。动态模式主要用来反映自然地理综合体状态的更替现象,一般用一系列图解形式来表示各种自然地理过程,如土壤水分动态、径流、植被的发育等的时间过程。

二、加强现代技术手段的应用

引进先进技术,增加实验技术比重,已成为这一时期各国地理学者努力的目标。

遥感技术(包括航空摄影、雷达、红外成像、卫星图像等)的应用,使地理综合调查发生根本性的变化。遥感影像适宜于自然地理研究的多变量、演化快、范围广、综合性强的特点,而且在迅速得到大量自然地理信息

后，又便于准确、及时地分析和对比资料，从而成为综合自然地理学研究自然地理环境结构、功能及地域分异规律的理想手段，利用遥感方法进行野外调查和制图，从根本上改变了过去自然地理调查研究的程序和方法，加快了研究工作的进度。

电子计算机的广泛应用，除了用来进行遥感影像处理和海量信息、资料数据处理外，还可以为区域演化、地理环境功能的研究提供模拟条件。快速、准确的定量分析，必将促使综合自然地理研究达到新水平。

模糊数学的出现和发展，对研究模糊事物，建立模糊事物之间的关系提供了数学分析的方法。这对地域分异规律、景观类型的划分、各类区划界线的确定等提供了新的分析和评价手段。综合自然地理学应用相关分析、回归分析、聚类分析等数学方法武装自己，将逐步从对表象的描述及定性分析转向抽象概括和定量表达的方向发展，使定性方法和定量方法结合起来，建立数学模式，进行模拟实验，使综合自然地理学跨入地理预测的新时代。

实验研究的比重日益增加。现代综合自然地理学研究日益向自然地理综合体结构、过程和功能方面集中，而这些研究又必须借助于实验方法（包括实验室、定位观测站、模式区的观察和实验）。因此，增加实验比重是这一阶段各国地理学者努力的目标，并已取得可喜的成绩。

三、注重应用研究

二战后地理学发展的总趋势一是综合，二是应用；而在今后，应该认为综合是前提，应用是方向。地理学能否成为公认的最重要的科学，是否在解决人类面临的土地、粮食、资源、环境、生态等重大问题上发挥作用，关键是应用研究问题。将综合自然地理学的理论和方法应用于实际，实现调查—评价—规划和设计—实施一体化，为经济社会建设服务，是本学科发展的根本方向和根本动力，也是实现人类与自然和谐、协调发展这一目标的基本要求。目前开展的应用研究主要有以下八个方面。

（一）为农业生产服务研究

综合自然地理学服务于农业生产，主要体现在综合自然区划研究、土地类型研究、自然资源评价三个方面。

1. 综合自然区划研究的农业应用　为农业服务的综合自然区划，在分析自然地理环境的地域分异时，特别重视与作物生长关系密切的光、热、水、土等自然条件及人类活动的地域特征，并从中选取对农业有重大影响的指标作为区划依据。其目的是从影响农业发展的各种自然条件出发，指明各分区农业发展的方向和潜力以及需要进一步改良的地方。

2. 土地类型研究的农业应用　土地类型研究可揭示土地的自然属性（包括对农业生产有重要影响的各种属性），从而为土地利用类别的确定提供科学依据。为了使土地类型的划分更能满足农业应用的目的，一般在土地类型划分的基础上，根据影响农业的土地自然因素和利用特点专门划分农业土地类型，并选取适当指标，进行农业土地类型的质量评价，制定土地利用规划或提出合理利用土地的建议。研究农业土地类型，目的是为了实现用地结构的科学化，土地改造的定向化及提高土地生产力，创造更显著的经济和生态效益。

3. 农业自然资源评价研究的农业应用　农业自然资源主要指土地资源、水资源、气候资源、生物资源等，这些资源不是彼此分离而是构成了一个整体，其地理分布不平衡使这些资源具有区域性的特点。对各不同区域而言，还常常表现出有限性。首先，各地资源丰度的显著差异对资源开发规模甚至经济发展方向必然产生重要影响。其次，自然资源的地域组合有很大差别，地域组合良好的地区，投入较少的资金、设备和劳动力便可取得较大的经济效益；反之，虽投入较多，效益也很不理想。

对农业生产而言，土地、热量和水分及其地域组合特征在资源地域组合中占主要地位，三者良好组合可使农业获得稳产高产，反之则产量低而不稳。充分合理利用农业自然资源的关键在于实现其综合开发利用及准确把握其利用方向。综合自然地理学在评价农业自然资源时，能够发挥全面综合的优势，避免进行单项评价时易发生的片面性，对农业生产的发展有积极作用。

（二）环境问题研究

近几十年来，随着社会经济建设的高速发展，生物多样性减少、生态系统破坏及丧失、土地沙漠化、工业污染、能源和水资源贫乏等全球环境问题日趋严重，已成为制约世界各国社会与经济发展的主要因素。目前，环境问题从地理学角度可归结为：① 地球本身带来的如火山、地震等环境灾害问题；② 人类活动（如过度垦殖）破坏了自然资源所引起的环境质量恶化问题；③ 工农业生产排废带来的环境污染问题。综合自然地理学对环境问题的研究，是用可持续发展理论和系统论观点研究遭到破坏和恶化了的自然环境的变化趋势，以及如何采取有效措施改善和调控，使之达到并稳定地保持最优状态，既能生产更多的社会财富又保持理想的人类生活环境。

（三）地理预测预报研究

预测预报是现代地理学的重要标志。人类生存和生活需要大力发展生产，这就要求对生产活动引起的环境变化进行预报，据此对生产计划进行调整、修改以防患于未然。地理预测预报的程序一般是：① 对预报地区的自然、经济、社会条件做全面分析；② 针对各种技术方案进行预报；③ 提出措施，保证方案实施后能收到最佳效益，并缩小其不良后果。预报有全球、大区（各大洲、大洋）、国家和地区等不同级别的综合预报。虽然这方面研究还处于起步阶段，但其前景是非常广阔的。

（四）区域开发研究

区域开发指在一定区域范围内进行的，以生产力布局和发展为中心的经济建设总体空间部署。其目的是因地制宜，合理利用自然资源。

区域开发通常包括确定区域发展战略目标、产业结构、开发方式和区域发展空间结构的最优组合等内容。这些内容可归结为区域发展战略、区域规划和国土整治研究三个方面，即综合自然地理学在区域科学方面的三个应用方向。

（五）为城市和工程建设服务研究

1. 在城市建设中的应用　作为一定区域范围政治、经济和文化中心的城市，是一种复杂的人文环境。城市存在于自然地理环境中，必然与自然界有着密切的联系。自然环境的六大要素（岩石、地貌、水文、气候、土壤、植被等）均在不同程度、不同范围上以不同的方式影响着城市的发展。自然要素综合作用的结果不仅为城市居民提供必需的生存条件，还对城市的形态和城市职能的发挥有着相当大的促进（或阻碍）作用。

（1）**地质条件方面**　由地层的地质构造、土层堆积状况和组成物质等因素的不同决定的地基承载力的差别，对城市选址、建设项目分布及工程建设的经济性有着重要的影响。另外，城市建设用地还要注意岩溶、滑坡、崩塌、冲沟、地震等自然地质现象对建设的危害，以及由采矿造成的地面沉陷对城市建设的影响。

（2）**地貌条件方面**　地貌对城市的影响表现在许多方面。城市分布与基本地貌类型有密切的关系。在平原、高原、盆地、丘陵和山地五大基本地貌类型中，平原最有利于人类生产和生活活动。尤其是河流沿岸冲积平原（包括三角洲平原），供水充足和交通便利两大优势促进城市最早发展，数量也最多，而山地地区城市最少。不同的地形条件影响城市规划的布局、平面结构、道路的走向、线型、建筑组合。

（3）**水文条件方面**　江河湖泊等水体除作为城市水源外，还在调节气候、稀释污水、排除雨水、水运交通、美化环境、水产养殖等方面发挥积极作用；同时，洪水、泥沙淤积、河岸冲刷、水量流速变化等不利的水文现象对城市建设有消极作用。地下水的埋藏条件、地下水位下降造成的地面沉降和污染源对地下水的污染会对城市用水和建筑工程的适用性造成影响。另外，滨海临河等条件通常被认为是城市建立及生长的优越区位，水体分布影响城市的形态和地域结构。

（4）**气候条件方面**　城市的发展和用地分化首先受到气候条件的影响。气象要素中的太阳辐射、风向、温度、湿度、降水等对城市建设有重要影响。

2. 在工程建设中的应用 工程建设的建设区甚至具体的建设地段，作为某个特定级别的自然综合体，其自然条件对工程建设必然存在某些限制作用。综合自然地理学可以通过对建设区自然综合体开发条件进行多目标评价，揭示其有利和不利因素，帮助决策者确定取舍，选择适宜建设地段、最佳设计方案和对不利因素采取适当防治措施。

（六）景观生态规划与设计研究

景观生态规划与设计是现代地理学领域中新兴的应用研究方向。景观生态规划着重于选择和确定某一地域景观的最佳利用方式，或某种既定利用方式的最佳地域。景观生态设计则着重进行小范围内景观功能研究及美学工程设计。

景观生态规划与设计以不破坏自然环境及资源为前提，达到通过协调土地利用矛盾，以科学、合理的方式促进社会经济发展的目的。这项工作具有高度综合性，除自然地理学、生态学外，还涉及环境学、经济学、政策和法律等诸多方面。

在景观规划与设计中，运用综合自然地理学的理论和研究方法，将景观作为整体实现优化利用，即贯彻整体优化原则。为维持景观的内在稳态，强化其系统功能，还须贯彻适应性原则，遵循遗留地保护原则、生态美学原则、最小面积原则和满意原则。

（七）旅游开发与管理研究

旅游地理学是一门综合性很强的边缘科学，许多从事综合自然地理学研究的学者都为旅游地理学的兴起和发展做出了重要贡献。旅游开发与管理的综合研究，主要体现在以下三个方面。

1. 旅游地域系统的综合性 任何旅游地域系统都是由自然环境、文化环境、管理机构、服务设施和旅游者共同组成的一个系统。在这个系统中，旅游资源的丰富程度、品位、分布状况和环境容量等决定着其开发潜力，并与服务设施一起制约着旅游地的承载力；而旅游者的活动必然对自然和文化环境产生不同程度的影响。

2. 旅游资源的综合评价 旅游资源评价包括旅游资源（自然风光和人文景观）的美学价值与观赏价值、历史文化价值、功能、环境容量、景点地域组合特征、地理位置与可进入性，施工、水源、交通等开发利用条件，旅游者的一般要求和特殊要求等内容，对这些内容分别制定标准，经过综合分析，即可对旅游地做出综合性评价。

3. 旅游活动影响的综合评价 旅游者的旅游活动将对旅游地的环境造成不同程度的影响，主要是不利的影响，并可能最终破坏其地理系统的稳定性。例如，破坏和挖取表土、捕捉动物、损毁建筑物、污染环境、引发火灾等，是旅游地经常发生的情况。因此，需要按不同土地类型和旅游资源对旅游地进行稳定性评价、容量分析和自然保护研究，综合自然地理学在这些方面有明显优势。

（八）自然保护区评价研究

自然保护区是国家或地方政府以法律形式划定的，以长期保护和恢复自然综合体及自然资源整体为目的的一定空间范围的陆地或水域。

自然保护区的评价是一项综合性很强的工作，对不同类型的自然保护区开展评价工作时，对常用评价指标（保护区的代表性与典型性、生物物种的稀有性或多样性、生态系统的脆弱性、保护对象受人类影响程度即天然性、潜在保护价值、经济效益与社会效益、科研价值、文化教育功能、感染力及面积大小）的选取及其权重的确定应有所侧重。综合自然地理学的观念、理论和方法有助于为各类自然保护区在各自区域综合特征基础上确定评价指标及其权重，增加评价结果的科学性和可信度。

第四节 新中国综合自然地理学的发展

综合自然地理思想在我国古代和近代时期的地理专著、史书和地方志中早有体现，其对地理学的发展起了较大的促进作用。只是到了近代，由于社会制度的腐败和外国的入侵，地理学处于停滞不前的状态。1949年新中国成立后，生产力大解放的同时，也解放了地理工作者的思想，大规模的社会主义建设推动了综合自然地理学的迅速发展。

一、综合考察

20世纪50年代，我国自然地理学者紧密结合生产实践，进行了一系列综合考察。为了满足生产和建设规划要求，就要摸清家底，全面了解全国的自然条件和资源潜力，因此开展了大规模的、区域性的综合考察和研究，包括青藏高原的自然资源考察与自然条件垂直地带性研究，西北高山冰雪资源及其开发利用的调查研究，西北地区防风固沙的定位观测实验与治理沙漠措施的研究，黄河中游地区水土流失的调查研究与水土保持规划的制定，西部地区南水北调线路的勘查，华北黄、淮、海河冲积平原自然条件的综合调查与土壤改良利用研究，黑龙江流域和海南岛的土地资源普查与综合开发利用的研究，华南热带生物资源的综合调查，中小流域规划等；还在典型地段和小区域(阿尔泰山南坡，川西马尔康米罗亚林区，太湖的东，西洞庭山，广东鼎湖山等地)进行了景观调查与制图工作。这些综合考察，既为国家经济建设提供了大量的基础资料，同时也为综合自然区划的开展提供了条件。

二、综合自然区划

综合自然区划是从根本上认识区域自然环境综合特征及其生产潜力的重要手段，是综合考察的引申，又是区域规划决策的基础。新中国成立以来在综合考察的基础上，自然区划工作进一步发展，自然区划工作委员会组织了大批人力投入各项自然区划研究工作。1956年出版了《中国自然区划草案》一书，内容包括中国自然地理、地形、气候、水文、土壤、植被和动物地理七种区划草案。1957年1月25日至2月4日，在北京专门举行了自然区划讨论会，以协调各项自然区划工作。在这次会议上，拟订了中国自然区划分类单位系统方案和中国自然区划资料提纲。20世纪50年代的自然区划研究成果中，影响较大的全国范围的综合自然地理区划方案主要有以下三个：① 1954年，林超等为适应高等院校地理系教学的需要，拟定了一个比较详细的中国自然地理区划方案；② 同年，由罗开富主编拟定了另一个中国自然地理区划方案；③ 1959年，由黄秉维主编、中国科学院自然区划工作委员会编制完成全国综合自然区划方案。除了上述综合性的全国范围内的自然地理区划以外，还分别在一些特定地域进行了综合性的自然地理区划工作。例如，1954年对青藏高原的自然分区；1956年对海南岛的自然区划；1958年分别对黄河中游黄土高原、吐鲁番盆地及其附近地区、广西西南部的热带地区、广东珠江流域等特定地域所进行的自然地理区划。

1961年，任美锷、杨纫章根据自然地域差异的主要矛盾以及利用和改造自然的不同方向，拟定了一个独具特点的全国自然分区方案。同时，在全国综合自然区划的基础上，各省(区)、专区及部分县也做了不少综合自然区划的工作。1959～1963年，在中国地理学会组织推动下，召开了几次全国性学术讨论会，在实际工作的基础上，对景观学和自然区划的原则、方法、等级单位系统等进行了理论上的探讨。

1980年全国农业自然资源调查和农业区划委员会《中国综合自然区划》编写组完成中国综合自然区划概要。结合生产实际以及多年来积累的资料，对过去区划又进行了修改和补充，并产生了新的区划方案，如席承藩、丘宝剑的《中国综合自然区划概要》，1983年赵松乔的《中国综合自然区划的一个新方案》等。

以上开展的自然区划，目的性都很明确，不仅对于扩大自然地理学的研究领域，揭示我国地理环境的地域分异规律、区域特征，发展综合自然地理学的理论体系和工作方法等有着重要的理论价值，而且对于正确认识我国农业自然条件，综合利用自然资源，因地制宜发展农业生产等，有着更为重要的实践意义。

三、土地资源研究

土地资源指已经被人类所利用和可预见的未来能被人类利用的土地。土地资源既包括自然范畴，即土地的自然属性，也包括经济范畴，即土地的社会属性，是人类的生产资料和劳动对象。从资源条件来看，土地资源是一种最基本的自然资源，是农、林、牧、副、渔业生产的最重要的物质基础。它和水资源、生物资源、气候资源等并列为农业自然资源的主要组成内容。土地资源质量的好坏直接关系着农、林、牧业的生产高低。

在中小区域综合自然区划工作的推动下，我国地理工作者在总结国内外综合自然地理学研究工作经验的基础上，汲取了原苏联景观学方法论的精髓和英、澳等国关于土地综合研究的方法，结合我国实际情况，广泛展开了大范围的土地资源普查和小区域土地质量评价的研究，研究的主要方面有：① 将"土地"作为自然综合体进行分析研究，划分土地类型，编制大比例尺的土地类型图，并对各类土地的质量进行对比分析评价；② 将"土地"作为重要的自然资源进行分析研究，结合生产利用的需要和可能性，划分土地适宜性和质量等，并对各级土地进行经济评价。其中影响最大的是全国百万分之一土地类型图、土地资源图的编制工作。土地类型与土地资源的大量研究成果，进一步充实了综合自然地理学的内容，促使我国的综合自然地理研究工作向纵深方向发展。

全国范围的土地类型研究工作，主要出现在1960～1966年间。1963年在地理学会召开的学术会议上，出现了一批研究土地类型的著作。此后，在全国几个有代表性地区——南亚热带的广东、暖温带的北京、温带东部的吉林和黑龙江、温带半干旱和干旱地区的几个内陆沙地，进行了土地类型研究的试点工作，成果显著。

四、基本理论研究

20世纪60年代，在开展全国性和地区性自然区划工作的同时，我国地理工作者通过学术会议和发表论文等，深入地探讨了自然区划的原则、方法、等级系统等基本理论问题，黄秉维《关于综合自然区划的若干问题》一文的发表，是综合自然地理学理论探讨的集中表现。

20世纪80年代以来，我国现代综合自然地理学的基础理论研究进一步加强，最明显的特点是把地球表层及其各级自然地理单元作为不同层次的"系统"进行定性定量分析研究，而且从剖析地表物质循环和能量转化入手，深刻揭示各种自然地理现象的发生原因和变化机制，并预测其发展趋势。这种由传统的"要素分析法"到"系统分析法"的转变，可以说是综合自然地理学方法论的新突破。1981年，牛文元院士出版的论著《自然地理新论》中，对"系统分析法"做了较为详细的论述。1983年，在浦汉昕发表的一篇题为《地球表层的系统与进化》的论文中，又应用系统论和耗散结构理论扼要地阐明了地球表层的结构、功能与演变规律。同年，钱学森发表了一篇题为《保护环境的工程技术——环境系统工程》的论文，进一步论证了地球表层的特性，并以不同的尺度把地球表层分为四个结构层次，同时还提出了创立"地球表层学"的建议。1986年以来，中国科学院地理研究所深入开展关于地表能量转化和物质迁移的理论研究，主要的研究课题有水分循环和水体转换机制、流域系统固体物质迁移及地貌塑造过程、自然地理系统中物质的化学迁移转化理论、土壤-植被-大气系统(soil-plant-atmosphere continue system, SPAC)中的能量转化和物质迁移等。这些研究课题的主要特点在于：空间上侧重于中小尺度，时间上侧重于现代自然地理过程(尤其是短时段的动态变化)，并且采用动态系统分析的方法。显然，这意味着我国综合自然地理学的基础理论研究又有了新的进展。

五、实验研究

由于科学实验在自然科学研究中具有极重要的地位，因此，我国把自然地理过程实验也纳入了综合自然地理学研究的重要组成部分。1960年，黄秉维提出现代自然地理过程的综合研究主要有三个新方向：① 研究地表热量和水分的分布、转化及其在地理环境中的作用，探讨热量、水分平衡的理论；② 研究化学元素在地理环境中迁移过程，探讨不同景观中化学元素的迁移规律；③ 研究生物群落与其环境之间物质、能量的转换。这三方面研究的具体内容和方法虽不相同，但其范围存在着部分叠合关系，彼此相辅相成。当时曾在石家庄、衡水、德州、民勤等地建立起观测实验站，对地表的热量、水分、盐分和风化堆积物的动态进行定位、半定位观测实验。同时，还在西双版纳设立了一个生物群落观测实验站，采用较精确的观测、实验和分析的方法，注意物质、能量转换的定性定量分析来研究自然地理过程。通过上述各地的实验研究积累了大量资料，取得了一定研究成果。尤其在化学地理方面，由于结合土壤改良和环境保护任务进行实验研究，成果最为显著。关于太阳光能及热量、水分等自然因素在地理环境中的作用的实验研究，其部分成果已在有关自然地理专著中得到引用。后来，由于"文化大革命"的缘故，上述各项实验研究未能达到预期的目的。

1977年起，综合自然地理工作者重新归队，高等院校地理系陆续重新开设“综合自然地理学”课程，综合自然地理的研究和实践工作再度蓬勃展开，实验研究也逐步恢复。1983年中国科学院在山东禹城建立了综合实验站，进行农田水量平衡和水分循环的定位试验研究。这项研究将水的转换放在大气-生物-土壤系统里，并将水的各个环节联系起来作为一个完整的过程加以研究，同时还结合旱、涝、碱的综合治理，使基础研究和应用研究紧密结合。该站应用了先进的仪器设备和成套的技术系统，有不同高度的多种气象要素传感器、5～10 km^2 内地下水位、降水和径流传感器等遥测系统，以及红外测温仪和光谱仪等遥感系统，并有自动化的资料采集、传送、接收和处理装置。为了探索环境因素与作物产量间的关系，进一步开展自然综合体自然生产潜力的试验研究，当时的中国科学院地理研究所在北京大屯建成农业生态实验站，也应用了先进的自动化仪器装置和完备的技术系统。这些实验站是我国当时较先进的综合自然地理野外研究基地，它们为综合自然地理研究提供新的实验方法和科学资料。

六、实际应用研究

20世纪80年代以来，我国从事综合自然地理教学和科研的工作者除进行土地综合研究和农业自然区划外，还在国土整治与规划、地域开发、资源评价、环境保护、生态设计、地理预测等方面的研究中，分别承担了重要任务，做了大量工作。城市的综合自然地理研究，已在山东、江苏、浙江等省的一些城市进行，且已开始取得成效，取得了丰硕的成果，并在多种地理期刊发表大量自然地理论文。山地综合开发、土地利用/土地覆被变化和景观生态研究均有新的进展。用系统科学的理论和方法，探讨自然地理系统的物质能量转换，目前虽处于起步阶段，但已引起广泛的重视。

参考文献

刘胤汉，岳大鹏. 2010. 综合自然地理学纲要. 北京：科学出版社.
全石琳. 1988. 综合自然地理学导论. 开封：河南大学出版社.
王成祖. 1982. 中国地理学史(上册). 北京：商务印书馆.
杨吾扬. 1989. 地理学思想简史. 北京：高等教育出版社.
郑昭佩. 2008. 地理学思想史. 北京：科学出版社.
A. A. 格里高里耶夫. 1962. 自然地理学的对象和内容. 北京：商务印书馆.
A. Г. 伊萨钦科. 1965. 自然地理学原理. 北京：高等教育出版社.
B. Б. 索恰瓦. 1991. 地理系统学说导论. 北京：商务印书馆.
C. B. 卡列斯尼克. 1958. 普通自然地理学(上、中、下). 北京：地质出版社.
P. 詹姆斯. 1982. 地理学思想史. 北京：商务印书馆.
R. 迪金斯. 1980. 近代地理学. 北京：商务印书馆.

第二章 自然地理系统的整体特征

系统论从首创至今，不过几十年的历史，然而却以其不可替代的综合、整体、最优化的特性渗透于自然科学、社会科学的许多领域，解决了工业、交通运输、电力网、通讯网、环境保护、城市规划、水源利用、能源开发、社会经济等方面的许多难题。系统方法在地理科学中的广泛应用，已为大家所公认。系统论被引进地理学，用来研究地理环境的结构、功能及其演化，使地理思维在结构和方法上发生了深刻的变化，将古老的地理学从定性分析和解释引向定量分析和定性解释相结合的阶段。

虽然目前还未将自然地理学原理完全建立在系统论的基础上，许多关键性问题仍需进行深入探讨，但是，这种科学的方法论有助于更深刻地揭示自然地理环境的一般规律。在关于这些规律的传统解释基础上，运用系统论的基本理论做进一步阐述，以便用其新思路来探讨自然地理学的基本问题。

第一节 自然地理系统概述

一、系统概述

系统指具有特定功能和结构的元素集合。每一个系统都是由相互联系、相互作用的事物和过程所组成。系统将事物之间的复杂联系、特征和定量关系在抽象的意义上进行表达和判断，从而将事物之间的综合性与分析性有层次地统一在一个完整的模型中。而且，事物集合愈复杂，应用系统分析方法就愈能揭示出比其他理论和方法更好的结果。

（一）系统分类

自然界中各种事物都是以系统形式存在着的有机体，整个物质世界，大到宇宙天体、太阳系，小至原子、原子核、基本粒子，都是由相互联系和相互作用的若干部分组成，并且有层次结构和动态特征，同时也是与环境有密切联系的系统。自然界形形色色的事物，形成不同层次、不同类型的系统。

按照系统的尺度、规模和范围，系统可以分为：① 宇宙系统，如银河系、河外星系，甚至整个宇宙都是统一的整体；② 宏观系统，我们周围的宏观物体都是由不同要素形成的不同系统，如生态系统、生物群落系统、人体系统等；③ 微观系统，如原子中电子的壳层结构和原子核结构系统，细胞中的核、质、膜相互联系、相互作用形成的系统等。

按系统与环境的关系划分，系统可以分为：① 开放系统，系统与环境之间具有物质、能量、信息的交流和流通；② 封闭系统，系统与环境之间有能量的交换和流通，而没有物质的交换；③ 孤立系统，系统与环境不发生任何联系和作用，当然这种不与外界发生联系的系统是没有的。但在实际研究问题时，如果仅考虑系统的某一或某些性态，外界对这些性态及其变化的影响比较微弱时，则可视之为孤立系统，如密闭容器里发生的化学变化属于此类。

按照人与自然的关系，系统还可以分为：① 自然系统，指尚未打上人工印记的各种客观系统，如天然生态系统等；② 人造系统，指人工制造的各种系统，是由人工生成的各种要素组成的，如生产、交通运输、管理系统等；③ 自然与人工的复合系统，指人类利用自然和改造自然的各种系统，如水力发电系统、农业系统等。

尽管系统多种多样，但有一点是统一的，即它们都具有整体性，都由系统内部各种要素以及系统与环境之间的相互联系和相互作用的矛盾来决定它们的生存和发展。

（二）系统特征

系统具有整体性、层次性、相关性、稳定性与变异性等特征。

1. 整体性 现代系统理论认为，整体性是系统最主要的特征，整个物质世界是一个开放的系统，它是由若干相互联系、相互作用的要素组成的具有特定功能的有机整体。整体性指系统具有各个组成部分所没有的整体功能，即“整体大于部分之和”。系统中整体和部分之间的关系，主要表现为三种情况。

1）系统的整体等于系统的各组成部分之和。这是被严格和精确的数学多次证明的命题，几何和代数一直就把这种关系当作绝对正确的真理。但是这一命题只是对那些联系不紧密的松散系统才成立，只适应于由各要素机械组成的系统。如一堆苹果、一堆沙粒等。

2）系统的整体小于各部分之和。如果系统中各部分相互牵扯，相互扼制，甚至掺杂着一些寄生和坏死的要素，这样的系统往往使整体的能量大大下降，出现“三个和尚没水吃”的情况。

3）系统的整体大于各部分之和。如果系统中各组成要素互相协同、彼此配合，会使系统出现新质，即整体系统会出现各子系统没有的功能。例如，人的双眼视觉功能大大超过两只单眼视觉功能简单相加的总和，双眼的视敏度比单眼高6～10倍，双眼的视觉能形成立体感，而单眼却无能为力。又如，当年拿破仑在埃及作战时，同一少数民族——马木留克对阵，马木留克兵英勇善战，个人搏杀技术很好。但法国兵在当时也曾打过很多胜仗，3个马木留克兵肯定能够战胜3个法国兵，100个马木留克兵则和100个法国兵势均力敌，而300个法国兵绝对能够战胜300个马木留克兵。这是因为法国兵在大兵团作战中，彼此配合得很好，而马木留克兵不善于协同作战，这就是整体性起了作用，整体出现的功能是各部分之和所不具备的。

系统理论指出，系统的整体功能决定于各组成要素相互结合的方式，即通常所说的结构，因此，整体功能也可以说是取决于系统的结构。从上述例子中可以看出，系统的结构好，整体功能大于各部分之和，否则，整体功能下降。所以，整体性包括两个不可分割的主要内容，即结构和功能，没有结构的功能与没有功能的结构都是不存在的。通俗地讲，结构是完成功能的框架和渠道；功能，包括物质、能量和信息等的传输和转换，是维持结构存在和发展的基础。

2. 层次性 层次性指每一个系统都是由子系统组成的，而其本身又是更大系统的一部分。系统的层次性可以从许多角度分析，如空间层次性、时间层次性等。系统论将整个客观世界看作是一个结构有序、多层次等级的统一体，认为客观世界的多样性、统一性正是通过层次性表现出来的。因此，把认识对象划分为不同结构层次来研究，将使人们的认识逐步深化。

3. 相关性 系统内部各子系统之间、子系统与系统之间、系统与外部环境之间存在着相互依存、相互制约的关系，这种关系即相关性。相关性使得每一子系统对系统整体功能都能做出贡献。设系统A与B相关，B与C相关，必然导致A与C相关。这样就形成了事物相关的因果链环。实践证明，如果对系统的这种相关性认识不足，常常会出现相反的结果。例如，美国亚利桑那州开巴高原上的黑尾鹿，它们的数量长期保持在4 000头左右，这是由于与捕食者美洲狮、狼达到了平衡的缘故。为发展鹿群，人们从1907年开始捕杀狮和狼。由于天敌的大量减少，鹿群数量迅速增加，到1918年达到4万头，1925年又激增到10万头。然而，出乎人们意料的是随后鹿的数量锐减，两个冬天死去了60%以上。究其原因，是人们只看到美洲狮、狼捕食鹿这一因果（相关）环节，而没有看到草场与鹿相互作用这一环节。草场是鹿群的食物来源，一定数量的狮和狼控制着鹿的数量，这样间接地保护了草场不被过度损耗，保护了鹿群生存的条件，从而也间接地保护了鹿群。这就是捕食者与被捕食者之间相互依存、相互制约的相关关系。

4. 稳定性与变异性 任何系统都是一个动态系统，都处于运动和变化发展之中。但系统在发生变化的同时，总还有许多东西保持不变，将基本不变的状态称为稳定状态，这是系统存在的根本条件。另一方面，系统又是动态的，即系统的状态随时间而发生变化，又称变异性。稳定性使系统在变化的环境中保持自我，而变异性使系统改变自我。没有稳定性就不能认识系统，而没有变异性系统就不能发展。因此，稳定性与变异性都是系统研究的基本内容。

以上关于系统的基本概念与分类以及系统的基本特征，作为系统理论的基础，不仅有助于从系统的角度认识自然地理环境的组成和结构，而且有助于运用系统理论分析自然地理环境的基本规律，探索其发展、演化趋势。

二、自然地理系统及其空间范围

自然地理系统是自然地理环境各组成成分，通过能量流、物质流、信息流相互联系、相互转化组成的具有一定结构和功能的整体。这些组成成分包括三个无机组成成分——固体（岩石）、液体（水）、气体（大气）和一个有机组成成分——生物（动物、植物、微生物）。它们在自然地理系统中有规律地分布，构成岩石圈、水圈、大气圈和生物圈。在每一个圈层中，除了占优势的组成成分外，还有一定数量的其他成分参与，自然地理环境中各要素在空间上的互渗性与互叠性为它们之间的相互作用提供了空间条件，并由此构成了自然地理系统整体。

任何物质系统在空间上都有自己的边界将该系统与其他系统区分开。客观物体的边界有突变的明显界线和渐变的模糊界线两种不同的类型。由于自然地理系统中的大气、水体、岩石和生物相互作用、相互渗透，所以其边界是渐变的、过渡性的，而不是明显界线。

长期以来，不少国内外地理学家对自然地理系统的空间边界问题进行了深入的探索。所有不同的观点，概括起来可归纳为三类。

第一种观点 主要是由原苏联地理学者提出的，趋向于将自然地理系统的界限划定在一个巨大的空间范围。认为自然地理系统的空间范围上界在大气圈对流层顶部(极地上空 8～10 km，赤道上空 16～18 km，海平面以上平均 13 km)，下界在岩石圈的上部(陆地深 5～6 km，海洋下平均深 4 km)。在此范围内，包括大气圈的对流层、地壳的沉积岩石圈、水圈和生物界。其主要依据有以下三点：

1) 大气对流层、陆地表面和水圈都直接参与太阳辐射能所引起的地球表面的物质循环，并有生命物质的存在。对流层顶以上的大气层缺少水蒸气，强烈的太阳短波辐射使生命物质难以生存，气团没有垂直变化，温度分布不受地表影响。可是对流层的性质则恰好相反，在下垫面(岩石圈和水圈等)的影响下，温度分布不均，气流产生水平和垂直运动，并伴随水分循环，同时还把大气中所含的固体微粒、细菌微生物带到对流层。沉积岩石圈以下由于缺少空气和液态水，因此，排除了微生物及生命物质存在的可能性。

2) 陆地 5～6 km 深处是沉积岩分布的下限，而沉积岩是由三个无机圈层的物质与有机体物质在风化剥蚀、流水搬运、沉积和固结成岩作用等外营力和内营力的共同作用下形成的。在此深度以下缺少沉积岩，表明那里的外营力作用已经消失，其物质组成与地理壳显然不同。

3) 自然地理壳范围内，最重要的能源是太阳能。太阳能在此空间范围内引起了一系列物质循环以及能量转化，大气对流层、沉积岩石圈、整个水圈和生物圈的物质也都参与了这种物质循环过程。而沉积岩石圈以下的热力条件却是地热占优势。可见，大气对流层的顶部和陆地 5～6 km 的深度是自然地理环境内在联系逐渐减弱以至消失的地方。上述范围边界，反映了自然地理环境内部各圈层之间、各组成成分之间的联系远比该系统与其外部各圈层、各组成成分的联系更为紧密，更为独特。这个空间范围正是人类生存和发展的自然地理环境的空间范围。

第二种观点 牛文元在《自然地理新论》中提出“自然地理面”概念，把自然地理环境的界限划定在较小的空间范围，即近地面活动层，上限在地表以上约 50～100 m 的“近地面边界层”的顶部，下限在陆地上深约 25～30 m、海洋中深约 100 m 的深度，即太阳能影响地表的终止线(地下温度和水下温度的年际变化终止线)。他认为在这一范围内，气温受地表影响最强烈，空气乱流最活跃，太阳能对固体、液体作用最明显，是太阳能影响最直接的范围，也是地理壳中最活跃的核心部分。

第三种观点 美国 A. N. 斯特拉勒(A. N. Strahler)在《现代自然地理学》中提出的，认为自然地理学的研究领域主要是人类生存的自然环境，其范围应限制到与人类活动密切相关的空间，代表了一种讲求实际的研究方向。不过，斯特拉勒的界限并未具体划出，对于人类活动影响很少或人类足迹未到的极地、高山、沙漠等地方，这种空间边界不易得出明晰的范围。

此外，还有一种观点是陈传康提出的。他认为地理学所研究的范围界限不应做硬性规定，硬性规定一个厚度未必都符合客观实际，而应视研究问题的性质有相应的变化。通常随研究范围的不同，牵涉的厚度也不同。研究小范围的问题，所涉及的厚度就应薄；研究大范围的问题，厚度就应大；全球性的问题，才可能涉及所谓地理壳的厚度。

总而言之，自然地理系统的空间范围直接与系统的层次结构有关。原苏联地理学者的观点反映了自然地理系统的高级单位，即自然地理环境或地理壳的范围和边界，牛文元的观点反映了自然地理系统的低级单位，即近地面活动层的范围。在讨论自然地理系统的范围边界时，陈传康的意见很值得借鉴。

三、自然地理系统的基本特征

(一) 自然地理系统的整体性

整体性是系统内各组成要素相互作用、相互协调、长期演变的结果，而单独各部分又不具备统一的结构、功能和效应。自然地理系统的整体性指其各组成要素以及各组成部分之间的内在联系性。自然地理系统的整体性表现在两个方面。

1) 系统整体具有单因子所不具备的新性质和新功能。例如,在地球表层环境中,地貌、土壤、水文、气候、生物等自然要素不是简单地汇集在一起,空间上也并非偶然的组合,而是相互制约和相互联系,构成一个庞大而复杂的自然地理系统或自然地理综合体。一块肥沃的耕地本身并不能变成粮食,一定的气候因子本身也不能变成粮食,粮食作物不能脱离土壤、气候条件单独存在,只有当三者有机结合,作物生长在土壤里,在一定的气候条件下,经过人类的劳作,才能生产出粮食。

2) 系统通过一定的结构把各要素(子系统)联结在一起,即各要素之间不是机械相加,而是有机结合,其中自然地理系统某一要素或某一部分的变化,都会引起其他要素或成分的变化,最终导致自然地理环境结构和功能的变化。例如,我们既不能把某一子系统(如水文子系统)从自然地理系统中单独分离出来,也不能将"热带土壤"、"温带气候"、"寒带生物"(假定它们单独存在)累加在一起形成一个所谓新的"整体",因为这些要素无法有机地组织起来,它们之间也无法建立一定的结构。又如,地质历史时期,冰期和间冰期反复交替出现,形成海陆轮廓周期性的变化,导致今天陆地动植物种群的区域差异,这情景反映出一部分地理环境的变化,同样会导致其他组成部分发生变化。

自然地理系统整体性的强弱,取决于各组分间结构的完备性和功能的协调性。具体来说,自然地理系统整体性强主要表现为:① 组分复杂多样,结构精巧灵活,各组分的性能得以充分发挥和拓展;② 物质流和能量流通畅,流量大,其输入、输出、储存之间的比例恰当;③ 系统的抗干扰能力强,和谐性、稳定性和协调性最佳;④ 生产效率高且质量好。相反,整体性弱的则表现为组分和结构简单,功能不协调,脆弱性增强,系统的稳定性、平衡性和抗干扰能力差,生产效率低下。

(二) 自然地理系统的层次有序性

系统的有序性主要表现在系统的等级和层次上,自然地理系统的结构层次应从两方面理解。其一是组成自然地理系统的要素联系具有层次性,大气对流圈、水圈、沉积岩石圈和生物圈及其所属的更小的子系统都有自己的层次性。各个层次之间的物质、能量、信息的流通都有一定的渠道和方式,有秩序地进行,表现出结构与功能的有序。另一方面是不同等级的综合体形成的各级地域子系统具有层次性。整个地球表层实际上是不同层次自然综合体的有机结合,因此,可以划分为一系列不同等级的结构单位。自然地理系统在外部因素和自身发展过程的推动下,不断发生分异与整化,产生自然环境的地域分异现象,形成相对独立而在时空上又密切联系的地域单元或自然地理综合体。低级地域单元从属于高级地域单元,同时其本身又包含若干低级地域单元。

一般认为,最高级的自然综合体是整个自然地理系统的范围或地理圈;第二级自然综合体包括大陆和大洋两大系统,其下还可以依次划分出各不同的等级,即综合自然地理区划中各级区相吻合的系统、直到最低的土地单位。不同等级和层次的自然综合体具有不同的结构,如自然区划中的"自然大区"与"自然地区"或"自然区"的系统结构有明显的差异。各级自然综合体随等级和层次的降低,其内部差异性愈来愈小,而相似性则愈来愈大。

自然地理系统 { 陆地系统 → 区域系统 → 土地系统
　　　　　　　　 海洋系统 → 海域系统 → 水团系统

图 2-1　自然地理系统层次结构

(三) 自然地理系统的开放性

自然地理系统不断地与外部环境进行物质和能量交换,是一个开放有序的系统。现代系统论认为,这种无休止的物质、能量交换过程使得自然地理环境从简单到复杂、从低级到高级、从无序到有序地进化发展,在远离平衡的情况下形成了稳定有序的结构。比利时物理学家普利高津(I. Prigogine)将这种有序的结构称为耗散结构。他指出,一个远离平衡的开放系统,只要通过不断地与外界交换物质与能量,在外界条件的变化达到一定阈值时，就可以从原有的混沌无序状态，转变为一种在时间上、空间上或功能上的有序状态。这种在远离平衡情况下形成的有序结构，依靠不断地耗散外界的物质和能量来维持，故称为耗散结构。

对于开放系统而言，任何一个系统的熵变化（表示系统内部的紊乱程度，系统状态愈混乱，熵就愈大；系统愈有序，熵愈小）可由两部分组成，公式为

$$ds = dis + des$$

式中，dis 是系统内部自发产生的。根据热力学第二定律，dis 永远大于零；des 是系统与外界环境交换物质和能量而引起的熵变化，可以大于或小于零，其正负与大小随系统与环境的关系不同而异，可大致分为三种情况：

1）若 $des > 0$，这时必有 $ds > 0$。系统与外界进行物质能量的交换加快了系统的熵增加，系统将变得更加无序。

2）当 $des < 0$，而 des 的绝对值小于 dis，这时仍有 $ds > 0$。如果系统处于近平衡态，即使系统局部产生一点有序结构，也抵挡不住内部自发产生的熵的破坏，系统仍会趋向于平衡态，不可能出现新的有序结构。

3）如果 $des \ll 0$，且 des 的绝对值大于 dis，则 $ds < 0$。这时系统能够通过与环境进行物质、能量的交换吸收负熵，系统的总熵不断减少，有序度增加，或产生新的有序结构。

上述第三种情况说明，一个远离平衡态的开放系统，只要通过不断与外界交换物质与能量，输入负熵以抵消系统内部的熵产生，就能使系统维持稳定态。而在总熵呈负数时，系统将进一步向有序化方向发展。吸收能量和耗散能量是系统维持稳定态并进一步向有序化发展的前提。

地球表层是一个具有耗散结构的开放系统，与宇宙空间和地球内部有着能量与物质的交换，其中太阳辐射能是地球表层的主要能源。地球接受的太阳辐射能总计为 5.526×10^{24} J/a，占总能量的 99.998%；而进入地球表层的地球内能仅占 0.002%，几乎可以忽略不计。太阳辐射能进入地球表层后推动大气循环，形成了稳定的全球大气环流模式；引起水循环，带动了地球表层大量物质的循环运动，形成地形地貌的侵蚀堆积过程。有机体固定的太阳能，是地球表层全部生命运动的能量基础，也是人类社会赖以存在的基本能源。进入地球表层的太阳辐射是短波辐射，由于量子的能量值与波长成反比，因此光量子的能量高，也就是熵低。太阳辐射进入地球表层后启动了自然地理环境的物质循环，不断做功，最后以热辐射的形式逸出系统之外。热辐射是长波辐射，热量子的能量低，也就是熵高。这样太阳辐射能在地球表层内流通转化形成了负熵流，使自然地理系统的总熵降低。正是地球表层与外部环境不断进行着能量与物质交换，构成了强大的负熵流，使地球表层能够远离平衡态形成有序的结构和稳定的功能，成为具有耗散结构的开放系统。

（四）自然地理系统的稳定性与变动性

自然界总是由低级向高级，由简单到复杂地定向发展。所谓自然地理系统的稳定性指其组成成分发生变动或异常，系统总是趋于某一状态。系统的稳定结构必须是建立在系统内部各要素和各部分之间稳定、有序的联系的基础上。

对于自然地理系统来说，内部各要素各部分之间的联系是复杂多样的，然而其中必有部分联系是以比较固定的形式确定的。例如，气候总是通过降水与蒸发过程影响水文；地貌总是通过地形的起伏影响大气运动，通过海拔影响气温，从而对某一地方的气候产生影响。又如，高温多雨地区，流水地貌发育，植物生长茂盛，动物种类丰富多样；反之，气候干燥地区，风沙地貌发育，植物稀少，动物贫乏。正是这些比较固定的联系形式构成了自然地理系统的稳定结构。

自然地理系统是具有复杂反馈回路的控制系统，因此具有自我调节能力。例如，自然生态系统中，通过分解者的分解使营养盐类增加，生产者得以繁荣发展，但随着生产者种群增多，必然消耗更多的营养物质，使营养盐类不足，这又降低了生产者的生长速度。这就是自然界生长者与营养盐类关系上的自我调节。通过这种自我调节，使得生产者种群与营养盐类保持稳定状态。

一般来说，组成系统的要素愈多，联系愈复杂，有序性愈高，结构愈稳定，自我调节能力愈强。反之，结构愈差，自我调节能力愈差。但是，自然地理系统的自我调节是有一定限度的，当外界的这种干扰超过其所能忍受的限度时，系统就会崩溃瓦解。

系统一旦失去稳定性又将向新的稳定转化，从而形成新的稳定结构。例如，人类在沙漠上引水灌溉，会影响和冲击要素之间已形成的稳定联系，随着灌溉这一状态的持续，要素之间就会打破原来的稳定联系，形成新的稳定机构，部分或全部地改变系统的结构，并体现出系统新的整体性——绿洲。

自然地理系统的稳定性是相对的，而动态性是绝对的。在这样的一个开放系统中，系统内部和系统周围的环境之间总是在不停地进行着能量、物质、信息的交换，各要素和各个部分的状态不会是静止的、一成不变的，它们总是随着系统同环境之间的联系，不断地协调着自己同其他要素或部分之间的关系。在一定限度内，这种关系的变更不会引起质的改变，系统的结构也不因此受到影响或遭到破坏，整个系统仍然保持或趋于某一状态。可见，系统的稳定是一种动态稳定，其结构也不是死的、静止的结构，而是活的、动态的结构。自然地理系统结构的动态性还表现在系统结构的波动和周期变更上。外部环境影响的节律性，常常使系统内部各要素的状态呈现出周期性的波动和变化，如气候的季节变化、地貌发展的旋回运动等。这样各种要素之间的联系也要做相应的改变，系统的结构也产生波动和周期性的变更，如景观的季相变化。

四、自然地理系统的空间结构

自然地理系统在其长期发展过程中，由于各成分和各部分之间相互联系的形式不同，而形成了不同的结构。这个结构是复杂的，但又是有规律的，其主要表现在以下三个方面。

（一）分层结构

地球表层四个基本组成成分（大气对流层、水圈、生物圈和沉积岩石圈）按照物质的密度和重力作用分异，各自相对集中于地球表层的一定部位。密度小的物质分布于上部，密度大的物质分布于下部。因此，在垂直方向的分层结构是十分明显的。若将各组成成分进一步划分，还可以分出一系列低层次的分层结构。大气对流层可分为对流层顶、上层、中层、摩擦层和贴地层。水体可以分为空中水层、雪线以上的雪圈（极地与高山区）、地表水层、地下水层等。而占水圈主体的海洋可分为表层（深 200 m）、次深层（深 200～2 000 m）和深层（深 2 000 m 以下）等。地下水也可分为壤中水层、自由水层及自流水层等。生物群落可分为乔木层、灌木层、草本层、苔藓层。土壤可分为枯枝落叶层、有机质层、淋溶层、淀积层和母质层。可见，分层性是自然地理系统普遍的结构特性。

（二）渗透结构

自然地理系统的四个基本组成成分相互重叠、相互渗透，彼此交织形成一个有机整体。其中每一个基本组成成分都是和其他成分处于彼此叠合之中。大气圈除以空气为主体外，还包含着水分、固体物质和生物体；水圈中的水体含有溶解气体、矿物质、悬浮泥沙以及生物体；岩石圈中含有空气、水和多种生物；生物圈更是与三个无机圈层完全交织在一起，水生生物完全生活于水圈，陆地生物栖居于大气贴地层和岩石圈最表层，植物根系伸入土壤层内，其枝干却在大气层中。这种渗透结构是自然地理系统所特有的。

（三）地域结构

地域结构是相互作用的各个组成成分，在水平方向和垂直分向上按照一定规律发生的分异，这种分异形成了不同的结构单元。地球表层的这种垂直和水平分异，取决于太阳辐射能和地球内能这两类地域分异因素的综合作用。无论在空间上或时间上，两种分异因素的相互作用都是不平衡的，它们在地球表层的特殊表现决定了地域结构的地带性和非地带性特征。

由于地球的形状和地球自转轴与黄道面的倾角，造成了太阳辐射能在各纬度带的不均匀分布，导致各组成部分相互结合、相互作用的形式呈纬向地带性特征，从而产生了自赤道向极地更替的结构。无论是陆地还是海洋，都存在着这种结构单元。原苏联学者 Д. В. 波格丹诺夫将自己划分的大洋地带同陆地上的地带做了比较，结果发现两者几乎完全一致（图 2－2）。

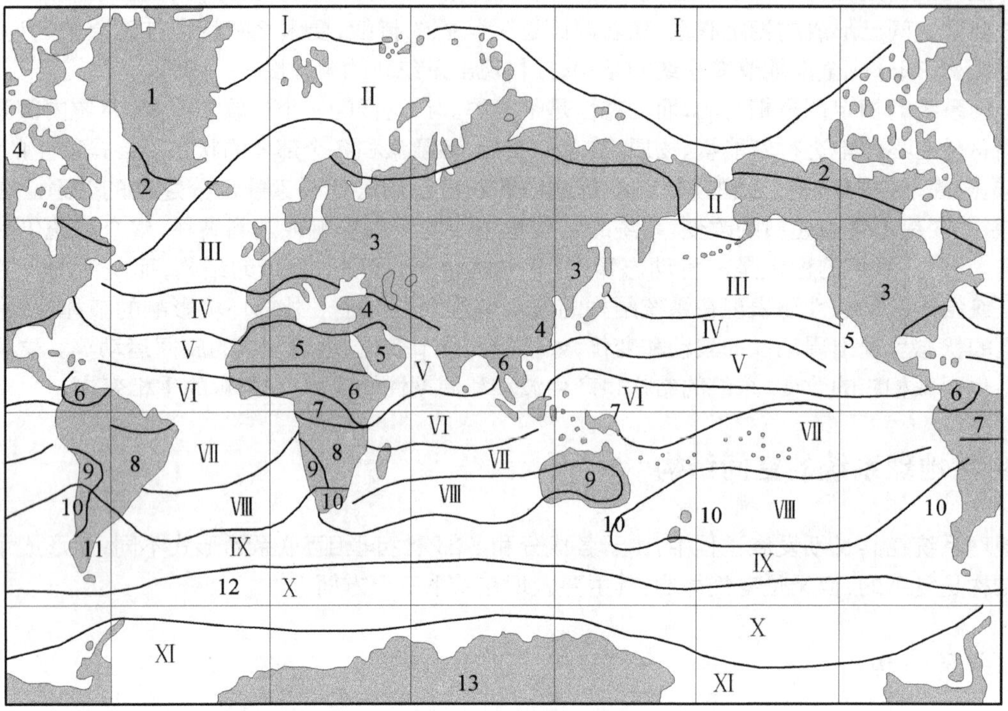

大洋自然带 Ⅰ. 北极带 Ⅱ. 副北极带 Ⅲ. 北温带 Ⅳ. 北亚热带 Ⅴ. 北热带 Ⅵ. 赤道带 Ⅶ. 南热带 Ⅷ. 南亚热带 Ⅸ. 南温带 Ⅹ. 副南极带 Ⅺ. 南极带

大陆自然带 1. 北极冰封荒漠带 2. 副北极苔原和森林苔原带 3. 温带泰加林带、阔叶林和草原带 4. 地中海硬叶林和湿润亚热带 5. 热带沙漠 6. 热带稀树干草原 7. 赤道森林 8. 热带亚热带森林草原 9. 热带草原及热带沙漠 10. 干燥的和湿润的亚热带 11. 温带无林带 12. 副极带 13. 南极大陆冰封带

图 2-2 世界大洋自然带和大陆自然带

资料来源：Д. В. 波格丹诺夫(1961)

由于地球内能引起海陆分布、地势起伏，形成了以非地带性特征占优势的结构单元，如大的山系、高原、沙漠等。这些非地带性结构单元和不同级别的地带性结构单元共同构成了地球表层的地域结构。

第二节 自然地理系统的组成

自然地理系统是一个庞大的物质系统，其组成包括各种物质、能量以及在能量支配下物质运动所构成的各种动态的物质体系。关于物质组成，可以包括地球上所有的化学元素种类。然而，对于组织水平很高的自然地理系统来说，仅仅知道其化学元素组成是远远不够的，而必须从宏观的角度着眼于那些具有地域结构意义的物质成分及其构成的物质体系，这就是以气体物质为主的大气对流圈、以液体为主的水圈、以固体岩石为主的沉积岩石圈和以生物有机体为主的生物圈。这四个基本圈层在能量的支配下相互作用、相互联系，从而产生各种自然地理动态的物质体系——地貌、气候、水文、生物和土壤，成为地球表层的组成要素。

一、自然地理系统的物质组成

自然地理系统的物质组成主要包括以气体物质为主的大气圈、以液态水为主的水圈、以岩石为主的岩石圈和以生物有机体为主的生物圈。

1. 大气圈 根据各层大气的不同特点(如温度、成分及电离程度等)，从地面开始依次分为对流层、平流层、中间层、热层(电离层)和外大气层。

大气圈底部的对流层集中了 80%的大气质量和几乎全部水汽，其厚度约为 10～12 km，这一层的气温随高度的增加而降低。云、雾、雨等现象都发生在这一层内，动、植物的生存和人类的绝大部分活动也在这一层内。

2. 水圈 地球表层水体的总称，包括海洋、河流、湖泊、沼泽、冰川和地下水。其中海洋面积最为宽广，占地球表面积的70.8%，平均深度3.8 km。水圈总体积约13.7×10^8 km^3(其中陆地水仅占2.8%)。

水圈是地球外圈中作用最为活跃的一个圈层，也是一个连续不规则的圈层，它与大气圈、生物圈和地球内圈的相互作用直接关系到影响人类活动的表层系统的演化。水圈也是外动力地质作用的主要介质，是塑造地球表面最重要的角色。

3. 岩石圈 主要由岩浆岩、沉积岩和变质岩组成的圈层，平均厚度为30～35 km，但只有其表层属于自然地理环境。

4. 生物圈 生物圈由地球表层各种生物和生物生存的空间构成，其中，绝大部分生物个体集中分布在地表上下约100 m的范围。生物是行星地球所特有的物质，从促进太阳能的转化到改变大气圈和水圈的组成，参与风化作用、土壤形成作用，改造地貌、建造岩石等，都起着不可替代的作用。

二、自然地理系统的能量组成

自然地理系统的能量组成，主要包括太阳辐射、地球内能、潮汐能和宇宙射线等。其中以太阳辐射能和地球内能最为重要，它们共同支配着地球表层的物质运动。

1）太阳辐射能是太阳不断向地球输送的热能，据计算，一年中整个地球可以由太阳获得5.4×10^{24} J的热量。

2）地球内能是地球本身具有的巨大热能，这是导致地球发生变化的重要能源。目前公认，放射性热能即由地球内部放射性元素蜕变而产生的热能是地球热能的主要来源。

3）重力能指地心引力给予物体的位能。在地球表面的所有物体都处于重力场的作用之下。同时，在地球形成和发展过程中，地内物质在地心引力作用下，按不同比重发生分异，即轻者上升、重者下沉，导致物质的总位能释放而转化为热能，这种热能称为重力分异产生的热能，是地球热能来源之一。

4）地球旋转能是地球自转产生的力给予地球表层物质的能，包括离心力、离极力和科里奥利力。离心力的大小随纬度而异，两极为零，赤道最大。离极力的方向指向赤道，促成表层物质向赤道运动。科里奥利力影响着地球表层物质沿纬向或经向的运动。

5）潮汐能是在太阳、月亮对地球的引潮力的作用下，使海水周期性的涨落所形成的能量。潮汐具有强大的机械能，是导致海洋地质作用的重要营力之一。

6）生物能是由生命活动所产生的能量，植物生长、动物活动以及人类大规模改造自然的活动都会产生改变地球物质和面貌的作用。

三、自然地理系统的要素组成

四个基本圈层在能量的支配下相互作用、相互联系，从而产生各种自然地理动态的物质体系——地貌、气候、水文、生物和土壤，成为地球表层的组成要素。

1）地貌是固体地壳表层的形态和外貌，是转化后的太阳能以外动力形式与地球内动力相互作用的结果。地貌的差异引起各种自然地理过程的相应变化，因此，地貌对其他自然地理要素有着重要的影响。

2）气候是最活跃的自然地理要素之一，其物理过程支配着地表的热量平衡和海陆间的水分循环，从而影响着生物分布和陆地水文网的分布以及风化壳和土壤的形成。太阳辐射、下垫面性质和大气环流是决定气候的重要自然因子。

3）水文是自然地理系统中的重要组成要素，其重要作用在于具有潜热特性。巨大的水体储藏着大量的热能，水与大气的物质、能量交换影响着全球的气候。水对地表形态的塑造还起着独特作用。没有水就没有生命，因此，水在自然地理环境中具有决定性意义，各种水文过程对地球表层各要素的相互联系起着纽带作用。

4）生物可与地表直接或间接地发生各种物理化学变化从而改造地表物质。生物是行星地球所特有的物质，从促进太阳能的转化到改变大气圈和水圈的组成，参与风化作用、土壤形成作用，改造地貌、建造岩石等，生物都起着不可替代的作用。

5) 土壤是地球表层各要素相互作用下形成的派生要素，也是一个不可忽视的要素。土壤的空间位置正处在四个基本圈层紧密交接的地带，因此，既是联系无机界和有机界的枢纽，也是自然地理要素相互联系的关键环节。

总之，自然地理系统的各种物质成分在太阳能和地球内能的作用下，形成了不同的自然地理要素。这些组成要素在相互联系、相互制约中存在和发展着，并都有自己的发展规律。但没有一个要素是孤立的，没有一个要素不受其他要素的影响和给予其他要素以影响。因此，各个要素相互联系、相互作用使自然地理系统组成一个特殊的物质体系，从而显示出其整体特征。

第三节 自然地理系统的物质交换

自然地理系统是由形态不同的多种物质成分相互渗透、有机结合而成的物质体系。在这种物质体系中，按其物质成分的形态差异可分为四种最基本的组成成分和一系列衍生的或所谓次生的组成成分，各种组成成分中又包含着多种物质组成要素。

一、自然地理系统的物质组分与要素

（一）自然地理系统的物质组分结构

自然地理系统物质体系包括四种最基本的组成成分，四种基本组成成分可分为两大类：一类是无机组分；一类是有机组分。无机组分指固态岩石、液态水和气态空气；有机组分指活质有机体。三种无机组分在自然地理系统有规律地构成三个相互渗透又相互独立的物质圈层（沉积岩石圈、水圈和大气圈）。每一个圈层的内部，除了各有一种占绝对优势的主要组分（沉积岩石圈的岩石、水圈的水、大气圈的空气）以外，还有一定数量的其他组分混杂渗透其间。

有机界是动物、植物和微生物等生命物质的统称，是自然地理系统进化过程中的历史产物。生物的产生和进化对自然地理系统的发展具有极为重大的意义。生物与地表的另外三种无机组分相比较，表现为更高级的物质形态，在地表的物质循环和能量转化过程中发挥着更为重要和特殊的作用。生物循环则是自然界中更为高级的自然地理过程，它引入太阳能并在自然地理系统存储，推动着自然地理系统向着更高阶段发展。

在自然地理系统中，除了上述四种基本组成成分外，还有多种次生的组成成分。这些次生的组成成分是四种基本组成成分相互作用的结果，又称为衍生物。衍生物一般集中分布于大气圈、水圈和岩石圈直接接触和联系最紧密的部位，即自然地理系统的界面上。

自然地理系统的衍生物主要有以下三种类型：

1) 陆地表面岩石风化壳及其表层的土壤，主要分布于大气圈和岩石圈的界面上。

2) 覆盖于岩石圈表面的大陆冰川，分布在大气圈和岩石圈的界面上。

3) 富含生物有机体的海底软泥、湖底腐泥和沼泽泥炭等类现代沉积物，分布在水圈和岩石圈的界面上。

由上述可知，整个无机圈层相互交接的部位既是生物聚集之处，也是各种衍生物分布的地方，从而成为自然地理系统范围内一些特殊的结构单元，这些界面在自然地理系统中相当于物质联系的薄膜。

自然地理系统内部结构极为复杂，但可简化为如图 2－3 所示的模式。

从总的来看，自然地理系统的物质，既广泛分布，又相对集中。各种组成成分在不同的圈层中都有分布，而它们又相对集中于某一圈层。这就是自然地理系统物质组成的广布性、集中性和成层性。

（二）自然地理系统的元素组成

自然地理系统物质体系基本的和次生的组成成分，其实质是由多种物质个体所构成的“物质群”，包含着不同的化学元素及其化合物。

在自然地理系统范围内，其各组成要素到处都有一定数量的分布；但是在不同的圈层中，其含量差别很大。

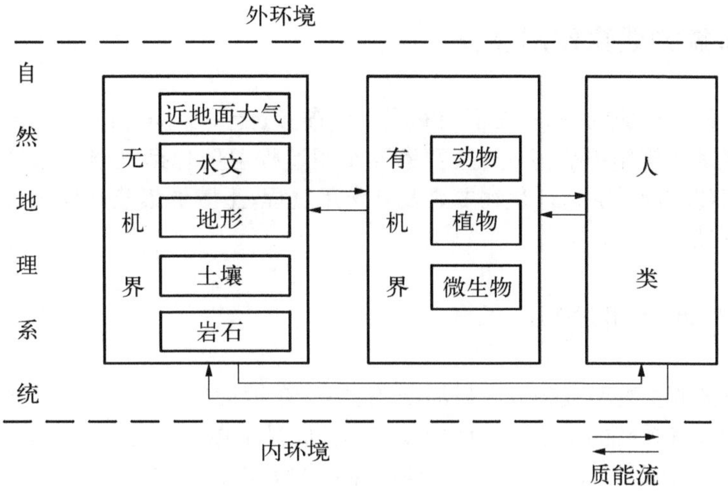

图 2-3 自然地理系统结构图

资料来源：左伟等(1995)

1) 大气圈的基本组成成分为空气，主要的组成要素为氮(N_2)、氧(O_2)、氩(Ar)、二氧化碳(CO_2)和水汽(H_2O)等元素态气体及其化合物，另外还有固体杂质等。

2) 水圈是由各种水体(海洋、江河、湖泊和地下水等)所组成。这些天然水体则为复杂的混合液，含有多种溶解质。在天然水中的溶解性气体多呈分子状态，主要有溶解氧(O_2)、二氧化碳(CO_2)、硫化氢(H_2S)、氮气(N_2)、甲烷(CH_4)和氦(He)等。天然水中的大部分元素呈离子状态，主要有氯离子(Cl^-)、钠离子(Na^+)、钾离子(K^+)、钙离子(Ca^{2+})、镁离子(Mg^{2+})、碳酸氢根(HCO_3^-)、碳酸根(CO_3^{2-})和硫酸根(SO_4^{2-})等。一般说来，海水的溶解质以氯化物为主，陆地水的溶解质以碳酸盐类为主。此外，地下水中还富含生物的分解物质，如硝酸根(NO_3^-)、亚硝酸根(NO_2^-)和铵离子(NH_4^+)等。

3) 沉积岩石圈的主要组成成分是黏土和泥质页岩、砂岩和灰岩等，其组成要素主要为氧、硅、铝、铁、钙、钾、镁、氢等元素及其化合物 SiO_2、Al_2O_3、CaO、CO_2、H_2O、Fe_2O_3、K_2O、MgO、Na_2O 等。

整个自然地理系统最基本的化学元素是氧(约占总重量的 49.13%)和硅(约占总重量的 26.00%)，比较重要的元素还有铝(约占 7.45%)、铁(约占 4.20%)、钙(约占 3.25%)、钠(约占 2.40%)、钾(约占 2.35%)、镁(约占 2.35%)和氢(约占 1.00%)等，其余的几十种化学元素只占 2%左右。

在地球表层物质体系中，几乎所有的元素都起着一定的作用，各种作用又都与不同元素中的化学性质直接相关。但是各种元素化学特性在自然地理过程中的具体反映，往往是当某种元素在某处的含量多于或少于常量时，才能被人们觉察出来。例如，某种元素在当地的空气、土壤或水体中的含量过多或过少时，便会引起植物生理异常，或使动物乃至于人类发生地方性疾病。

表 2-1 自然地理系统的元素组分组成结构表

范　围	物质组成	元素组成	质量/t	质量占比例/%	厚度/km
大气圈对流层	空气	N_2、O_2、水汽、CO_2	4.00×10^{15}	约 0.02	15
生物圈	生命区域(包括植物、动物、微生物等)	主要元素(C、H 等)、大量元素、微量元素	1.60×10^{12}	约 0.000 008	2
水　圈	盐水和淡水(海洋、河流、水库、冰川、积雪)	溶解性气体(O_2、CO_2 等)、离子态气体	1.70×10^{18}	约 8.2	3.8
沉积岩、变质岩等	矿物(化合物)	O、Si、Al、Fe 等	1.90×10^{19}	约 91.7	16
整个自然地理系统	无机物与有机物		2.07×10^{19}	100	36.8

资料来源：牛文元(1981)、全石琳(1988)等，有改动。

二、自然地理系统的要素作用过程

自然地理系统是由物质组成的，物质在不同圈层的分布、组合关系，再加上太阳能和地球内能的作用，就形成了自然地理系统要素及其作用结构。这些要素及作用过程主要包括气候要素及其作用过程、地貌要素及其作用过程、水文要素及其作用过程、生物要素及其作用过程、土壤要素及其作用过程、岩石要素及其作用过程等六大要素及作用过程。

（一）气候要素及其作用过程

大气是自然地理系统的重要组成部分和最活跃的要素，在地理环境物质交换与能量转化中是一个十分重要的环节。大气层中天气系统的生成与消亡、发展与运动，是全球气候的基础。大气层是使生物免受有害辐射的保护层，其所含气体还可以满足植物、动物维持生命的需要。

气候过程主要通过气候模式来体现。气候模式不要求考虑微观的气候变化，也不要求深刻揭示小气候与地方气候特征的基本机制。气候模式只对大气候的平均状况或趋势做出解析。它可以概括为在大尺度范围内，对其结构与变化所实施的物理数学表征方式。

目前常见的气候模式主要有以下几种。

1. GCM模式 GCM(general circulation model)模式是典型的动力学模式，即大气环流模式。

GCM模式从动力学角度全面研究气候系统，是今后的发展方向。但由于模式复杂，涉及大量方程和耦合作用，数值模拟的工作量很大，计算机网络不能取得充分小，这样就忽视了许多地面细节和难于精确地估计地面局部区域的气候特征。其次，海气相互作用、地气相互作用、云过程等，目前还有很多机制不明确，许多公式是经验的，必然带来分析误差。

目前，比较著名的GCM模式有NCAR(National Center for Atmospheric Research)、GFDL(Geophysical Fluid Dynamics Laboratory)和GISS(Goddard Institute for Space Studied)。NCAR和GFDL的计算网格是4.5°×7.5°，GISS的网格大小是8°×10°。三个模式的大气层取为9层，海洋为4层。在NCAR和GFDL中，每个网络包含的或者全部是海洋，或者全部是陆地。GISS允许部分为海洋，部分为陆地。每个模型都能模拟到海洋温度的年周期变化，GISS模型还能模拟洋流的气候效应。

2. 能量平衡模式 能量平衡模式的出发点是气候系统趋向能量平衡，它的物理学基础是热力学第一定律。这一模式包括零维模式[将气候变量沿经向、纬向、垂向平均，用一个均值来表征气候系统状况，相当于将气候系统化为一个点(零维)]、Adem模式、温度垂直分布一维模式、Sellers模式、布德科模式和大气辐射模式等。

3. 熵模式 熵的概念是基于热力学第二定律而建立起来的。普利高津在此基础上建立了耗散结构理论。尼科列斯基于普利高津的理论建立熵模式，这一模式也称P模式。依据尼科列斯的观点，P模式所讨论的只是气候状态的定态，最小熵交换只适用于这种状态，偏离定态，其假定不能成立。

此外，还有随机模式、中尺度模式等。

（二）地貌要素及其作用过程

地貌是自然地理系统中的一个重要因素，它与人类生活和生产活动关系极为密切。

地貌是内外力作用下的产物，在地貌发育过程中，两种力量是同时出现、彼此消长、相互作用、相互影响的。在地球表面长期演化过程中，内力作用与外力作用在数量上或强度上都具有同等重要的意义，两者趋于动态平衡，就现今的全球构造地貌而言，仍然保持着一个大致均衡的旋转椭球体，即反映内外力两方面总的接近平衡。但是，在某个时期或某个具体地区，这两者作用力总是不平衡的。在某一时期和某一地区，一种营力占了主导地位；而在另一个时期和另一个地区，可能是另一种营力占了优势。从地貌的长期发展史来看，内力在地表变化过程中通常起着构成地表大型地貌骨架的作用，或隆起成为高山高原，或下沉成为海洋盆地。而外力作用主要是将地表夷平，使高地削蚀、低地填高，且在此过程中塑造出各种丰富多彩的外力地貌。

在地貌学发展史上，对于地表形态的认识和总结曾经历了几个重要阶段，每个阶段都有一批地貌学家把各自的学说或理论综合成一定的思维程序或概念组合，并通过这些表达了他们对于地貌过程的理解程度。在地貌学理论上贡献较大，影响较为深远的人物是美国学者 W. M. 戴维斯(W. M. Davis，1850～1934 年)和德国学者 W. 彭克(W. Penck，1982～1923 年)，及依照突变论原则所认识的地貌过程，均对理论地理学的内涵进行了扩充和丰富。

1. 戴维斯模型 1899 年戴维斯创立了"地理循环"(the geographical cycle)学说(又称"侵蚀循环")。该学说认为地貌的发育要素有三个，即构造、时间(侵蚀阶段)和营力。地貌演化反映了这三者之间的函数关系。通过对外营力作用下的地貌的研究，把地理循环分为"风蚀循环"、"冰蚀循环"、"水(河流)蚀循环"、"海蚀循环"等。在每种循环中，又分出若干相对意义的发育阶段，即幼年期、壮年期和老年期。老年期地面被夷平，称之为准平原。

这种理想的地理循环，是戴维斯所倡导的依赖于时间序列的模型。在这个理想模型中，一个完整的地形序列很好地发育出来。戴维斯理论比较全面地概括了地貌发育的因素，对地貌学发展曾经起过推动作用。但也有较为严重的缺点，主要在思想方法上给予简单的推理和演绎，忽视了地貌演化过程中由于多种要素变化而使循环方向发生变化的复杂性。

2. 彭克模型 1924 年彭克的《地貌分析》中提出地貌是内外力同时相互作用下的产物，研究地貌学的主要目的就是通过分析地貌形态实际去了解内外力之间的相互关系，以便确定地壳运动的性质。地貌分析的具体方法是分析斜坡形态，认为斜坡剖面形态有三种，即凸形坡、凹形坡和直线形坡。每种形态都包含着内外力的数量关系。例如，凸形坡表示地壳上升大于剥蚀作用；凹形坡表示剥蚀作用强于地壳上升；直线形坡则表示两者均等。如果地壳上升时快时慢，那么，斜坡的剖面形态就变得复杂起来。

彭克比戴维斯更加注意岩石调节模型的问题，表现在他给予的等级程度比戴维斯的要高。彭克的提法对戴维斯学说提出了挑战。

3. 均衡模型 斯特拉勒(Strahler)和汉克(Hack)提出了地形的均衡模型，其中汉克的思想更好地体现和发展了此类模型的轮廓。

对于一个区域中的地形发育，总是可以把它作为一种空间分布现象之间的关系进行研究。进而通过这种研究，使它成为该区域内各种过程的分析基础。其次，他的地形分析方法是利用开放系统的思想发展了一个岩石调节的地形模式，他假设地貌过程的进化处于稳定的条件之下。因此一个开放的地貌系统总是趋向平衡，而地表形态总是反映了下伏基质对于侵蚀的抵抗程度和该作用过程的侵蚀能量之间的均衡，这是汉克提供的参考系统。形成该系统的地形或过程是开放系统的一部分，而这个开放系统又处于平衡的稳定状态，这是汉克系统的根本出发点。

4. 突变模型 在地理学研究的现象中，突变现象是时有发生的，这是对稳定性分析所注入的一种新概念，它来自法国数学家托姆所提出的突变论。以类似的方式，瓦丁顿(Waddington)应用所拟的外部作用地貌过程，作为地貌突变模型的代表。应用突变论在形态学的多因子发育当中，具有三维吸引表面的拓扑模式，展示出一个由无数变量同时控制的动态过程所占据的多维空间。一个地貌系统必须会在多维空间中随时间而运动，这种运动在连续状态下可能产生突变性地完全改变原定轨道的变化。由此可见，地貌过程中的突变模型，将会更加接近现实的形态发育行为，因而也更加增强了对地貌过程的预测和模拟功能，其结果必然导致具有方向性的精确控制的产生，是对地貌过程的认识深化到一个更新的层次和高度。

5. 地貌方程 基于戴维斯提出的地形理论的理解，基本地貌方程的核心是地表形态"结构加过程加阶段"的某种函数。彭克的基本地貌为地表形态是关系到侵蚀速率与抬升速率的某种函数。1970 年沙伊德格提出的地形理论认为，地表形态按照对立性原则而表现，即地球构造力与外力是同时发生的，现在所看到的地貌形态正是代表了这两种类型力在对抗作用下的瞬间平衡。其中内力过程引出一种系统的和非随机性的特点，而外力过程则引出了一种随机的、非系统的特点。1977 年格里高利提出的地貌方程为

$$F = f(p.m.)\mathrm{d}T$$

式中，F 为地表形态；f 为某种函数；p 为作用于地表物质的诸过程；m 为受作用的地表物质；T 为时间。

综上所述，一个一般的地貌过程可以用以下综合特性方程进行表述，公式为

$$F = f(m, \mathrm{d}m/\mathrm{d}l, \mathrm{d}e/\mathrm{d}t, \mathrm{d}u/\mathrm{d}t, t)$$

式中,F 为地表形态;m 为地表表层物质;$\mathrm{d}m/\mathrm{d}l$ 为地表物质随距离的改变率(作为一种结构因素);$\mathrm{d}e/\mathrm{d}t$ 为侵蚀速率;$\mathrm{d}u/\mathrm{d}t$ 为抬升速率;t 为一个过程所经历的时间。

由此可以看出,一般地貌方程包括了岩石因素、结构因素、侵蚀因素(外力)、构造因素(内力)和时间因素。

(三) 水文要素及其作用过程

水是地球表面分布最广和最重要的物质,并作为最活跃的因素始终参与地球地理环境的形成和发展过程,在所有自然地理过程中都不可或缺,具有重要的地理学意义。

水文系统是自然地理系统的一个子系统,是一个多层次、多界面的复杂系统。它不仅向其他地理子系统开放,与其发生着物质与能量的转化与交换,而且其内部也在不断地进行着一系列复杂的转化过程。这些过程包括水循环和水量转化等。

水循环使各种自然地理过程得以延续,也使人类赖以生存的水资源不断得到更新从而永续利用,因此,无论对自然界还是对人类都具有非同寻常的意义。

水量平衡是水循环连续性的数量表现。在一定的时域空间内,运动着的水始终保持着质量上的守恒,质量守恒是水量平衡的基本原理。依据质量守恒定律,全球或任一区域的水量都应保持收支平衡。高收入则高支出,低收入则低支出。降水量、蒸发量和径流量作为水循环的三个重要环节,同时也是水量平衡的三个重要因素。全球水量平衡公式为

$$\bar{P}_c + \bar{P}_o = \bar{E}_c + \bar{E}_o$$

式中,$\bar{P}_c$ 为大陆的降水量;$\bar{P}_o$ 为海洋的降水量;$\bar{E}_c$ 为大陆的蒸发量;$\bar{E}_o$ 为海洋的蒸发量。显然,全球降水量等于全球蒸发量。

近年来人们日益关注淡水资源问题,年平均大洋淡水平衡方程为

$$P + R - E = 0 \quad 或 \quad P + R = E$$

即大洋年降水量加入海径流量等于大洋年蒸发量。这个方程式告诉我们,人为地大规模减少入海径流量,可能破坏淡水平衡。

表 2-2 全球年水量平衡

因素	水量/km^3
海洋降水量	382 000
海洋蒸发量	419 000
陆地降水量	106 000
陆地蒸发量	69 000
进入海洋的径流量	37 000
来自陆地蒸发的陆地降水量	12 000
来自海洋蒸发的陆地降水量	94 000
来自陆地蒸发的海洋降水量	57 000
来自海洋蒸发的海洋降水量	325 000

资料来源:J. R. 梅特 1970 年的估算数据。

从全球水量平衡中可以看出:

1) 海陆降水量之和等于海陆蒸发量之和,说明全球水量保持平衡,基本上长期不变。

2) 海洋蒸发量提供了海洋降水量的 85%和陆地降水量的 89%,海洋是大气水分和陆地水的主要来源。

3) 陆地降水量中只有 11%来源于陆地蒸发,说明大陆气团对陆地降水的作用远远不及海洋气团的作用。

4) 海洋蒸发量大于降水量,陆地蒸发量小于降水量。海洋和陆地水最后通过径流达到平衡。

人类主要生活在陆地上。各种生产活动，尤其是农业生产紧密地依赖于水分的正常供应。所以，陆地上特别是某些干旱地区的水量平衡，尤其值得重视。很早以前，人类就已经广泛地利用地表水和地下水来发展灌溉或航运；近代还进行人工降雨、海水蒸馏淡化、远程引水，甚至设想利用极地冰，以补充某些地区水的不足，也就是提高其水量平衡水平。

（四）土壤要素及其作用过程

土壤系统是一个具有生物活性动态变化的复杂自然系统。土壤在地球表面上作为一种有限的自然资源，对多种生命的形成和生息繁衍至关重要。

土壤是地球陆地表面能够生长植物的疏松表层，是一个独立的历史自然体，它不仅具有自身的发生发展过程，而且是一个能从物质组成、形态、结构和功能上进行剖析的物质实体。土壤是地理环境统一体中的一个组成要素，土壤层的厚度与地壳厚度和沉积岩石层相比，是极为微薄的。尽管这样，人们还是把它称为土壤圈，它位于风化壳的最表层，处于地球大气圈、水圈、生物圈、岩石圈之间的界面上，是地球各圈层中最活跃、最富生命力的圈层之一，与各圈层之间不断地进行物质循环与能量平衡。

土壤圈是一个运动、开放的物质与能量系统，与地理环境不断地进行物质和能量的交换和转化。地理环境中的水分、养分、空气和热量不断地向土壤输入，引起土壤性质发生变化，形成不同的土壤类型；水分、养分、空气和热量也以相反的方向由土壤向环境传递，引起地理环境产生变异。

土壤是农作物生长和生物累积的基础。死亡的有机物发生分解，养分一直保留到新的作物再利用时为止，直接或间接地流通于生物循环之中。同时，土壤本身还是无机界与有机界相互交汇和渗透的场所，许多微生物生活于其中。土壤状况对于养分的供给速率形成了一种“瓶颈”作用。通过对土壤的改造，可以调节作物所需的养分，改变养分有效性的程度和控制进入组建生物物质的转移速率。因此，土壤存在的时间长短直接关系到自然环境的变化和农业的成败。在自然状况下，土壤层是不可能保持它的初始状态的，它要经过风蚀、水蚀，还要不断地被人类的耕作措施所疏松，同时又在风和水的携带下，离开原来的位置，参与整个地质循环过程。土壤这种被输运的速率取决于诸多因子，而最主要的莫过于土壤自身的物理化学性质、地形特点、气候条件(尤其是风和水的条件)、地表的覆盖状况以及人类的生产活动。而人类的生产活动对于土壤来说，起着尤为重要的作用。人类为了从土壤中获取更多的生活必需品，将具有自然肥力的自然土壤，经过开发、改造、施肥、播种，产生了质和量的变化，形成了农业土壤。农业土壤不仅受自然因素和自然过程的影响，更重要的是受人为耕作、灌溉和施肥的影响，产生人为的灌淤表层、堆垫表层、肥熟表层和水耕表层，它们的厚度在 18～50 cm，属于高熟化的人为表层，具有人工肥力。

当前，农业科技投入越高，土壤的生产潜力相应增大，耕地的单位面积产量显著提高，土壤在合理经营管理下，其肥力不会因农业利用而耗损，反而会提高。因而土壤可视为是一种永续利用的可更新的再生自然资源。

（五）生物要素及其作用过程

形形色色的生物有机体遍布于地表各个地方，其数量多得惊人。作为自然地理系统中唯一有生命现象的有机成分，虽然活质重量远低于其他圈层的重量，却对自然地理系统产生极其深刻的影响。

在地球上存在有生物并受其生命活动影响的区域叫生物圈。生物在这个圈层中是一个非常活跃的要素，它们的有机体及其群体参与了各种自然地理过程的进行和不同地理环境的形成，并且常常是地理景观最突出的特征。同时，生物也是人类进行生产活动的重要资源和生存的基本条件，是社会、经济持续发展的重要物质基础。它在自然界能量的转化与固定、物质的迁移与循环和信息的传递与储存中扮演着十分重要的角色，使我们人类居住的这个行星表面变得绚丽多彩、生机勃勃。

生物过程从根本上说，可归结为物质流与能量流通过生物体并与其相互作用的过程，如图 2－4 为生物过程的一般表达方式。

目前对于简单的生物过程，如酶的反应、细胞的分化、光能的吸收等，都已进行了较好的模拟，对于复杂的生物过程，如生物的适应性、物种迁移、种群消长规律等，还仅仅处在一般的统计模式水平上，对于它们的数学表达形式还只限于对化学、物理过程等简单反应的推广上。

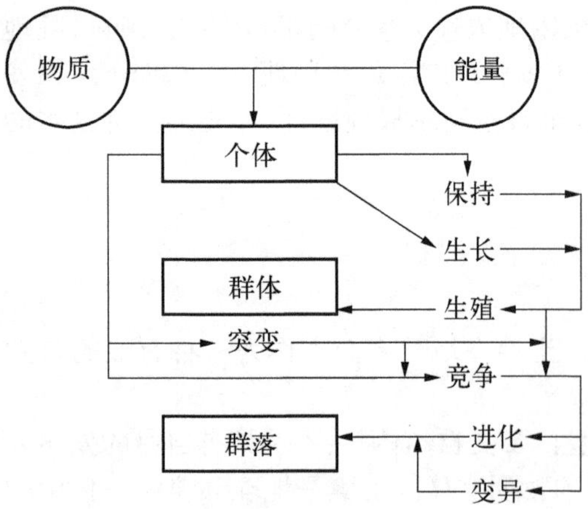

图 2-4 生物过程的一般图解

1. 生物适应 生物适应是生物的形态构造、生理机能、个体发育和行为等特征与其长期性生存的一定环境条件相互统一、彼此适合的现象，包括趋同适应和趋异适应两种。趋同适应是亲缘关系相当疏远的不同种类的生物由于长期生活在相同或相似的环境中通过变异和选择形成相同或相似的适应特征和适应方式；趋异适应则是同一生物的若干个体在不同环境条件下长期生活形成了不同的适应特征和适应方式。

2. 种群增长 种群增长是种群动态的主要表现形式之一，指随着时间的变化，一个种群个体数目的增减变化情况。

如果一个单独的种群在无任何限制，并且没有天敌与疾病和个体的迁入与迁出等因素存在的环境中，那么种群的数目表现为指数式增长，即

$$dN/dt = rN$$

这样，就得到经过时间 t 后种群的总个体数 N_t，公式为

$$N_t = N_0 e^{rt}$$

式中，N 为种群大小；t 为时间；N_0 为种群起始数量，则得到个体数目随时间不断增加的"J"形曲线(图 2-5)。

这显然是一种理想状态，实际上，当种群入侵到一个地区后，开始时增长较慢，接着加快，随后由于密度的制约又变缓，最后稳定在一定水平上。其增长方式可用逻辑斯谛方程表示为

$$dN/dt = rN(1 - N/K)$$

式中，$1-N/K$ 代表环境阻力，其增长曲线表现为"S"形曲线(图 2-5)。

自然界的情况是相当复杂的，种群增长有的接近"J"形，有的接近"S"形，中间还有许多过渡类型。即使是同一物种，在不同的环境条件下也会有不同的种群增长过程。

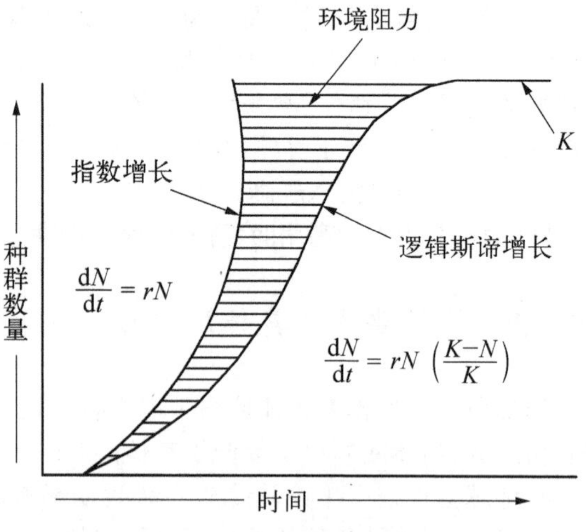

图 2-5 种群增长型

资料来源：华东师范大学等(1981)

3. 生态演替 生态演替是一定地段上一种群落被另一种群落所代替的过程。按群落所在地的基质状况分为原生演替和次生演替；按发展方向不同分为进展演替和逆行演替。群落演替的速度随具体条件不同而有差异，一般在演替系列的早期阶段比较快，群落稳定性差些；后期演替速度逐渐变慢；最后阶段的群落保持相对稳定状态。

一般说来，生态演替可由如下三个参数所规定：

1) 植物群落发展的有序过程。

2) 生态演替产生与自然环境的变更。这种变更是一个可控制的过程。显然群落演替的模式和演替的终极取决于自然环境总体水平的控制。

3) 一个稳定的植物群落是该区域生态演替的顶极，其中最高的生产量可被提高，而且有机界之间的共生功能以及每单位的有效能流均可被保持。

4. 生态系统的简单过程 生态系统通过食物的关系彼此联结而形成一个能量与物质流动的系列，即食物链。在生态系统中有着单向的能量流动、循环式的物质流动和信息传递过程。三者相互联系、紧密结合使生态系统得以存在和发展，并赋予自然界一切生物以生存、做功、生产和繁殖的能力以及对外界环境的影响能力。这样的过程严格地遵循质能守恒定律。

三、自然地理系统的物质循环模式

一般地，我们把物质循环的基本结构分为地质循环、大气循环、水分循环和生物循环四种模式。这四种类型物质循环，既代表了无机圈层之间以及生态系统内部物质流通过程，也反映了自然地理系统物质组分的“固、液、气”三种形态的转变。

（一）地质循环

地质循环是在一定的能流驱使下进行的，比较明显易于观察到的动因是地表水循环。地质循环的全过程蕴含着太阳能与地球内能的一系列转化及其相应的风化剥蚀作用、搬运作用、沉积作用和硬结成岩作用四种作用过程。

1. 风化剥蚀作用　暴露在地面的岩石处在和它们形成时不同的物理、化学环境，即由较高的温度和压力的成岩环境变为具有常温常压的地面环境。在受到氧气、二氧化碳、水及生物作用时会产生变化，变化的性质可以是机械的，表现为整块岩石变为碎块或碎屑；可以是化学的，表现为岩石的化学成分和矿物成分发生变化，从而使坚硬的岩石变为松散的碎屑和土壤。

（1）风化作用　岩石的风化作用按作用因素与作用性质的不同，分为物理风化作用、化学风化作用和生物风化作用。

1）物理风化作用：指岩石在外力影响下，机械地分裂成碎屑，只改变大小与外形，而不改变化学成分的作用(或岩石发生机械破碎而不改变其化学成分的作用)。主要作用方式有差异性胀缩、水的冻融作用、矿物的水化与盐分结晶膨胀作用等。

2）化学风化作用：指岩石在地表与水、氧气、二氧化碳和生物分解的气体及有机质等长期作用下发生化学成分变化，并产生新矿物的作用。主要作用方式有溶解作用、水化作用、水解作用、氧化作用等。

3）生物风化作用：指生物及其生命活动对岩石、矿物破坏作用可引起岩石的解离。主要作用方式有根劈作用、穴居生物的挖掘作用、生物的新陈代谢作用等。

上述三种风化作用实际上并不是孤立进行的，而是一个互相联系、互相影响的统一过程。例如，物理风化使岩石逐渐崩裂破碎，产生、扩大和加深岩石裂隙，并增大岩石的表面积，有利于水溶液、气体和生物渗进岩体中，为化学风化提供了有利条件，从而加速风化的进程，扩大风化范围；反过来，由于岩石的化学分解，一方面使岩石变得松软，降低抵抗机械破坏的能力，一方面因有些矿物经水化作用变为含水矿物，体积膨胀，产生很大的压力，为物理风化提供了有利条件。

（2）剥蚀作用　剥蚀作用是各种外力在运动状态下对地面岩石及风化产物的破坏作用，在破坏地壳组成物质的同时，也在不断改变着自然地理系统的形态。剥蚀作用包括风的吹蚀作用、流水的侵蚀作用、地下水的潜蚀作用、海水的海蚀作用和冰川的冰蚀作用等。剥蚀作用按其性质分为机械的剥蚀作用和化学的剥蚀作用两种方式。机械的剥蚀作用指风、流水、冰川、海洋等对地表物质的机械破坏作用；化学的剥蚀作用是除去风、冰川等外，流水、地下水、湖泊、海洋等对岩石还以溶解方式进行破坏的作用。例如，流水的剥蚀作用，不仅冲击着地表风化的和松散的岩矿碎屑，还挟带着碎屑进一步磨蚀岩石。

剥蚀作用和风化作用都是破坏地表岩石的强大力量。两者不同之处主要在于前者是流动着的物质对地表岩石起破坏作用，而后者是相对静止地对岩石起破坏作用。但两者互相依赖、互相促进，岩石风化有利于剥蚀，而风化产物被剥蚀后又利于继续风化，从而加剧了地表岩石破坏作用，并源源不断地为沉积岩的形成提供着充足的物质来源。

2. 搬运作用　岩石风化破坏的产物一部分停留在原地堆积起来，但大多数情况下，岩石风化破坏(风化、剥蚀)的产物被流水、风、冰川、重力等搬运到其他地方。在搬运阶段产生两种明显的作用：① 分选作用，即在水平方向(从近而远)和垂直方向(从下而上)，碎屑颗粒由大到小；② 磨圆作用，即碎屑在搬运途中互相冲撞摩擦，颗粒形状逐渐圆化。因此，在搬运过程中，不稳定的矿物成分继续淘汰，稳定成分的比例不断增加，具有棱角的不断磨圆，颗粒的圆度增加，颗粒变细。

搬运方式主要有机械搬运和化学搬运两种。机械搬运作用为风、流水、冰川、海水、重力的搬运作用；除风、冰川等外，流水、湖、海等还进行着化学搬运，其搬运形式可分为以真溶液形式搬运和以胶体溶液形式搬运两种。

3. 沉积作用　母岩风化和剥蚀产物在外力的搬运途中，由于水体流速或风速变慢，冰川融化以及其他物理化学条件的改变，使搬运能力减弱，从而导致被搬运物质的逐渐沉积。沉积作用可以发生在海洋地区，也可以发生在大陆地区，所以沉积作用包括海洋沉积和大陆沉积，前者又分为滨海、浅海、半深海和深海沉积，后者又分为河流、湖泊、沼泽、冰川等沉积。沉积的方式有机械沉积、化学沉积和生物沉积三种。

当搬运力量逐渐减弱时，携带的物质沉积下来。粗大的(比重大的)碎屑先沉积，细小的(比重小的)碎屑后沉积。沉积的物质具有较明显的分选性，沉积物按照砾石—砂—粉砂—黏土的顺序沿搬运的方向形成有规律的带状分布，这种作用称为机械沉积。因此，同一地区便沉积着直径大小相近似的颗粒。例如，当河流从山区流向平原时，随着河床坡度的减小，水流速度也逐渐减小，上游沉积的颗粒粗，下游沉积的颗粒细，河流最后流向海洋，沉积的颗粒比河道沉积的更细。化学沉积作用包括胶体沉积和真溶液沉积。生物沉积包括生物遗体的沉积和生物化学沉积。

4. 硬结成岩作用　最初沉积的松散物质被后继的沉积物所覆盖，进入与原介质隔绝的新环境，在上覆岩层的压力和一些胶结物质的作用下逐渐使原物质压密、孔隙减小、脱水凝固起来而成较坚硬的整体岩石，这种作用称硬结成岩或石化作用。

总之，岩石圈的物质循环是由四个基本过程构成的。岩石圈风化物渗入水圈、大气圈和生物圈；另一方面水圈中、大气圈中和生物体中的物质又返还岩石圈中，从而完成地质循环，并形成自然地理系统特有的发生体——沉积岩。

（二）大气循环

大气循环是空气围绕地球表面的运动。它是由于地球表面的不均匀受热，扰乱了大气的平衡，导致空气运动和大气压力的改变而引起的。

在一般的循环理论中，低压区域存在于近赤道地区，高压区域存在于近极地地区，原因是温度的差异。阳光的加热导致空气的密度降低，从而在近赤道地区上升，结果是形成低压，使得极地的高压空气沿地球表面向赤道区域流动。当温暖的空气流向极地时，它会变冷，变得更加稠密，进而下沉回到地面。

在自然地理系统中，有相当一部分的物质和能量是通过大气循环的方式进行输入和输出的。由于气体的自由度最大，运动速度也比较快，因此它的作用能力也很大。大气循环指大气圈及其与环境之间存在的物质循环与能量转化过程，包括大气圈内的物质循环和大气圈与其他圈层之间的循环。大气循环是大气总体运动规律的体现，也是决定大气圈层成为一种相对稳定的动态系统的重要因素。

大气循环运动的基本形式就是通常所说的大气环流。大气环流按其空间范围和规模的大小，大致可分为全球性环流系统、海陆间季风型环流系统和地区性环流系统等不同层次。形成大气环流的原动力来源于太阳辐射能，但是不同规模的大气环流，又各有其不同的形成因素。在物质能量系统中，大气环流具有重要的意义和作用。大气环流最显著的作用在于传输大气中所含的各种物质元素和储存的热能，不断对地表的热量和水分的空间分配进行调节，从而形成各种气候、促使天气发生变化。但是不同规模的大气环流，其作用的大小和性质又互有差异。

全球性大气环流的形成，导源于太阳辐射能在地球表面分布的纬度空间差异性，而直接起因于纬度间的气压差异。全球性大气环流的重要作用和综合效应就在于它使自然地理系统形成了不同的气候带，进而引起了地表的土壤植被发生纬度地带性分异。

海陆间季风型大气环流的形成，导源于海洋水体和大地风化壳两种大气下垫面物理性质的差异(尤其是热容量的巨大差异)，起因于冬(寒)、夏(暑)季海陆上空气温的对比差所引起的高、低气压系统的更替，另外还受行星风系季节性南北移动的影响。海陆间季风型环流系统的主要作用及其效应就在于它作为一种中介环节，把地球表层的水分循环连接成为完整的动态系统；并直接调节了大陆的干湿状况，形成了季风性气候和季风型自然景观。

地区性和局地大气环流指规模较小(中、小尺度)的大气环流系统，其具体的形成因素复杂多样。高山高原地区对大气运动的热力和动力有着直接的影响，往往形成独特的大气环流系统；热带沙漠地区的气候炎热干燥，主要是大尺度的气流下沉运动的结果；沿海地带的局地海陆风环流系统，同季风环流的性质相似，但是它的规模和范围较小，发生时间和环流周期较短，受地转偏向力的影响不明显。一般说来，各种地区性和局地大气环流都具有强化地表风化剥蚀的作用，以及形成特殊的地方气候和小气候的效应。

（三）水分循环

水循环指在自然地理系统中，水圈的内部及其外部圈层之间的物质循环与能量转化过程。在自然地理系统的物质能量系统中，水循环既是协调各圈层之间能量转化的物质因素，又是沟通各圈层物质联系、促成地质循环的主要动力因素，同时它还参与大气循环及生物循环的全过程，并起着重要作用。水循环是联系地球各圈层和各种水体的"纽带"，是"调节器"，调节了地球各圈层之间的能量，对冷暖气候变化起到了重要的作用。水循环是"雕塑家"，通过侵蚀、搬运和堆积，塑造了丰富多彩的地表形象。水循环是"传输带"，是地表物质迁移的强大动力和主要载体。更重要的是，通过水循环，海洋不断向陆地输送淡水，补充和更新陆地上的淡水资源，从而使水成为可再生的资源。

水在地球上环绕分布构成水圈，包括海洋中的水、大陆上的水、大气中的水及地下水。因热力状况不同，水圈中的水可以为气态、液态与固态。在热力、地心引力等多种外力作用下，地球上的水不断地运动并进行三态的交替变化。由于受质量守恒定律的支配，水的循环运动保持着连续性。

水循环不是一个单一的环节。自然界中的水是通过多种行径实现其循环和相变的。这些行径贯穿整个水圈，由地表向上伸展至大气层（大约 15 km），在地壳内向下可及的深度平均为 1 000 m。水循环可分为大循环和小循环两种。在太阳辐射能的作用下，水从海陆表面蒸发，上升到大气中，成为大气的一部分。水汽随着大气的运动转移并在一定的热力条件下凝结，因重力作用降落形成降水。一部分降水在地表可被植被拦截和被植物散发。降水到达地面，形成地面径流。渗入土中的水一部分以表层壤中流和地下水径流形式进入河道，组成了河川径流。贮于地下的水，一部分上升至地表面蒸发，一部分向深层渗透，在一定的地质构造条件下排出或成为不同形式的泉水。地面水和返回地面的地下水，最终要流入大海或蒸发到大气中去。这种海洋和陆地之间水的往复运动过程，称为水的大循环。大循环是全球性的水循环，由许多海洋、陆地和区域的小循环所组成。仅在局部地区（陆地或海洋）进行的水循环称为水的小循环，小循环按其发生的空间又可以分为海洋小循环和陆地小循环（包括内陆小循环），前者指从海洋蒸发的水汽，上升凝结后又降落至海洋；后者指从陆地上蒸发的水汽凝结后又降落至地面。因此，水循环研究的尺度大至全球，小至局部地区。环境中水的循环是大、小循环交织在一起的，并在全球范围内和在地球上各个地区内不停地进行着。

由于水循环是一个系统，按系统分析，水循环的每一环节都是系统的组成成分，也是一个亚系统。各个亚系统之间又是以一定的关系互相联系的。这种联系是通过一系列的输入与输出实现的。例如，大气亚系统的输出——降水，会成为陆地流域亚系统的输入；陆地流域亚系统又通过其输出——径流，成为海洋亚系统的输入等。以上的水循环亚系统还可以细分若干次一级的系统。因此，系统的观点有利于水循环认识的深化，并有利于与自然、社会经济和环境的相互联系，尤其是与生态、环境问题的联系。

水循环运动具有多方面的作用和重要的地理意义：① 水循环是岩石圈风化壳产生机械输运作用、促使地表各种化学元素迁移的主要动因；② 水循环是陆地上雕塑各种地貌形态、形成各种水域的重要机制；③ 水对物质是很好的溶剂，在生态系统中起着能量传递和利用的作用，水循环是维持生物生命活动、形成地表生态系统的基本条件，是沟通无机界与有机界物质联系的纽带。

（四）生物循环

生物循环指生态系统中的物质循环和能量转化过程，即生态系统中的生物成分和非生物成分间物质往返流动的过程。营养物质从大气、水体和土壤等自然环境中通过绿色植物的吸收，进入到生态系统中，在生态系统各种生物间流动，最终重新归还到环境中，完成一次循环，整个过程继续进行，归还的物质再次被植物吸收进入生态系统，周而复始，往复持续，这种物质的反复传递和转化过程就称为物质循环。生物循环是更高级的物质循环形式。

生物循环的基本途径有两种：① 植物和微生物活质作为岩石风化壳及其衍生物土壤与大气之间的物质联系环节，直接参与地质循环、水循环和大气循环运动过程，并通过它们自身的生物物理和生物化学作用，促进水分循环以及水迁移元素和空气迁移元素在地球表层的循环；② 通过各种生物的生命活动与其无机环境进行物质交换（包括能量转化），即通过生物的新陈代谢作用促使自然地理系统的无机物和有机物在更广泛的范围内进行循环。生物循环集中表现在生物的新陈代谢过程中。任何有机体的存在和发展都是依靠从外界摄取和积累物质和能量，并消耗和分解这些物质和能量来维持，这些就是生物新陈代谢的两个方面，即同化过程和异化过程。自然地理系统是生物的物质和能量的源泉，离开新陈代谢活动，生命就不会存在。

同化过程是生物输入、处理、储存外部环境的物质能量过程。动物主要是同化有机界的物质能量，而植物主要是同化无机界的物质能量。同化的最终结果是把外界物质变成有机质，将外部能量转化为生物体内能量，不断充实自己，同时改造外部环境。异化过程是新陈代谢对立统一过程的另一方面，是生物有机体的物质能量对外界环境的输出过程，在这个过程中实现了有机向无机的转化。生物的生命活动就是在这样的同化和异化过程中不断进行。

由于生态系统本身以及其与环境关系的复杂性，导致生物循环的过程也十分复杂，按照不同的分类依据其划分类型也多种多样。其中一种划分方法是根据物质循环路线和周期长短不同，将物质循环分为生物小循环和地球化学大循环。生物小循环是在一定地域内生物与周围环境之间进行的物质周期性循环，主要通过生物对营养元素的吸收、留存和归还来实现。地球化学大循环指环境中的元素经生物吸收进入有机体，然后以排泄物或残体等形式返回环境，进入大气圈、水圈、土壤岩石圈及生物圈的循环，其范围大、周期长、影响面广。第二种划分方法是根据物质循环运动的途径，将物质循环分为地球化学循环、生物地球化学循环和生物化学循环。地球化学循环指不同生态系统之间化学元素的交换。生物地球化学循环指生态系统内部化学元素的交换，其空间范围一般不大，植物在系统内就地吸收养分，又通过落叶等方式归还到同一地方。生物化学循环指养分在生物体内的养分转移到需要的部位。

生物循环的重要作用表现在：① 绿色植物通过光合作用把太阳能转化为生物能，为一切生命活动奠定了能量基础，成为生物进化的原始动力，从而推动自然地理系统不断向前发展；② 生物作为土壤-植物-大气之间的一个联系环节，成为物质与能量相互交换的一个重要通道；③ 生物循环对于能量的储存和消耗，对于化学元素的迁移和积累，对于碳循环、氮循环、氧循环和其他有关成分的循环等具有明显的作用；④ 更为重要的是生物循环实现了有机界与无机界之间的转化。

第四节　自然地理系统的能量转化

一、自然地理系统能量结构特点

自然地理系统既是一个相对独立的物质体系，又是一个完备的能量系统。在系统中，能量的转化对于维持整个系统运转有重大意义。能量转化是系统中物质循环、自然地理过程的原始动力，是自然景观的塑造者，是社会经济系统形成及运转的前提和条件。

自然地理系统是一个物质-能量系统，它具有以下特征和标志：

1）自然地理系统占有一定的空间范围，是一种具有一定结构和功能的物质体系，能量传输和运转的载体是其物质组分，物质组分在外部输入能量流的作用下发生迁移、转换和循环，运动的自身就包含着一定的能量。

2）任何一种开放的能量系统，都需要从系统外部特定的能源不断地输入能量流。一般情况下，能量流的输入均来自较高一级（层次）的物质能量系统，最主要的外部能源是太阳辐射能，其次是地球内能（蕴藏在地球深处的潜能）。

3）任何能量系统都具有转化能量的功能。输入到地球表层的太阳辐射能和地球内能，在地球表层范围内总是沿着一定的途径有序地传输和转化。其传输的途径和转化的方式，主要决定于各结构单元及其组分的性能。

4）能量流在自然地理系统经过一系列转化过程之后，其中一部分暂且储存于地球表层，另一部分则不断地向地球表层外部输出。

总之，自然地理系统是一个开放的、有序的物质-能量系统，其能量结构具有如下特点：

1. 能量来源的自然性、单向性与无限性　任何开放的能量系统都需要外部有特定的能量源不断输入能量流。自然地理系统的能量主要来自太阳这一大星体和地球内部，这两者皆位于自然地理系统之外，所以，自然地理系统的能量来源具有自然性和单向性。

此外，自然地理系统的能量来源还具有无限性的特点。这是人类用之不竭的宝贵财富。因此，应加大力度研究如何才能更加有效地利用太阳能、风能、地热能等自然能，以创造出更多的财富。

2. 储能能量大，自调功能强　自然地理系统具有储存能量能力较强的特性，主要与其物质组成成分的性质及复杂性有关。从自然地理系统的物质组成来看，大气和水体这两种组分储存热量的容量很大，再者由于组成物质的复杂性，达到自然地理系统的能量要经过相当复杂的转换途径。如太阳能到达地面之后，除了少部分被直接反射到太空以外，其余绝大部分依次分别被大气、水体、土壤、岩石、生物等物质组分所截留、吸收和散射，需要经过相当曲折的转换途径，这也就意味着能量要在自然地理系统中停滞相当长的时间，才能返回到外部宇宙空间，尤其是被生物所吸收的那部分光能和热能转化为化学能后，在生物有机体内储存的时间更长，特别是当这些化学能被转变为煤、石油等而存储于自然地理系统之中。

从系统理论可知，系统的组分越复杂，其抗干扰的能力就越强，自调功能也就越强。一般情况下，自然地理系统的能量输入和输出处于动态平衡状态。一旦能量的收支发生一定限度的变化时，自然地理系统就会在发挥其适应能力的同时进行自我调节，经过一段时间后，其内部恢复到相对稳定的状态，从而出现新的能量动态平衡。

3. 能量输出途径和转化形式多样性　自然地理系统能量的传输途径与其内部结构直接相关，能量的转化形式则随自然地理系统物质组分运动形式的变化而变化。就整个地球而言，自然地理系统的结构和物质组分、运动形式最为复杂，因此，能量的传输途径和转化形式就比较多样。例如，太阳能的传输途径和转换形式主要有以下两种：① 沿地面—土壤—大气途径进行，以热能形式转化；② 沿绿色植物—动物—微生物这一途径进行，以光能、化学能和热能等形式进行转化。

4. 能量变化的周期性和地域性　由于地球上所接收到的太阳能以周期性的方式变化，因此，自然地理系统的能量变化也就具有非常明显的周期性的特点。主要表现在：① 由地球的行星特征（包括地球的形状、地轴的倾斜度、地球环绕太阳公转运动和地球自转运动等特征）所引起的太阳入射角在地表发生年周期和日周期的有规律变化，这种变化又使自然地理系统所接收到的太阳辐射量有周期的变化，从而产生气温升降、热量收支及相关的自然地理现象和过程的季节性或昼夜性的周期性变化；② 周期的潮汐现象，这种现象产生的主要动力是太阳和月球的输入能。

自然地理系统所接收到的能量还随各地域的经纬度、自然条件等不同而不同，从而表现出地域差异性。有的地方接受的能量多，如赤道、热带等地区；有的地方接受的能量少，如极地、寒带等。

二、自然地理系统的能量来源

自然地理系统基本的能量来源主要有两类：① 来自地球以外的天体，以太阳辐射能为主导的地球外来能，是引起地球表层各种自然地理过程的直接动力和重要条件；② 来自地球本身，尤其是内部深处释放的地球潜在能，对地球表层的作用多是以间接的方式和途径反映出来。

（一）地球外来能

地球外来能最主要的是太阳辐射能（太阳能）；其次是其他恒星天体发射到地表大气圈层的多种宇宙射线，以及流星和其他星际物质在地球引力场坠落的动能。

太阳辐射能主要导源于太阳中心部分物质的热核反应，即在其氢核不断聚变成氦核的过程中产生的。太阳通过热核反应释放出巨大的能量，并以辐射的方式向外围输送。太阳能是地球表层各种形态的物质运动和生物生命活动最主要的能源。太阳能输入到自然地理系统之后，引起了全球的大气环流运动和海洋-陆地-大气对流层之间的水分循环,推动了地球表层的物质迁移和转换,促进了地貌发育的风化、侵蚀、搬运和堆积的过程,提供了有机物质合成的条件。同时,太阳能也是人类赖以生存和发展的能量基础,人类活动和社会生产中所消耗的能量几乎都是直接或间接来自于太阳能。

其他外来能指各种宇宙射线的化学效应所导致的化学能。由宇宙空间侵入到大气圈层的粒子射线作用可引起极光、磁暴、空气离子化和某些气体从分子态变为原子态等现象和过程。此外,陨石之类的星际物质在地球引力场坠落时,不仅在大气圈层产生一定的机械能,还在同空气摩擦过程中产生一定的热能。虽然这些外来能的量级与太阳能相比似乎微不足道,但对地球表层的影响作用也不可忽视。

(二)地球潜在能

地球潜在能主要有两个方面:① 地球自身所具有的引力势能;② 地球内部蕴藏的热能和原子核能。

地球引力势能指整个地球物体系统的物体之间由于万有引力而相互作用所共有的势能。地球上任何质点都受到地球引力的制约,同时也受到地球自转所产生的惯性离心力的影响,两种力的合力即为重力。由于离心力在重力中所占比例极小,因此,重力可以视为地球引力,即物体的重力势能基本上就是地球引力势能。

地球内部蕴藏的热能和原子核能是来自地球内部的能量,是地球自身长期演化过程中产生的,并不断地蓄积和向地表释放。

自然地理系统除了上述两类基本的能量来源以外,还有一种特殊的能量类别——潮汐能。

潮汐能是在月球和太阳同地球相互吸引作用条件下产生的。潮汐是自然地理系统一种周期性的弹性变化现象,包括地表的固体潮汐、海洋潮汐和大气潮汐。潮汐能主要指海洋潮汐的涨落、传动(潮汐波)和潮流运动过程中所产生的机械动能及其转化过程中产生的少量热能。

三、自然地理系统的能量流动

太阳能和地球内能以不同的形式在无机界和有机界中进行转化,太阳能和地球内能在地表的转化是互为条件、互相结合进行的。

地球表层这一庞大的能量系统,实际包含两大能量循环系统(子系统):① 由大气圈对流层、陆地表层和海洋表层所构成的地-气能量循环系统;② 以生物(植物、动物、微生物)为主体,并与其非生物环境紧密联系而构成的能量循环生态系统。两者的能量转化形式和性质互有差别。由于在空间上两者互相交织重叠,所以彼此之间也进行能量交换。

(一)太阳能的转化

太阳能在自然地理系统中具有重要意义,它通过地表、大气、水体、生物界间的能量交换,把无机界与有机界联成一个整体——能量系统,是维持地球所有生命系统的基本能量来源。

太阳能的转化形式及途径比较复杂。太阳能在进入自然地理系统后被大气、水、地面和土壤吸收并转化为热能,在时空上进行重新分配,经过多次转化最终返回宇宙空间。

1. 太阳能在无机界的转换 太阳能在无机界的转换主要指太阳能在岩石圈上层、大气圈和水圈中的交换。在垂直方向上,进入大气层的太阳辐射,从整个地球来说,大约有进入辐射的30%被大气散射或被云层等反射回去,这部分太阳能丧失在空间,不能做任何有用的功;约有20%被大气所吸收,约有50%到达陆地表面或大洋表面。在吸收的太阳辐射中,1%～3%被大气上层的氧和臭氧分子吸收,剩下的9%～17%被大气对流层中的水汽、尘埃和云中的水滴所吸收。氧和臭氧吸收的主要是光谱的紫外线部分,虽然吸收的数量不多,但因为它保护了生物圈免受紫外线辐射的有害伤害,因而对于生物圈的生命活动有重要意义。在经过大气的散射、反射和吸收以后,到达陆地表面和大洋表面的辐射量占太阳总辐射的50%,这部分太阳能以光能形式照射在陆地表面和大洋表面,一部分被反射回去,剩下的部分才能转换成热量增高陆地表面的温度和大洋表面的温度。陆地表面和大洋表面增温以后,主要通过辐射、水的蒸发以及大气的湍流把热量输送给大气,为大气提供了主要的能源。即太阳辐射到达大气圈后,一部分被大气层和地面(下垫面)吸收转变为热能，增加了陆地表面及海洋表面的温度，地表增温后必然向外以长波辐射的方式辐射能量，被大气中的水汽、臭氧和二氧化碳吸收，这样，地表的能量就输送给大气；另一部分被大气中的介质散射；还有一部分被大气中的云层反射回宇宙空间。此外，接近地表的能量转化还可通过水的蒸发、热的传导等形式实现。由此可见，太阳能在无机界的转化是大气—地面—大气；其转化形式为太阳辐射（短波辐射）—地表增温（长波辐射）—大气增温。太阳能在无机界的交换，使得地表、水体、大气系统发生相互影响和相互作用。

一般说来，太阳能在无机界中的转化具有总量守恒、形式多样、单向流动（太阳能沿绿色植物—动物—微生物单方向性流动）、逐级分散（食物链中能量流动递减的10%）的特点。

2. 太阳能在有机界的转换　太阳能在有机界的转化比较复杂，分别以热能、光能和化学能等形式进行转化。热能形式的转化主要在绿色植物中进行，植物所吸收的辐射能，大部分转化为热能，消耗于植物体的增温和用于促使植物体水分的蒸腾，从而实现与大气层的热量和水分交换。

光能—化学能的转化是在绿色植物—动物—微生物这一系统中递减进行的。其第一环节是绿色植物的叶绿素在其吸收的少部分可见光的作用下进行光合作用，将太阳能转化为化学能固定下来，并释放出氧气。绿色植物（尤其是农作物）的这种固能作用意义非常重大。人类的基本食物来源及整个有机界的存在都是依赖于这种固能作用。第二个转化环节是绿色植物所固定的能量除了本身生命所需要的部分以及少量的暂时储存于植物体内的以外，其余部分则转移到动物体内，保证生物"食物链"能量流的正常流动，各级动物从食物中所得到的能量大部分用于维持其正常生命活动，在此过程中，有少部分能量转变为热能而丧失掉，其余部分能量储存于动物肌体内。第三个转化环节是细菌、真菌等微生物分解动、植物残体，释放出绿色植物最初所固定的能量，即把化学能转化为热能，回归至大气层。总之，太阳能在有机界中是沿植物—动物—微生物途径，以光能—化学能—热能的形式进行转化的。

太阳能在有机界的转化，实际上是通过能量转移将无机界与有机界联系起来，它不仅进行能量的储存，也通过食物链的分解释放能量，并且以热的形式重新辐射返回太空，完成能量的循环。

值得提及的是，人类对太阳能转化的影响作用越来越大。人类可以改变能量输入、输出状况，如进行农田灌溉能吸收和储存更多的能量、降低反射率；人类可以加速和延缓能量的转换速率，如通过开发地质历史时期所储存的太阳能（石油、天然气、煤等），从而大大加快了能量的转化速率；人类还可以改变能量的转化途径等。

在自然地理系统能量转化机制中，生态系统占据重要位置。生态系统是地球表层的固能及转换能量的精巧装置。作为固能装置，生态系统通过绿色植物固定能量而对地球表层产生重要作用，它一方面要维持系统本身的正常运转，另一方面又要推动地球表层从无序到有序的正常演化。作为能量转化装置，生态系统通过绿色植物将有机界与无机界联系起来。绿色植物生产者吸收无机环境中的水分和养分，在可见光、叶绿素的作用下，经过光合作用，将太阳能转化为化学能而固定下来，而后经消费者、分解者的重新分配将能量释放出来。经过这样的过程，将无机界与有机界组成一个有机的整体。

（二）地球内能的转化

地球内能的转化主要以引力势能和热能的形式在无机界进行转化。地球表层引力能（重力势能）的转化是在一定条件下进行的。不同地质历史时期的地壳构造运动形成了地表形态巨大的起伏，从而使地势高低不同的物体具有不同的引力势能，在外力作用（侵蚀作用）下，这些潜在的引力势能转化为机械运动的动能，完成了能量的转化。转化结果表现为崩塌、地滑以及在陆地水体与大洋中的物质沉积，这是影响地球表层物质迁移的重要因素。

热能转化是地球内能的主要转化形式。地壳内的放射性元素（铀、钍等）蜕变以及核反应释能所析出的能量，以内能形式储存于地球内部，通过不断积蓄，最终释放到地表。其释放的主要形式有火山作用、热水活动、构造运动和地表热传导等。其中，热传导这种热能从地球内部到表面的传输现象是地球热能释放的最主要的消耗形式。地球内能的热传导现象持续不断，只是数值较小，平均为 6.9×10^{-6} J/(cm^2·s)。尽管这样，它在整个地球表面每年的放热总量仍可高达 $9.660\times10^{20}\sim1.092\times10^{21}$ J，这一数字与燃烧数百万吨煤所释放的热量相同。

地球热能的作用是十分巨大的，它促使山体风化剥落、山坡岩石崩塌堆积、高山冰雪滑动、河水流动侵蚀和泥沙搬运沉积等。

目前，人们对地球热能加以利用的主要是地下热水、地热蒸气和热岩层。

四、自然地理系统能量转化的功能

自然地理系统的能量是维持自然界与人类社会向前演化的原始动力。太阳能是维系地球上所有生命系统生存的基本能力来源，与人类的生产生活关系密切；太阳能与地球内能共同作用的结果，塑造了地表丰富多彩的自然景观；太阳能还是自然地理系统自然过程的原始动力源泉，并由此而制约着自然地理系统的运转及行为。

自然地理系统中自然景观的形成是能量系统作用的综合结果。相向而来的太阳能与地球内能交汇于自然地理系统这一层面上，两者相互消长，共同作用，促使地表不断向前演化。一般说来，太阳能对自然地理系统的作用效应是"夷平化"，地球内能的作用效应是"崎岖化"，两者综合作用的结果，形成了不同区域目前现存的自然地理系统的状况。

太阳能作用于地表，并与地表物体重力势能相结合，产生了风化、侵蚀、搬运以及堆积等地质过程，其基本趋势是使地表高差减少，削高垫低，使地表趋于平坦化。这就是太阳能的"夷平化"过程。地球内能的主要作用是引起地震、火山、岩浆活动等各种构造活动，使地表起伏加大，更加崎岖不平。这就是地球内能的"崎岖化"过程。这种作用过程实质上是褶皱和断裂、隆起和沉陷等各种矛盾的统一过程。太阳能和地球内能的作用既对立又统一。随着岩层的褶皱或断裂，地面隆起或沉降的加剧，太阳能所形成的侵蚀或堆积作用则会相应地增强，如果地壳中没有较大的沉降幅度，便不会容纳巨厚的沉积岩，同时若没有相应的隆起地区，也就没有形成巨厚的沉积岩的物质基础。上述能量作用过程相互依存、相互转化，构造运动不断发生，促使地表侵蚀和堆积作用持续进行；地表物质大规模移动使地壳压力发生变化，促使地壳发生变动。正是这种既对立又统一的相互作用过程，促使地表不断发生变化，而不会停留在一个水平上。

目前，地表任一地方的自然景观都是由太阳能和地球内能作用的结果，只是两者的作用强度在不同区域表现得不一样。在有些区域，以太阳能作用为主导，如平原地区；而在另外一些区域，则以地球内能的作用为主导，如高山、高原地区。

能量系统还是自然地理系统内所进行的各种自然过程的基本能量源泉。自然地理系统中的自然过程，按其性质可分为物理、化学、生物以及物理化学、生物物理和生物化学等过程；按其表现形式可分为地质过程、大气过程、水分循环过程和生物循环过程等；按要素形式可分大气作用过程、地貌作用过程、水分作用过程、土壤作用过程和生物作用过程等。上述各种自然过程均是通过自然地理系统各种状态之间的连续转换形式而表现出来的，但其实质都是各种能量流在自然地理系统中沿着一定的途径不断进行转化的过程。因为物质组分的运动转化是以能量为动力的，能量转化形式的变化引起了物质运动形式的变化。

自然地理系统的能量尤其是太阳能，对生命系统的存在及整个人类社会的运转起着极为重要的作用。太阳能维持了地球上整个生物界的存在，如果没有太阳输送来的光和热，一切生物就不能生长发育和繁衍后代。正是由于生命的存在，自然地理系统增添了新的组成成分，从而使整个自然地理系统有了蓬勃生机，使其功能日趋完善。

对人类的整个经济活动来说，太阳能具有头等重要意义。就农业生产来看，直接(植物)或间接(动物)利用太阳辐射能，转化为供人类需要的产品。目前，农作物对充裕的太阳能的利用率很低，如目前大部分地区大田作物的光能利用率仅为1%～2%，光能利用率若能提高到5%，农业生产将会达到一个新的台阶。因此，研究太阳辐射能与农业生产的关系，探讨提高光能利用率的途径和方法，对发展农业生产具有积极意义。

对于工业来说，能量来源主要还是太阳辐射能。能量比较集中的煤炭、石油、天然气、油页岩等这些地质历史时期所储存的太阳能，是目前工业最主要的能源。地表可供生产利用的风能和水能，是现代太阳能间接转化而来的，这是人们用之不竭的能量源泉，因此，把丰富的太阳能直接转化为热能和电能加以利用，是人们目前最重要的任务。

参考文献

陈传康，伍光和，李昌文. 1993. 综合自然地理学. 北京：高等教育出版社.

韩杰. 2002. 对世界地理整体性、差异性理论的研究. 世界地理研究，11(3).
华东师范大学等. 1981. 动物生态学. 北京：人民教育出版社.
黄秉维，郑度，赵名茶等. 2000. 现代自然地理. 北京：科学出版社.
景贵和，周人龙，徐樵利等. 1990. 综合自然地理学. 北京：高等教育出版社.
李天瑞，潘玉君. 1989. 耗散结构理论与自然地理系统. 自然辩证法研究，5(5).
刘南威，郭有立. 1993. 综合自然地理. 北京：科学出版社.
刘胤汉. 1988. 综合自然地理学原理. 西安：陕西师范大学出版社.
刘宗超，孙莉. 自然地理系统及其熵变. 自然杂志，11(6).
娄昭. 2004. 亚欧两大洲自然地理环境结构的整体性和差异性教学初探. 世界地理研究，13(2).
牛文元. 1981. 自然地理新论. 北京：科学出版社.
牛文元. 1993. 理论地理学. 北京：高等教育出版社.
钱学森. 1991. 谈地理科学的内容及研究方法. 地理学报，46(3).
全石琳. 1988. 综合自然地理学导论. 开封：河南大学出版社.
伍光和，蔡云龙. 2004. 综合自然地理学. 第二版. 北京：高等教育出版社.
夏邦栋. 2005. 普通地质学. 第二版. 北京：地质出版社.
叶汝坤. 2006. 浅论自然地理环境整体性原理的教学策略. 广西教育学院学报，5.
叶汝昆. 2007. 论自然地理环境整体性原理的内涵及教学功能. 内江师范学院学报，22(4).
左伟，赵海军，孙玉贞. 1995. 论自然地理系统. 陕西师范大学学报，23(2).

第三章　自然地理系统的时间演化规律

所谓时间，是物质存在的一种客观形式，由过去、现在和将来构成，是一个连续不断的系统，是物质运动、变化的持续性的表现。时间是均一的，在地球任何地方，时间是等同的，几乎没有差异，但各地方环境的时间演化方面是有差异的，各地区有各地区的演化特点，而且运动变化还有许多形式。因此，研究自然地理系统的结构，除了考虑它的空间结构、物质能量结构以外，还必须考虑它的时间结构。

自然地理系统的时间结构指维持着空间结构的自然综合体随时间的周期性变化模式。一个空间结构稳定的自然综合体，随着时间的推移其内部各种过程的方向、强度、形式等会发生一系列变化。

第一节　自然地理系统的发展演化过程

自然地理系统总是沿着一定的方向向前发展。从总的背景上来说，它的发展有赖于整个地球的发展。自然地理系统是地球演化到一定阶段的产物，它形成的开端与地球物质分异为各个地圈有关。现代自然地理系统是经过地质历史时期的长期发展而形成的。现代自然地理系统反映出了当前地球表面各种自然地理过程的活动状况及其表现形式，它们的发展历史可以追溯到很早以前的地质时期，以前的发展过程迄今仍在影响着甚至控制着现代自然地理系统。然而，地球历史上发生的重大环境变化事件，大多已是地质遗存，仅仅只能作为历史过程中的某些环节，与现代自然地理系统缺乏直接的联系，只有年代较近的环境变化事件才与现代自然地理系统有密切的关系。如我国的地质历史时期具有造山意义的构造运动不下十余次，然而直到新生代的喜马拉雅运动才对现代地貌及气候的形成具有现实意义。地质历史上的三次大冰期，也只有晚新生代大冰期的气候变化才是促进现代自然地理系统形成的基本动力。

一、中生代及其以前自然地理系统的演变

地球自形成以来大约经历了 46 亿年的历史，和月球年龄（据月岩测定）大致相同。人们把 40 亿年以前的地球发展史称为地球的天文时期，40 亿年以来称为地球的地质时期。

在距今 19 亿～40 亿年期间，地球内部热量大量积聚，使地球物质熔融，火山喷发十分频繁，喷溢出大量的岩浆、气体和水蒸气，形成了原始的岩石圈、水圈和大气圈。原始的岩石圈主要是由玄武岩类的岩石所组成（如太平洋底的硅镁层），没有沉积岩。原始的大气圈主要成分是 H_2O、CO_2、CO、CH_4 和 NH_3 等，缺乏 O_2，尤其是动、植物呼吸所必需的游离氧更为缺乏。原始海洋面积可能比现代海洋大，但相当浅，且为酸性矿化水，缺乏现在海水中所含的各种盐类物质。

在距今 6 亿～25 亿年的元古代，大陆地壳逐渐扩大、增厚，地能对自然地理系统的作用减弱，太阳辐射能逐渐成为自然地理系统的主要能源。火山活动相对减弱，大气中 CO_2 浓度降低，游离氧增加。从原核生物进化为真核生物，从单细胞进化到多细胞，从异养生物转化为自养生物，从厌氧生物进化为喜氧生物，地球表层进化史进入一个新阶段。由于光合作用，原始大气的成分逐渐从还原型转变成氧化型，大气圈的上层形成了臭氧层，吸收对生物有杀伤力的短波紫外线，为生物在地球表层中的繁衍创造了有利条件，物种数量增多。植物经历第一次大发展，晚期出现了原始动物。造山运动多次发生，并使小陆块逐渐拼合为泛古陆。

古生代（距今 2.3 亿～6 亿年）早期，泛大陆分裂，形成冈瓦纳、北美、欧洲和亚洲四个大陆。气候随海陆范围的改变呈现规律性变化：当海侵范围扩大时，气候区与之相吻合，海洋性气候特征比较明显，气候的地域差异性很小；当陆地面积增大时，气候的干燥程度增强，大陆性气候特征较明显。到泥盆纪初期陆地面积扩展时，气候的地带性和非地带性差异已非常显著。大陆分裂引起海侵，海生无脊椎动物种类繁多，空前繁盛，海生植物出现向陆生植物过渡的迹象，鱼类诞生。加里东运动后，古欧洲和北美合并成一个大陆。海西运动后，欧美大陆和冈瓦纳大陆合并。晚二叠纪，亚欧大陆形成，至此新的泛大陆宣告形成，海退现象相伴而

生。随着陆地面积的不断扩大,鱼类和两栖类动物达到全盛,植物界从水生发展到陆生,蕨类植物达到极盛,晚古生代晚期出现了裸子植物。

中生代(距今 0.7 亿～2.3 亿年)自晚二叠纪起,泛大陆再次分裂,造山运动强烈。约从三叠纪中期开始到侏罗纪中期为止,广大地域的气候虽然不断变化,各地互有差异,但是主要以温暖潮湿的气候类型占优势。从侏罗纪末期开始到白垩纪中期为止,气候的地带性和非地带性分异逐渐增强,即气候的地域差异性逐渐增大。当时世界各大陆不仅有热带和温带的差别,而且还有沿海温润气候区和内陆干燥气候区的差异。这种气候的地域差异性导致了当时生物界的大变革:裸子植物代替了蕨类植物,爬行动物一度繁盛之后又走向灭绝,鸟类、哺乳动物、被子植物欣欣向荣。

古代自然地理系统的变化,从宏观上看,主要包括:① 由于构造运动引起的全球性的海陆变迁、陆地表面起伏程度的改变以及地面物质的大规模迁移;② 由于气候变化而引起的全球性的或大范围的冷、暖、干、湿变化,以及与其相应的大气环流和气候带的变化。通过这些变化,生物界也在变化。虽然某些发展变化过程至今仍影响着现代自然地理系统的发展,但它们作为历史过程中的某些环节,与现代自然地理环境毕竟缺乏直接的联系。因此,新生代,特别是第四纪以来自然地理系统的发展或变迁过程是我们讨论的重点。

二、新生代自然地理系统的变化

新生代时期作为自然地理系统发展演变的一个重要历史阶段,约从中生代的白垩纪后期开始,经过第三纪,延至第四纪,持续时间长达 7 000 多万年。新生代以来,世界自然地理系统进入到了一个新的发展时期。现代自然地理系统就是通过新生代,特别是第四纪以来的变化逐步形成的。

(一) 海陆变迁

在新生代期间,强烈的地壳运动造成了各大洲的高大山系,海陆轮廓显著改观。经过第三纪喜马拉雅构造运动,亚洲大陆南侧的古地中海消失,非洲大陆与欧洲进一步靠拢,现代大地貌单元基本形成。全世界大陆的平均海拔高度由新生代初期的 300 m,增加到现在的 800 m 左右。全球海陆分布轮廓已经和现代相似,只是海水所占面积比现在稍大,而陆地面积比现在稍小。第四纪期间虽然已形成现代全球构造和地理面貌,但新构造运动却在时时刻刻改变和塑造着新的面貌。在海洋中大洋中脊不断向外扩张,如太平洋板块中脊两侧,每年向东移动 6.6 cm,向西移动最大可达 11 cm。环太平洋山系、阿尔卑斯-喜马拉雅山系、青藏高原等在喜马拉雅运动期间即已隆起,但第四纪以来其上升速度和幅度急剧增大。以希夏邦马峰为例,在晚第三纪的 2 000 多万年中上升了 2 000 多米,而在第四纪的 200 万年中却上升了 3 000 多米,比晚第三纪上升速度快了十几倍。施雅风(1995)推称,青藏高原在距今 50 万年前高原面已上升到 3 500 m 左右。1959～1961 年和 1979～1981 年前后两期对青藏高原公路沿线进行的精密水准测量结果表明,20 年间平均上升速率为 5.8 mm/a,喜马拉雅山北侧平均上升速率为 8.9 mm/a(张青松等,1991)。这与上述推测基本一致。此外,在高原整体上升过程中还有明显的地域差异。这些山体的迅猛隆起,对生物界的分布、迁徙和全球气候的变化起着不可估量的作用。许多较古老的山系在经历过准平原化过程而趋于夷平之后,又发生"回春"作用,继续上升,地势相对高差再次增大。由于相向运动的板块彼此碰撞和俯冲,不仅导致高大山系的隆起,而且导致大陆内部断裂运动的增加。具有块断性质的山地,沿着断裂带发生差异运动,造成了阶梯式的块断地形,断块山、断裂谷、断裂盆地交错分布,形成"层状地貌"。许多巨大的断陷区或拗陷区,第四纪期间也以数百米乃至上千米的幅度在下沉。如天山和祁连山都因断裂而产生差异性升降运动,上升部分形成高山,高山之间则形成断陷河谷或盆地。

构造运动所引起的地貌分异,往往导致许多自然地理要素发生变化,以致影响整个自然地理系统的面貌。在大陆上,构造运动所决定的地形起伏与山系排列,强烈地影响到气候要素的梯度变化,自然地理的纬度地带性也由于地形的影响而受到干扰,巨大的山系或高原的"雨影区"出现了大面积的干旱荒漠;与巨大的山系相伴产生的盆地与平原,不断接受各种沉积物,并且形成比较发达的河湖水系。在大洋里,构造运动也形成了洋中脊、裂谷、洋底火山以及各种规模的海底盆地、海底火山等复杂地形,它们对于大洋环流、大洋水的物理化学性质、大洋生物都有很大的影响。大陆与大洋在地球上的空间配合，不仅决定了全球的气候特征，还决定了全球自然地理环境演替过程中出现的各种复杂的物质、能量交换关系。

（二）气候变化

新生代气候的变化，在很大程度上同地形的改变直接相关。阿尔卑斯构造运动前期，广大地区具有湿热的气候特征，热带的范围相当广阔。之后到第三纪末期，湿热气候带的范围逐渐缩小，干旱气候区的范围不断扩大，并形成单独的干旱气候带，而且在温带和两极地区的气候有变冷的趋势，气候的地域差异性相对增强，同现代气候类型的分布状况基本相似。后来由于气候的分异进一步加剧，中、高纬度地带的气候变得更冷，所以到了第四纪的更新世在温带和极地区先后出现了 3～4 次大陆冰期和间冰期。

在第四纪期间，高纬度地区以及中、低纬度的高山，发生了多次冰川作用，因而冰期与间冰期交替出现也是第四纪的显著特征。据研究，每百万年发生的冰川作用即达 20 次左右，冰期与间冰期的温差约 3～4℃ 或 6～10℃ 不等。冰期时，高纬度地区的大陆冰盖扩大，中、低纬度山岳冰川下伸，古冰川的覆盖面积为现代冰川的 3 倍。在冰川作用最强大的时候，大陆冰川的总面积曾达 $4\ 300\times10^4\ km^2$，而间冰期温暖程度不亚于甚至略高于现在，年均温比目前高 2～3℃。

第四纪后期，即最近 1 万年以来的全新世时期，全球性气候变暖，年均温上升 8～10℃，陆地上的冰川大量消融，世界海平面大幅度上升，中低纬山地雪线抬升 1 000 m 以上，自然地理纬度带向极地方向迁移，各个自然地理带的气候、水文、土壤、动植物都逐步接近于现今的面貌，现代自然地理系统经过全新世而最终形成。全新世的气候转暖以及由此而引起的自然地理系统的变化，具有显著的波动性。早全新世呈转暖趋向，但仍偏冷；中全新世为全新世最温暖的阶段，即所谓“气候适宜期”或高温期，但这个时期也有温度稍稍下降的时期，各地并非都是气候适宜；晚全新世是高温期之后的偏凉时期，即使在这个短短的二三千年间，气候的变化仍然比较明显。公元 8～13 世纪的“小冰期”是晚全新世以来最冷的时期，山地冰川重新推进，气候灾害频繁。如我国南方的柑橘树、地中海沿岸的橄榄树等，在这一时期都受到了较大的冻害。19 世纪至 20 世纪上半期，气候有了转暖，但是到 20 世纪 50 年代又偏冷。现有的研究结果还不足以证明现代究竟是处于间冰期，或是小冰期。

随着人类的出现，逐步加强的人类活动对全球气候的变化具有深刻和重要的影响。尤其是工业革命以后，由于人类大量地使用矿石燃料（煤炭、石油和天然气），CO_2 及其他温室气体（如 CH_4、N_2O）浓度增加，加上其他人为活动过程，导致温室效应的加剧，从而被认为可能会引起全球的温度增高，并由此将产生一系列的环境问题。

（三）生物演进

新生代生物的进化中，植物界以被子植物的大发展为特征，动物界以哺乳动物空前繁盛为标志。

被子植物开始出现于早白垩纪晚期，到早第三纪极度繁盛。被子植物以乔木为主，无论是种类和数量都较中生代有很大增加。显花植物和草类的繁盛为哺乳动物的发展创造了必要的条件。由于纬度、气候各地不同，植物分区现象明显。

新生代动物界哺乳动物得到迅速发展。由于哺乳类动物是具有固定体温的热血胎生动物，所以它们比那些体温随外界温度变化而改变的冷血卵生动物具有更优越的演化条件。被子植物的繁盛，各种植被类型的出现，进一步促使了哺乳类动物大发展。起源于第三纪的哺乳类动物，其中有许多通过不断进化和繁殖而延续到现在，但一些有袋目和食肉目动物以及原始有蹄类动物却都绝种了。第四纪以来，随着现代动物群的形成，新的动物种的出现，尤其是灵长目动物的迅速进化，古猿类的一支开始向人类方向发展。随着人类的出现，自然地理系统的发展进入了一个更加崭新的时期——人类利用和改造自然环境的时期。

表 3-1　自然地理系统的历史演进阶段简表

宙(宇)	代(界)	纪(系)	世(统)	距今年数/百万年	构造运动期	主 要 特 征
显生宙	新生代 Kz	第四纪 Q	全新世(统)Q_h 更新世(统)Q_p		喜马拉雅运动	人类
		第三纪 R：新近纪 N	上新世(统)N_2 中新世(统)N_1	2～3		古猿
		第三纪 R：古近纪 E	渐新世(统)E_3 始新世(统)E_2 古新世(统)E_1			
	中生代 Mz	白垩纪 K	晚(上) 白垩世(统) K_2 早(下) K_1	6.5	燕山运动	被子植物 爬行动物
		侏罗纪 J	晚(上) J_3 中(中) 侏罗世(统) J_2 早(下) J_1			
		三叠纪 T	晚(上) T_3 中(中) 三叠世(统) T_2 早(下) T_1			
	古生代 Pz：晚古生代 P_{Z2}	二叠纪 P	晚(上) 二叠世(统) P_2 早(下) P_1	250	海西运动	裸子植物 两栖类动物
		石炭纪 C	晚(上) C_3 中(中) 石炭世(统) C_2 早(下) C_1			
		泥盆纪 D	晚(上) D_3 中(中) 泥盆世(统) D_2 早(下) D_1			
	古生代 Pz：早古生代 P_{Z1}	志留纪 S	晚(上) S_3 中(中) 志留世(统) S_2 早(下) S_1		加里东运动	海生无 脊椎动物
		奥陶纪 O	晚(上) O_3 中(中) 奥陶世(统) O_2 早(下) O_1			
		寒武纪∈	晚(上) $\in_3$ 中(中) 寒武世(统) $\in_2$ 早(下) $\in_1$			
隐生宙	元古代 Pt	震旦纪 Z	晚(上) 震旦世(统) Z_2 早(下) Z_1	570	吕梁运动	藻菌类
	太古代 Ar					无生物痕迹

第二节　自然地理系统的节律性

在自然地理环境发生和发展的整个历史时期中，各组成成分和它们之间相互作用的性质随着时间推移也在不断地发生变化。自然地理系统的发展演化是具有方向性和周期性特征的一个十分复杂的过程。在自然地理环境发生和发展的整个历史时期中，各组成成分和它们之间相互作用的性质随着时间推移也在不断地发生变化。自然地理系统随时间的演变具有很强的规律性。A. Г. 伊钦科曾试图揭示自然地理系统最重要的发展规律。他指出：① 自然地理系统所有组成成分的发展都是互相联系的，因此，在组成成分发展的同时成分间的物质和能量交换也得到了加强；② 这种发展具有前进式发展的特点，表现为新组成成分的陆续出现，太阳能的逐渐积累和自然界的地域分异日益强化；③ 发展是突跃式的而非直线过程，周期现象并不决定主要发展方向；④ 纬度地带性作为普遍规律在整个发展过程中发挥了作用；⑤ 自然地理系统的发展是事物矛盾斗争的结果，其中，有机体对环境的适应和改造起着特殊的作用。

目前，有关自然地理系统的历史研究还不足，存在空白点和不完善之处，但自然地理系统随时间演化的规律性，已经在一定程度上被人们所揭示。在自然地理系统随时间推移不断向前发展过程中，存在着许多重复发生的过程和现象，如昼夜的更替、季节的更替、冰川的进退、海陆的升降、候鸟的迁徙以及生物的生死、物种的盛衰等。我们把自然地理现象和过程随时间重复出现的变化规律称为自然地理系统的节律性，简称节律性或韵律性。节律性是物质运动的普遍特性，在自然界的发展过程中是普遍存在的。大到天体运行，小至电子运动，无论无机物还是有机体，都不同程度地表现出节律性的变化。自然地理系统的节律性，在岩石圈、水圈、大气圈和生物圈中都有明显表现，是自然地理系统演化过程中普遍存在的一个基本特性。

一、自然地理系统的节律类型

为了研究的方便，将自然地理系统的节律分为三种类型：① 由天文因素所引起的节律；② 由地球本身因素所引起的节律；③ 由生物特性所引起的节律。

（一）天文因素所引起的节律

目前，人们把天文因素引起的节律分为以下几种情况：

1. 由太阳黑子活动引起的节律 太阳黑子是日面上相当暗的、有明显界限的区域。它由两部分组成，即比光球有效温度低的本影和环绕它的稍亮又有明显边界的半影。黑子其实不黑，只是其温度比周围光盘低一些(约为 4 500 K)，在明亮的光球反衬下，才呈现暗色。

我国对太阳黑子的记载有 1 500 年的历史。1610 年伽利略用望远镜发现了太阳黑子，但当时对其活动周期并不了解。1843 年，业余天文学家施瓦贝发表了他在 1826～1843 年期间观察到的太阳黑子情况的短文，认为太阳黑子有 10 年的活动周期。在这一结果的推动下，人们发现了 11 年轮回的周期，并把这一周期称为“施瓦贝周期”。国际上规定，以 1755 年的黑子数最低开始的 11 年周期为第 1 号，依次排列出以后各个 11 年周期的号数。照此顺序，从 2008 年起，太阳黑子活动开始进入第 24 号的 11 年周期。但一些事实表明，近 300 年来的观测资料毕竟太少了，尚不能更完整地揭示出太阳黑子变化的规律。如 17 世纪的后半叶，太阳黑子曾一度几乎消失，这与其后的资料不大一致。1922 年，蒙德对此专门进行了研究，后来又有一些人参考日全食时所观测到的光环，以及高纬度地区的激光记录等，共同推算出 1645～1717 年约 70 年中，太阳黑子的确曾一度消失，并把这 70 年命名为“蒙德时期”。在这一时期，欧洲曾出现过一些反常的气候状况，而在中国，这一时期也是近 500 年间最寒冷的时期，特别是 1650～1700 年这 50 年间表现得最为突出。在此阶段，太湖、汉水和淮河均结冰 4 次，洞庭湖结冰 3 次，江西省的柑橘曾两次被全部冻死。

太阳黑子亦影响太阳常数的变化。太阳常数对于自然地理系统的能量输入是至关重要的，随时间的变化，它将严重地影响地球表面的一切地理过程，因此它的变化对于自然节律的影响是不可忽视的。太阳常数在大约 11 年为周期的太阳黑子活动中，其变化范围约为 0.5%。太阳常数随时间的变化问题，一直为研究地理系统的节律时所关注。因为假若太阳常数真正发生了某种变化，那么它对于地球表面上各类地理过程的影响将是巨大的和急速的。理论计算表明，太阳常数如果达到 1%的变化，地球表面温度的相应变化可达 1.5℃左右，这个效应是不可低估的。

关于黑子生成的机制，尚未得出一个公认的理论，但普遍认为它与强磁场有关。太阳黑子的变化通过大气环流作用，使地表的气候变化、水文过程和生物过程均呈现出相应的节律性，尤其是从世界各地气候变化、旱涝变化的记录和树木年轮的分析中，明显地反映出随太阳黑子活动的变化规律。

2. 地球受其他天体影响引起的节律 指地质历史时期由于地球受其他天体的影响致使轨道扁心率、地轴向轨道平面的倾角发生变化而引起自然地理系统的节律性。因为地球沿轨道运动的变化直接影响到太阳辐射能在地表的分配状况，从而引起气候的变化。如第四纪的大陆冰川活动，冰期与间冰期的更替，均与 21 000 万年以及 45 000 年的时间节律有关。麦克利(McCrea，1975；1976)指出，太阳系经过银河系的一个旋臂时遇到密度较大的星际物质云，可以使地球上产生类似冰期的气候突变。这是因为当太阳系进入一个相当稠密的星云区时，天体间的星际物质可以阻止太阳风吹临地球，而使地球大气中宇宙尘埃增加，提高了地球行星反射率，输入地球的太阳辐射减少，气候变冷，导致冰期形成。对于冰期的成因有多种解释，但大部分是天文因素控制冰期的论点，主要涉及的天文因素包括银河系、太阳和地球轨道参数等。

3. 由潮汐变化引起的节律　潮汐变化的节律表现为地表的周期性潮汐现象，而最明显的是海洋表层水体周期性潮起潮落，以及海岸的节律性潮水进退现象。引起潮汐现象的引潮力主要来自月球和太阳对地球的引力；在地球绕轴自转的条件下，作用于地表的引潮力不断改变其作用中心，从而使得易于变形的海洋水体发生明显的节律性流动。在我国，有闻名中外的钱塘江暴涨潮和深入内陆600多千米的长江潮。主要是由于潮流沿着入海河流的河道溯流而上形成的。当潮流涌来时，潮端陡立，水花四溅，形成"滔天浊浪排空来，翻江倒海山为摧"的壮观景象。

（二）地球本身因素所引起的节律

地球自转和公转运动的周期，决定了地表对太阳辐射的接受有明显的日变、季变或年变。其中以昼夜更替为周期的节律和以季节为周期的节律最具有代表性。

1. 昼夜节律　人类感觉最深刻的自然节律是昼夜的循环更替。地球绕地轴自转，使地表大部分地区在每天24小时中都经历一段光明和一段黑暗，以及相应的一段加热和一段冷却的时间。自然地理系统中的许多地理事物、地理现象和地理过程都随昼夜更替而重复出现。举例来说，气候要素中的气温、气压、云量、风等都存在一定的日变化。光的性质也存在日变化，晨昏长波光占优势，中午短波光相对增加。地表水体的温度在白天升高，在夜间降低。冰川补给的河流白天融冰量大，河流水位上涨；晚间融冰量小，河流水位下降。岩石的机械风化在白天表现为热胀，夜间为冷缩。植物在白天主要进行以积累自身物质为主的光合作用，在晚上则进行以消耗自身物质为主的呼吸作用。植物含水量也有日变化，白天蒸腾作用强，植物充水度低；晚上蒸腾减弱，植物充水度最大。无论在海水或淡水水体中，每天都可以见到浮游生物在白天潜入水下，而晚上升向水面。昼行性动物"日出而作，日入而息"，夜行性动物则相反。

值得注意的是，极地区由于出现极昼现象，使那里昼夜的节律性复杂化了。

2. 季节节律　昼夜节律是地球自转对自然地理系统产生的效应，季节节律则是地球公转所产生的效应。由于公转，地球产生了季节更替，许多自然地理过程和现象随之而出现以季节(年)为周期的节律变化。例如，气候的夏热冬冷，夏雨冬雪，季风进退；冰川运动夏快冬慢；河流水情冬封春解或夏洪冬枯；岩石热季膨胀，冷季收缩；植物季相变化，春花秋实；动物季节移栖和冬眠(动)夏动(眠)等。

此外，自然地理系统的时间节律还有一些特殊的现象，如潮汐的周日变化就是一种节律，海洋中很多动物觅食的时间安排同潮汐的节律是一致的。像蛤蜊、藤蝎牛、牡蛎等生物，涨潮时就积极地寻找食物，而落潮时就躲在紧闭的硬壳内。又如，随月为周期的节律变化，海洋生物似乎都以某种方式对月相变化或月球引力变化做出反应，每当夏日月圆之夜，大量的大西洋萤火虫就聚集在百慕大群岛附近；蝼蛄满月前后群集飞在特定的海域，以利繁殖和存活；鱼类洄游和繁殖也常以月周期进行。

（三）生物特性所引起的节律

生物节律是法国天文学家梅朗于18世纪初发现的。现在生物学家证实，无论是植物还是动物，其功能的周期性变化是一切有机生命活动基本规律的反映。生物节律指各级(分子的、细胞的、组织的、器官的、最终包括种群和生物圈的)生命过程中所发生的量变以及由此引起的质变。

生物中的生命活动受生物特性作用所形成的节律制约。这种节律是生物生命活动的内在节律，是自然地理系统发展到一定阶段的产物，它的出现表明自然地理系统产生了新的组成物质，是具有特殊性质的节律。

生物特性所引起的节律可分为不同的层次：

1) 对生物总体来说，各种生物都要经历胚胎、出生、成长和衰亡的过程，而它们的后代也都要重复相似的过程，这种周而复始的过程，使得各种生物得以代代相传。这种节律周期的长短，因生物种类的不同而相差很大，如草本植物与木本植物的周期相差较大，而动物之间以及动物与植物之间周期的差别更是非常大。

2）对植物群体来说，各种植物的生长都要经历几个不同的发育阶段，而不同的阶段又都具有特定的节律性。但是，不同植物的节律周期长短也是不一样的。

3）对生物群体来说，除受上述节律性制约外，更具有独特的随时间变化的节律性。“生物钟”即是典型的例子。生物不仅需要同步自己的体内节律，还需要同步外部环境，绝大部分生物都自然地发展了各自的“体内时钟”，以预测随时间呈周期性变化的外部环境，这就是通常所说的生物钟。例如，有许多花是固定开放的，具体如表3-2所示。

表3-2 不同花固定开放月份

1月	腊梅	4月	牡丹	7月	百合	10月	芙蓉
2月	二月梅	5月	芍药	8月	凤仙	11月	菊花
3月	迎春花	6月	紫丁香	9月	桂花	12月	一品红

人体内的生物钟不十分明显，但许多节律确实存在。最明显的例子是人需要睡眠，且睡眠—觉醒是有一定节律的，其周期大约是24小时。其次，心脏跳动、体温变化等，也都有固定的节律。

总之，生物特性所引起的节律，实际上是生物感受外界环境条件变化的过程中不断调节自身的生理运动所表现出来的自动调节环境因素制约能力的一种功能。

二、自然地理系统节律的特征

自然地理系统的节律之间并不是相互孤立的，也不是等同的。它们之间有其内在的关系，其作用的范围和表现的方式都各具特点。对于节律性的研究，目的就是建立节律之间的相互关系，进而进行其他方面的研究。

由前述自然地理系统节律的论述，可以看出，这些节律具有以下特征：

1. 层次性 节律性的一个很大特点就是具有层次性，即大周期中包含数个小周期，小周期中又包含若干更小周期。对自然地理系统节律进行研究的一个重要目的就在于识别它们的作用层次、规模以及对特定对象的作用水平。根据节律性的层次性特点，可以预测未来环境变化的趋势。自然地理系统节律之间存在一种有序的制约排列的等级制约关系，并表现出一定的规律性：高一级的节律制约着低一级的节律，低一级的节律同时能反映出高一级的节律。从因素制约关系看，其有序性为：天文因素制约着地球因素和生物特性因素，地球因素制约着生物特性因素。

对作用层次的另外明显的反映表现在地理事物主体上。一个地理事物主体，它所反映的地理节律的层次越多，表明这一地理事物就越进化，它所要求的地理环境条件的组合就越精巧、越狭窄和越严格，它的存在也就越脆弱，越不具有广谱性。次一级的节律活动，必须在符合高层次节律的基础上，才能得到充分表现。因而，反映地理节律层次越多的地理事物，其对自然状况变化的适应能力必然也就更为巧妙，它们各自在有限的活动范围内，有机地与其层次高的节律巧妙地耦合起来，不断地向前进化。否则，这种成分将会很快地被自然淘汰，生物发展史有很多例子充分证明了这一点。

2. 耦合性 在自然地理系统中，任何一种组分同时要受到多种层次节律的作用。这些节律在地理事物上得到巧妙的耦合，使得地理事物不断向前进化。不同主体的地理事物，所耦合的节律层次是不一样的，进化程度高的地理事物所耦合的节律作用层次多，进化程度低的地理事物所反映出来的节律作用层次就少。

例如，生物受到的节律作用要比无机界的地理事物受到的节律作用层次多；生物中，动物要比植物所耦合的节律层次高，动物还要受生物钟的作用等，而植物也是节律共同作用的结果，其生长既受日变化的作用，又受年变化的影响，同时还受更高层次太阳黑子活动(以11年为周期)的影响。

自然地理系统的节律对于特定的地理事物，其作用并不是等同的，而是有一定的作用权重；也不是杂乱无章、无规律可循的，它们各自在不同的水平上起着相应的作用。

3. 变异性 自然地理系统的节律不是一成不变的，它们也处在不断地发展变化中，这种变化主要体现为：① 因为制约节律变化的因素本身也在发生着一定程度的变化，如地球自转的微小变化，导致节律周期发生变化；② 各种地理节律之间的变化所产生的相互影响而引起的节律变异。这种变异一方面表现为高一级的节律若发生某种变化，势必要影响到低一级的节律，如太阳黑子活动本身的变化，不仅要影响到年变化，也要影响到日变化，还要影响到生物本身的生长节律，同时还会影响到自然地理系统的其他组成成分；另一方面表现为低级节律的变化在其演进过程中所产生的反馈作用影响到高一级的节律。例如，大气的环流、雪的冻融、大陆的漂移、洋流的运动，甚至植物的季节性更替等地域上大规模的物质迁移等，都可以对地球的转动施加某些影响。一般说来，高一级节律性的影响总比低一级的节律性的影响的强度和范围大得多。

4. 地域性 地理节律在不同区域具有不同的性质和特点，因而具有一定的区域特点。一般说来，在纬度不同的情况下，季节节律随纬度的增加而表现得越来越显著，昼夜节律的差异，则与季节节律的变化趋势相反。在纬度相同的情况下，一般内陆地区的节律幅和频率大于沿海及海洋区域，而且时相也不相同。两极地区的地理节律具有特殊的表现形式，那里的昼夜节律和季节节律相重叠，两者相互制约又相互加强。赤道地区则不存在季节节律，昼夜节律却表现得十分突出。

三、节律与振荡

地理节律提供了地理振荡存在的线索，而这种振荡往往是人们所忽略的重要性质。18 世纪的科学家惠更斯(Huygens)似乎是第一个注意到这种性质的人。他通过实验发现了周期性趋势的存在，并认为这种趋势是非线性振荡的一个基本特性，于是揭示了这种特性在地理过程中的表现。

节律是由振荡产生的，振荡通常可以区分为线性振荡和非线性振荡。一个线性的振荡如正弦波，具有纯频率的特点。它是一种简单的谐波运动，当两种能量状态在守恒原则下，由一种变到另一种(如水循环中的动能与势能的转换)，并且在每一个瞬间，它们互相转换的速率线性地取决于所储存的能量时，此种纯频率的线性振荡就必然要产生。非线性振荡有着不同于正弦波的波形表现，常见的形式为张弛振荡。此处一个稳定的上升变量(或下降变量)在通过一个特定的阈值后，又会重新回复到先前的初始数值，并重复前一次的运动形态。除此以外，在非线性振荡类型中还有更为复杂的表现，称为有限周期型。它所表现出的非对称性，正是从一种能量储存到另一种能量储存时的转换速率与其所储存能量的数量，不呈线性比例关系所造成的。

在自然地理系统中有相当多的地理过程表现为具有周期性的振荡行为，有的属于线性振荡，有的属于非线性振荡。最常见的例子如气温的日变化和年变化过程、太阳辐射的日变化过程等。正因为有了节律性的基础，所谓的地理模拟、地理预测和地理决策才具备了坚实的理论基础。

在自然地理系统的各种组分中，为了识别其中所包含的那些长期趋势和有规律的趋势，并通过它们得到那些具有非规律性变化的随机成分，就应当具备一定的理论基础和有效的数学处理方法。在地理时间过程分析中，可以使用谐波分析、生命历程模式(罗吉斯谛曲线)、质量衰减模式(放射性元素蜕变规则)、周期过程分析(韵律分析及谱分析等)、微分方程分析、差分方程分析、马尔科夫过程分析及有关的事件序列的随机分析等各种方法。

通过这种分析，可以分离并且识别出有关的趋势或周期性成分的表现，在此基础上，加上一些必要的数学处理，以逼近将来所要发生的地理行为。一旦我们掌握了具有趋势性的时间变化规律，即可能成功地预测今后各个时期该地理过程的确切表现。

四、地理随机现象模拟

在自然地理系统、地理过程和地理结构研究中，不少输入变量和状态变量等，随时间总是在做不确定或随机的变化，均可被看作以独立时间变量表示的随机现象。一般地，将这些地理事件或地理现象随时间的变化称为随机过程和现象。随着时间的改变，地理空间中的信息扩散或其他地理事件的随机传布将会产生不同的表现形式和新的空间分布格局。

(一) 地理随机事件的蒙特卡洛模拟

在地理学的时间过程分析中，蒙特卡洛方法(Monte-Carlo method)作为优于其他时间序列方法的有效手段而经常应用于随机事件时间演化的求解上。

蒙特卡洛方法又称统计试验方法或随机模拟方法，是通过随机变量的统计试验分析及其随机模拟求解，

获得近似结果的常用方法。如果应用蒙特卡洛方法进行定积分，则有

$$\int_0^1 f(x)\mathrm{d}x \quad (0 < f(x) < 1)$$

由此可知，数值域(0, 1)上均匀分布的随机数 ξ、η，并对每一对这样的随机数(ξ, η)进行检验，看 $f(\xi) < \eta$ 是否成立。如果上述检验能够成立，则点落在函数 $Y = f(x)$ 曲线下方的区域 S 内。假定在 N 个观察值中有 P 个落入 S 区内，则有

$$P/N \approx \int_0^1 f(x)\mathrm{d}x$$

其计算误差不大于 $C/\sqrt{N}$ (C 为常数)。

在理论地理过程学中，蒙特卡洛方法可用来解决各类时间过程的随机模拟问题。在地理决策中，期待效益通常显示它是影响决策的主要成分之一。在土地利用研究的理论与实践中，分析空间变化的时间过程，应用蒙特卡洛模拟是行之有效的。其中所发展的一些模型的功能已超出了信息扩散的范围，深入到学习行为的概念之中。人们通过此方法，可以更合理地解释在真实状况下土地利用变化的途径。

目前，在瑞典，关于草原的改善以及奶牛饲草的质量保持等类问题，由于采用了这一理论，获得了普遍的赞誉；美国应用这种方法在农田灌溉的决策上进行了事件的真实逼近，而在我国也成功地将蒙特卡洛模拟运用于提高农田有效利用水分的农田系统工程中。

（二）马尔科夫过程模拟

在某一时刻发生的事件，只在有限的时段内产生影响的随机过程，称为马尔科夫过程(Markov process)。更明确地说，马尔科夫过程是“在某时刻的事件，仅仅只受过去有限时间内某事件影响的随机过程”，其定义为：$\{x_t;\ t \in T\}$ 为一随机过程，如果对于任意正整数 n 和 $t_1 < t_2 < \cdots < t_{n-1} < t_n$，都有

$$P(x_{t_n} \in A \mid x_{t_1} = x_1,\ x_{t_2} = x_2,\ \cdots,\ x_{t_{n-1}} = x_{n-1}) = P(x_{t_n} \in A \mid x_{t_{n-1}} = x_{n-1})$$

成立，则称此随机过程为马尔科夫过程。

其中，A 是时刻随机变量 x_{t_n} 的某个取值集合。

$P(x_{t_n} \in A \mid x_{t_1} = x_1,\ x_{t_2} = x_2,\ \cdots,\ x_{t_{n-1}} = x_{n-1})$ 是一个条件概率，它的直观意义可以理解为当随机过程 t_1 时刻的随时变量 x_{t_1} 取值为 x_1，t_2 时刻的随机变量 x_{t_2} 取值为 x_2，…，t_{n-1}时刻的随机变量 $x_{t_{n-1}}$ 取值为 x_{n-1}时，t_n 时刻的随机变量 x_{t_n} 在集合 A 中取值的概率。$P(x_{t_n} \in A \mid x_{t_{n-1}} = x_{n-1})$ 也是一个条件概率，它的直观意义可以理解为 t_{n-1}时刻的随机变量 $x_{t_{n-1}}$ 取值为 x_{n-1}时，t_n 时刻的随机变量 x_{t_n} 在集合 A 中取值的概率。

等式反映了马尔科夫过程的一种性质，即 t_n 时刻的随机变量 x_{t_n} 的取值概率特征只与最接近的 t_{n-1}时刻的随机变量 $x_{t_{n-1}}$ 取值有关，而与 t_1，t_2，…，t_{n-2}时刻的随机变量的取值无关。

绝大多数的马尔科夫过程都假定这种随机事件系列不会在地理过程中发生突然变化，即在足够长的时间内，序列中所含的任一部分，都具有相同的转移概率特性。此种马尔科夫过程叫做遍历过程。目前使用马尔科夫过程刻画地理系列时，大都限于这种遍历过程。

曾有人应用吸收型的马尔科夫链研究城市的土地利用。随着城市的发展，它必然占据相当数量的农田，一旦农田被城市建设利用后，这部分土地几乎没有可能重新恢复到原始的农田状态，这就使此类问题变成了相当典型的吸收型过程。如果承认这种结论的正确性，对于马尔科夫过程而言，如欲达到其稳定态，那只有等到全部土地都变为城市用地时才可能实现。这当然不符合实际，因为城市不能无限制地占用农田，而且随着城市的不断发展，由农田变为城市的概率亦不会保持常数而不发生变化，它的数值应该变得越来越小。

马尔科夫过程的时间序列分析，已为不少学者应用到地理学的实际研究当中，并且获得了满意的结果。在应用中，必须保持两个合理的基本假设：① 传递矩阵在整个时间过程中保持不变，并以此进行预测；② 在移向另一状态时，具有动态平衡的倾向。在此基础上，科尔曼(D. R. Colman)研究了英格兰西北部农产品加工问题；帕威尔(A. P. Power)等则研究了威尔士的农业结构变迁，都取得了很大的成功。我们应从他们的分析中，得到启发和借鉴，以服务于更加深入的理论研究。

五、地理突变现象

对于地理过程的一般表现，可以概括为两种基本类型。

1. 渐变型　表明事件随时间的变化是缓慢的、连续的和渐变的。达尔文的著名学说“进化论”，就是在承认自然渐变与连续性的前提下得到的。在此种情况下，一般的时间序列分析原理及方法，都可被用来描述这一类过程的特性。在理论地理学中，渐变型的时间过程具有三个十分明显的性质：① 在地理事件中，占据相当大数量的时间过程，均属于这种渐变型的时间过程；② 一旦发现了渐变过程的基本规律，即可用它相当准确地预测未来的行为，它是实现地理预测和地理模拟的基础；③ 一般渐变型的地理过程，均可应用微分方程的数学工具加以精确的表达。至于那种纯粹的个体不连续但整体变化有规律的地理事件，则可应用概率论和离散数学的方法加以解析。

2. 突变型　所表现出的行为常常是突发性的飞跃，对此无法使用处理离散过程的数学工具精确地加以解析。如地震、火山、暴风雨、泥石流、雪崩、滑坡等现象，人们只能大致确定或预报这些现象可能发生的地点、时间，但对其发展和消失的过程还难以进行精确预测。事实上，在很早以前人们就认识到了这种现象。法国科学家居维叶大约在200年以前，就在地学中首先使用灾变这一术语描述自然界中的突变现象，如地层的断裂、古生物的灭绝、火山的爆发等。但他“即使没有缓慢作用的原因也可以产生突然作用的结果”的论断，割断了量变与质变的联系，具有不全面性。直到1972年，法国数学家托姆在专著《结构稳定性和形态发生学》中，才突破“微小的、连续的、不断地施以触发力的作用，能否引起结果的突然变化”这一命题，精确地认识了它的机制，并被科学界命名为“突变论”(catastrophe theory)。

突变论的主要功绩在于，它把渐变型与突变型的产生原因有机地归纳到一个统一的基础之上，并且可以以相当精确的方式表达该理论基础，从而使自然界中两类时间过程类型，从互相对立到互相包容，从互相争论到互相补充，使人们在更高一级的层次上认识了自然过程的本质。此外，突变理论也为自然界的突变现象提供了解决方法。通过建立一组模型，不仅可以解释突变的成因和机制，还可预见与控制突变。截至目前，尽管突变论的理论体系与解析方法不尽完善，但其观点与思路，无疑开创了一条更接近现实世界和更深刻认识现实世界的道路。经过严密的论证，托姆获得了一个重要的数学定理：当那些导致突变的连续变化因素少于四个时，自然界中各种形式的突变过程，均可以纳入到七种最基本的数学模型之中。从而他以巧妙的思维，把原先认为不可能以严密数学方式表达的自然现象，统一到一个比较全面、比较合理、可以从质的方面去认识的理论体系之中。

关于突变论的知识，参见《理论地理学》。作为解决地理突变现象的工具，能合理地解释地理现象中的跳跃现象，把地理学所涉及的渐变过程和突变过程较好地联系在一起，而后才有可能在更高的层次上统一刻画地理过程的行为本质。

参考文献

黄秉维，郑度，赵名茶等. 2000. 现代自然地理. 北京：科学出版社.
李习彬. 1991. 系统工程——理论、思想、程序与方法. 石家庄：河北教育出版社.
梁留科，葛京凤. 1997. 综合自然地理学. 西安：西安地图出版社.
王孝本. 2002. 自然地理环境随时间演化规律性探究. 哈尔滨学院学报，23(7).
延军平. 1994. 时间地理学——动态地理学概论. 西安：陕西师范大学出版社.

第四章　自然地理系统的地域分异规律

自然地理系统作为一个独特的物质能量系统，一方面其各组成要素之间相互联系、相互制约和相互渗透，具有明显的整体特征；另一方面这个整体在不同地区又具有显著的地域差异。系统的整体性和内部差异性是对立统一的两个方面，这种差异性不仅体现在自然地理系统各个组成成分上，也反映在自然地理综合体的空间分异方面。地球表层任何地理现象、地理效应、地理事物、地理过程，均发生在以地理空间为背景的基础上，因此，地理学从其形成到发展的过程中，就一直注重地理空间现象的分异、结构和分布的研究。

自然地理地带性和地域分异规律是地理学在20世纪最重大的成果之一。早在18世纪末，德国地理学家洪堡发现并阐述了世界植被分布规律，认识到气候、植被和动物界的分布从属于纬度地带性。19世纪末20世纪初，俄国土壤学家道库恰耶夫提出了自然地带学说，有关地域分异的研究，已由局部到整体、由现象到本质不断深化。尽管目前人们对地域分异规律的认识仍存在分歧，但对本质问题的认识基本趋于一致。

第一节　地域分异概述

每个人在日常生活中或是从旅行中都会获得对自然地理系统地域分异现象的感性认识。在我国，从较炎热的华南到温凉的东北，从多雨的东南沿海到干旱的西北内陆，从高山的山麓攀登到山顶，甚至在局部地段微小的地势起伏，都可以观察到自然地理系统各组成部分及特征发生有规律的变化。

一、基本概念

自然地理环境各组成成分及其所组成的自然综合体，沿地表按一定方向发生水平分化的现象称为地域分异。导致地域分化和各种差异的原因及因素，称为地域分异因素。地域分异因素在地球表面作用的结果和具体表现出的客观规律称作地域分异规律。地域分异按其研究范围的不同又有广义和狭义之分，广义的地域分异指陆地表面和海洋表面的各级自然综合体及其组成要素按一定的方向发生水平分化的现象，狭义的仅指陆地表面自然综合体及其组成要素的分异。

地域分异规律是自然地理环境中客观存在的基本规律，有关地域分异规律的理论是指导自然地理研究的理论基础，人类在生产实践中，为了合理利用自然资源，有效地改造自然环境，就必须遵循因地制宜的原则。而因地制宜，在地理学中就是根据地球表层客观存在的地域分异规律，采取适宜的措施。

二、地域分异因素

影响地域分异的基本因素有两个：① 来自地球外部的太阳辐射，阳光在地球表面具有不同的入射角，导致太阳辐射通量密度的差异，不同纬度地区接受的太阳辐射能量分布不均而引起的自然地理现象和过程随纬度的变化而发生有规律的更替，形成沿纬向分布的不同自然带，这种地域分异因素称为地带性分异因素(或纬向分异因素、纬度地带性分异因素)；② 来自地球内部，由地球内能所引起的海陆分布、地势起伏、岩浆活动和构造作用等导致不沿纬度方向的分异，称为非地带性分异因素(或非纬度地带性分异因素)。

地带性因素和非地带性因素的能量都来自自然地理系统外部，前者来自太阳辐射能，后者来自地球内能。两种能源本身互不联系，互不从属，均作为外部条件对自然地理环境起作用，使自然地理成分同时具有地带性和非地带性特征。自然地理成分的某一方面反映地带性因素还是非地带性因素，以及反映影响的程度是否充分，则取决于成分的内在特征和具体的外因影响。同一成分在不同地点、时间所反映的这两种外部因素影响程度也可以各不相同。

地带性因素和非地带性因素是地球表面自然地理环境的基本地域分异因素，它决定自然地理现象的大规模分异。在两种基本地域分异因素共同作用下还有派生的地域分异因素，基本的地域分异因素是派生分异因素的背景和基础。

分异规律和分异因素含义不同。地带性分异规律指自然地理环境及其组成成分的特征在地带性因素作用下随纬度变化而发生变化的规律，不同自然地理要素甚至同一自然地理要素的不同方面，其地带性分异规律的表现都可以有很大差别；非地带性分异规律指自然地理环境及其组成成分的特征在非地带性因素制约下发生变化的规律，是海陆分布、大地构造和地貌特征直接和间接影响的结果，其表现是复杂多样的，不仅地质、地貌具有非地带性特征，气候、土壤和生物界也可表现非地带性特点。但是，自然地理环境各组成成分及其所组成的自然综合体的分布常常不是由地带性规律或非地带性规律中的某一方面决定，而是由两种规律共同决定的，只有通过对具体情况的具体分析，才能准确衡量两者的相对重要性。

三、地域分异的规模

自然地理系统中，不同的地域分异因素所造成的分异现象在空间范围上有较大差别，因此，地域分异具有不同的规模或尺度。关于尺度的划分目前尚不统一，一般有三种分法，即三级尺度、四级尺度和五级尺度。

1. 三级尺度　英美地理学家多采用全球尺度、区域尺度和局地尺度三级，我国也有学者在阐述地域分异规律时将其分为大、中、小三种尺度。用大尺度来衡量大范围的地域分异；用中尺度来衡量中等范围的地域分异；用小尺度衡量小范围的地域分异。例如，地理现象随纬度变化而发生的分异、海陆间的差异，属于大尺度分异；河谷内部、丘陵阴阳坡的差异，属于小尺度分异；具有足够高度的山脉的垂直带性差异，属于中尺度分异。

表 4－1　地域分异的规模与尺度

规模	层次	范围	厚度	内部联系	更新速率
大尺度	大陆层次	大陆或洲	对流层至沉积岩层	全球性大气环流、水分循环和地质循环	缓慢
中尺度	区域层次	约一百万平方公里	摩擦层至风化层	地区性大气环流及大流域的物质迁移	居中
小尺度	局地层次	小于几百平方公里	林冠层至土壤层	群落的生物循环	较快

资料来源：刘南威等(2004)。

2. 五级尺度　由于地球表面非常广阔，陈传康将大尺度分异又进一步细分为三级，即全球性规模尺度、大陆大洋规模尺度和区域性规模尺度。因此，地域分异的尺度分为五种等级，即全球性分异，大陆、大洋分异，区域性分异，中尺度分异，小尺度(地方性或局地)分异。

3. 四级尺度　景贵和、刘胤汉将规模尺度分为四级，即全球性分异，大陆、大洋分异，区域性分异，地方性分异。

综上，地域分异规模尺度是人为划分的，尽管划分不完全一致，各种尺度地域分异的界限很难截然分清，但人们仍可从这不够清晰的尺度中，找到一种较为明确的度量标准。

上述不同尺度之间的地域分异并不是彼此孤立的，既存在着密切的相互联系，又存在着相互制约的关系。一般来说，低级的地域分异总是在较高层次分异的背景上发生的，总带有高级地域分异的烙印，并受到高级地域分异的制约。反过来，低级的地域分异特性的逐级归并也将把高级分异反映出来，从而构成高级分异的基础。

第二节　全球性地域分异规律

全球性的地域分异涉及整个地球表层的空间范围，主要取决于地带性和非地带性两个基本的地域分异因素，即太阳辐射沿纬度分布不均及地球内能对地表的直接和间接作用。这两种基本的分异因素既互不从属又互不联系，却共同作用于地表自然界。全球性地域分异有三种表现形式：热力分带性、海陆分异和地表起伏分异。

一、热力分带性

地表热能主要来源于太阳能，地球表层获得太阳能的数量取决于地球的形状、日地距离和黄赤交角。如果地球不是球形，那么太阳所发出的平行光束，就不可能形成地带性。如果日地距离仅相当于太阳与水星间的距离，那么地表获得的太阳辐射强度将增至目前的6.7倍，全球会普遍高温，以致没有热带、温带和寒带之分；而如果日地距离像太阳与冥王星之间那样遥远，地表获得的太阳辐射强度将减少至目前的1/1 600，全球任何地区都将是一片冰漠，地域分异的复杂程度远不能与目前相提并论。太阳辐射随纬度分布不均，即低纬地区辐射值高而高纬地区辐射值低，导致地表不同纬度发生热力分带性，而这种热力分带具有全球规模，对大陆和大洋均有明显表现（表4-2、图4-1）。

表4-2 地球表层的热力分带

热力带	辐射平衡/[kcal/(cm^2·a)]
寒带	<35
温带	35～45
亚热带	45～75
热带	>75

注：1 cal=4.18 J。

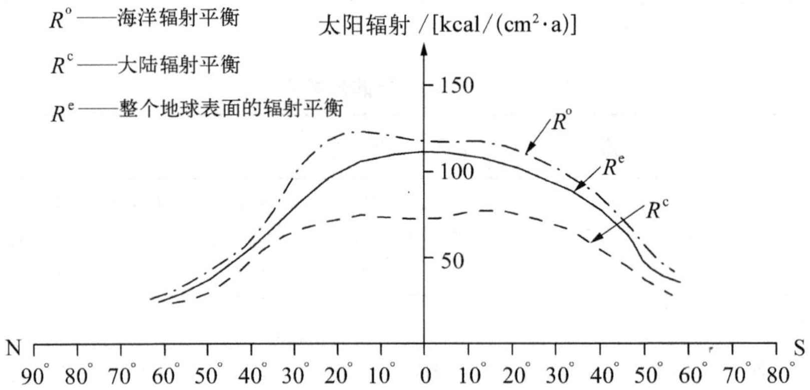

图4-1 太阳辐射的纬度地带性分布

资料来源：刘胤汉(1988)

这种热力分带决定着全球的气温、气压、湿度、降水和风向等在地表呈地带性分异，成为大陆和大洋纬度地带性分异的背景和基础。

二、海陆分异

由于地球内能的作用使地球表面明显地分化为性质不同的两个物质系统——陆地和海洋，两者在地质地貌、气候、水文和生物方面都有显著差异，因而形成截然不同的陆地自然综合体和海洋自然综合体。

海陆对比性的表现主要有以下两个方面。

1. 大陆和大洋呈相间对峙分布 大陆分成相互对应的三对大陆，即欧洲大陆和非洲大陆、亚洲大陆和大洋洲大陆、北美和南美大陆各为一对，南极大陆独立分布。每对大陆之间都是地壳破裂地带，形成规模较大的陆间海，岛屿星罗棋布，火山和地震活动强烈。三个大洋（大西洋、印度洋、太平洋）分布于三对大陆之间，一个极地大陆（南极大陆）和一个极地大洋（北冰洋）呈对峙分布。

2. 大陆和大洋的面积及其分布相差悬殊

1）海洋面积比陆地大，地球总面积为5.1×10^8 km^2，海洋面积为3.61×10^8 km^2，约占71%；陆地为1.49×10^8 km^2，约占29%。海陆面积之比为2.5∶1。若把地球表层分为陆半球和水半球，使陆地最大面积集中在陆半球，即使如此，陆半球的海洋也比陆地所占面积大，约占 52.7%，水半球的海洋面积约占 90.5%。

2) 海洋和陆地在各纬度带分布不均，陆地主要集中在北半球，陆地面积占北半球总面积的 39%；而在南半球，陆地面积只占 19%。在北半球的中高纬度，陆地分布几乎连续不断，最为宽广；而南半球的陆地在中高纬度明显收缩，尤其是 56°S～65°S 之间，除分布一些岛屿外，几乎全部为海洋(图 4-2)。

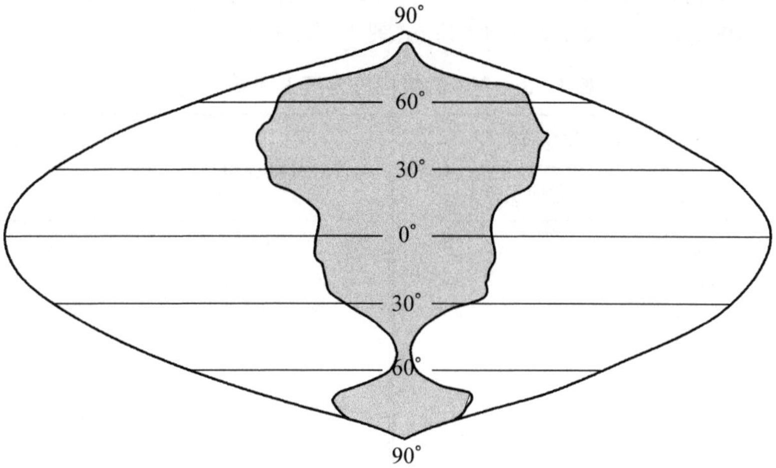

图 4-2 沿纬度带大陆和海洋分布的概括图式

资料来源：伍光和等(2004)

海陆分异具有重要的地理效应，它不仅表现为海洋和陆地的强烈对比，使得各自然地理现象和过程、各自然地理要素及其所组成的各级自然地理综合体在海洋和陆地之间存在着显著的差异，形成两类明显不同的海洋生态系统和陆地生态系统。

两种截然不同的生态系统虽然存在巨大差异，但是它们并不是孤立地存在于地球表面，而是在海陆之间存在着强烈的相互作用和相互影响，存在着巨大的物质流和能量流。因此，海陆分异对地表各个地域的自然地理特征的形成具有重要意义，海陆之间相互作用的强度和性质是地域分异的基础结构，对地表干湿度分带性的形成具有决定作用。

三、地表起伏分异

由于地球内能的作用而产生的大地构造和地势起伏的地域差异，使地球的固体表面具有明显的起伏变化。通过对地球固体部分不同高度区间进行统计，绘成地表起伏曲线(图 4-3)，可以观察到地势起伏的两个特点。

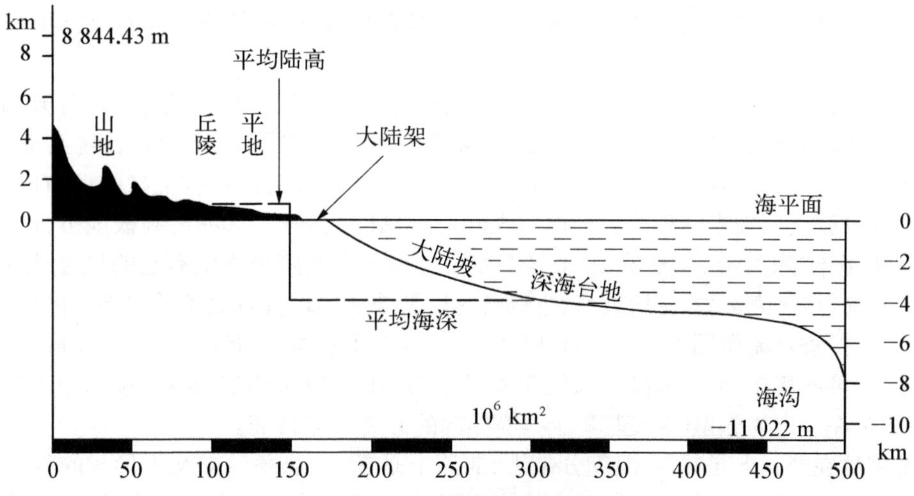

图 4-3 海陆起伏曲线

资料来源：伍光和等(2004)

1. 地表形态类型多样 从地表起伏曲线看，地表形态可以分为：山地和高原，丘陵和平原，大陆架(深0～200 m)，大陆坡(深200～2 500 m)，大洋盆地，深海沟。高山和海沟所占面积不大，而大洋盆地(平均深度3 800 m)和陆地(平均高度875 m)是主体。

2. 地球表面高差悬殊 地球固体表面可以明显地以海平面为界分为陆地地形和洋底地形，大陆的高度大都低于1 000 m，而海洋深度大部分在3 000～6 000 m，陆地表面和大洋底部成为地球表面两个高度相差悬殊的水平面。大陆平均高出世界大洋底部4 625 m(图4-3、表4-3)。

表4-3 全球高度(深度)所占面积比较

陆地高度/m	各级高度所占面积		海洋深度/m	各级深度所占面积	
	10^6 km²	占地表面积/%		10^6 km²	占地表面积/%
>3 000	8.5	1.6	0～200	27.5	5.4
3 000～2 000	11.2	2.2	200～1 000	15.3	3.0
2 000～1 000	22.6	4.5	1 000～2 000	14.8	2.9
1 000～500	28.9	5.7	2 000～3 000	23.7	4.7
500～200	39.9	7.8	3 000～4 000	72.0	14.1
200～0	37.0	7.3	4 000～5 000	121.8	23.9
<0	0.8	0.1	5 000～6 000	81.7	16.0
			>6 000	4.3	0.8
合　计	148.9	29.2	合　计	361.1	70.8

第三节 大陆和大洋的地域分异规律

大陆和大洋的地域分异涉及的空间范围是整个大陆和大洋。在全球性分异的基础上，地球表层分化为大陆和大洋，在其内部又形成了各自的地域分异规律。

一、大陆的地域分异规律

大陆的地域分异是贯穿整个大陆的，按其形成因素可分为大陆的纬度地带性、大陆的干湿度分带性(经度地带性、经度省性)和巨大构造体系造成的分异。

(一) 大陆的纬度地带性

纬度地带性指自然地理要素及自然综合体大致沿纬线方向延伸，按纬度方向有规律更替而产生的南北分化现象。

大陆纬度地带性是在全球热力分带性的基础上，在大陆上进一步的分异，是地带性分异因素——太阳能按纬度呈带状分布引起各组成成分(如温度、降水、蒸发等气候要素和风化、成土过程等其他要素)都相应呈带状分布的结果。这些组成成分相互作用组成的自然综合体，沿纬线方向延伸而按纬度方向有规律变化，在自然地理学中很早就称之为地带性规律。全球各大陆及其周围的岛屿，从赤道到极地可分为赤道带、热带、亚热带、暖温带、中温带、寒温带、亚寒带、寒带等温度带。每一个温度带不仅有它的热量-温度特征，而且在气压、降水、陆地水文、风化壳类型、土壤发育、生物群落以及外营力地貌方面都具有相应的特征。例如，以赤道带为例，赤道高温促进对流作用的强烈进行，降水丰富，决定了这里的气候湿热，低压静风，径流充沛，沼泽在平原低地广布，土壤淋溶作用强烈，红色风化壳发育，土层深厚，发育热带雨林植被。由于这些特征的相互制约，就使得赤道带在一定的热量-温度基础上具有相同的综合自然特征。

大陆纬度地带性在形式上是热量-温度分带性，实质上是在水、热条件支配下形成的具有综合性特征的自然地域分异单位。大陆纬度地带性具有综合的表现形式，分析时应从综合角度出发，着重分析各部门自然地带性分异特点之间的相互联系，也就是说，从一个成分的纬度地带性分异推出其他成分的分异。既要注意起主导作用的是热量-温度要素，还要注意反映综合特征内容的明显标志的成分，如气候、植被、土壤、动物、水文、地貌等都有纬度地带性分异的特点，只是表现的程度互不相同而已。

气候的纬度地带性首先反映在气温、气压、大气环流、蒸发、空气湿度、云量、降水等方面，形成相应的气候带，气候带是形成其他成分纬度地带性的基础。

大陆纬度地带性最鲜明的标志是植被，每一地带都有自己典型的植被型，植被的种类组成(群落构造、活质储量、生产率)都显著不同于其他的地带。动物界的纬度地带性表现得更清楚：极地的白熊，亚寒带的驯鹿，热带的大象、河马、犀牛等都是各地带特有的动物。

土壤与植被紧密相连，也是大陆纬度地带性的重要标志之一。风化过程、风化壳类型、土壤水分和盐分状况、淋溶程度、腐殖质含量、pH 以及综合的土壤类型在各地带都有明显的差异。如从风化过程、风化类型看：高纬地区以物理风化为主，冰冻现象普遍存在；中纬地区以化学风化为主，土壤处在黏化阶段，以黄棕壤、暗棕壤为主；而在低纬地区，由于淋溶作用强烈，碱和碱土金属全部淋溶，硅也遭到强烈淋溶，铝、镁相对集中，风化壳处在富铝化阶段。

陆地表面的各种水文过程也具有明显的纬度地带性差异。径流的形成、径流总量、径流系数、径流年变化状况、潜水位高低、河水和潜水的化学成分等在各地带都有明显的差异。湖泊、沼泽的地带性表现在湖水的热力状况、沼泽化程度和泥炭堆积程度、沼泽类型、湖泊沉积类型、湖水化学成分等方面。

地貌常被认为是非地带性因素，但其形成是内外营力共同作用的产物。其非地带性特征取决于地球内能(构造运动)，而地带性特征则更多地取决于外力作用(气候因素)，因而大部分的外力地貌(气候地貌)都具有明显的地带性特征。例如，冰川冰缘地貌、冻土地貌是高寒地区的地貌特征；风沙地貌是干燥区的地貌形态；而流水塑造的地貌则是低纬地区的地貌特征。

总之，大陆纬度地带性指各自然地理成分和自然综合体沿纬度有规律的变化，并形成与纬度大致平行的条带状地域单位，是陆地自然区划中划分地带性单位的理论基础。例如，中国自然区划将全国划分为六个温度带——寒温带、温带、暖温带、亚热带、热带和赤道带。

大陆纬度地带性只在低纬和高纬表现得最明显，可形成横跨整个大陆，大致与纬线平行的条带状综合自然地域单位，如冻原带、泰加林带、赤道雨林带等。

(二) 大陆的干湿度分带性

干湿度分带性是由于海陆分布而引起的气候干湿程度不同，使自然地理要素或自然综合体从沿海到内陆沿经线方向延伸，按经度方向发生有规律的更替。干湿度分带性的形成与经度无关，主要是由距离海洋的远近所引起的。表现出由海到陆干湿度和降水的依次变化，反映在土壤、植被等自然成分由海向陆的分异上。

干湿度分带性的分异主要是取决于海陆分异，还与距海远近、大陆的大小、形状有关。陆地由于距离海洋远近的不同，从而使不同地方的水热条件及其组合有不同的表现形式。从本质上看，这种差异可以归结为干湿程度的差异，由于干湿程度的差异而导致其他因素的分异。一般来说，大陆降水由沿海向内陆递减，气候随之发生由湿润到干旱的变化，并反映在土壤、植被等自然地理成分也由沿海向内陆的分异上。

海陆对比关系首先形成大陆性气候和海洋性气候的差别，形成大陆内部与东西两岸的气候型。在热带形成西岸信风气候和东岸季风气候的差别，在温带形成了西岸西风湿润气候、大陆内部荒漠草原气候和东岸干湿季分明的季风气候的差别。与气候的干湿度差异相适应，自然要素与自然综合体也发生了相应的分异，形成了从沿海到内陆的森林—森林草原—草原—半荒漠—荒漠的不同景观。中国综合自然区划所划分的湿润地区、半湿润地区、半干旱地区和干旱地区都是干湿度分带性的具体表现。

在大陆上，干湿度分带性的表现形式与纬度地带性相反，干湿度分带性在中纬度地区表现得最清楚，而在高低纬度却不明显。

大陆的地带性分异图式实际上是纬度地带性和干湿度分带性共同作用的产物，也称之为水平地带性，是纬度地带性和干湿度分带性的总称，水平地带性是相对于垂直带性而言的。

水平地带性分异规律主要取决于水热对比关系，不同的地区水热对比关系都有差别。水平地带性在空间上呈现一定的分布图式，分为纬向、经向和斜交三类。当热量分异占优势时，纬度地带性表现明显，如欧亚大陆内部的南北分异；当水分差异占优势时，干湿度分带性表现突出，如北美西部的东西分异；当水热对比相当时，水平地带与纬线斜交，我国东北和华北的水平地带就是明显的例证。

（三）巨大构造体系造成的分异

地球内能作用引起的地壳构造运动，使地表构造形态发生巨大差异。地质历史时期形成不同的大地构造单元，在大陆范围内呈现出大山系、大高原和大平原等构造地貌及其地貌组合特征的巨大差别，致使水热对比关系发生相应的空间分异，从而引起一系列的自然地理现象和过程发生有规律的地域分异。

大陆上巨大的构造体系可分为纬向、经向和其他走向构造山系。纬向构造体系有固定的纬度分异特点，构造带之间的间距大致为8个纬度，在中纬度表现尤为明显。纬向构造山系往往成为纬度自然带的分界线，如我国阴山-天山构造带成为中温带与暖温带的分界线，秦岭山脉为亚热带与暖温带的地理分界线。经向构造山系往往成为大气环流的主要障碍，致使山系两侧的气候干湿度差别较大。如北美大陆的科迪勒拉山系、南美大陆的安第斯山系、我国的大兴安岭—太行山一线的山系等，都阻挡了海洋潮湿气流的进入，成为干湿气候的分界线。

构造带与大陆构造地貌单元组合形成各种独特的自然地理区，如欧亚大陆上的西伯利亚西部低地—中部高地组合区、青藏—帕米尔—伊朗高原组合区、我国西北盆地高原组合区和东部平原—丘陵—低山组合区，都有其独特的气候、水文、土壤、植被特征，是划分洲或国等高级自然地理区划单位的主要理论依据之一。

二、大洋的地域分异规律

大洋的地域分异规律是贯穿整个大洋的，其分异也有地带性和非地带性之分，按其形成因素分为大洋表层纬度地带性和大洋底层非纬度地带性两类。

（一）大洋表层纬度地带性

大洋表层是指水面以下200 m的深度，即太阳光可渗透到的深度。大洋表层处在大气直接作用下，太阳辐射、温度、风向、降水等的地带性差异引起大洋的温度、洋流、盐度和含氧量的差别，以及海洋生物的差异，最终导致大洋表层性质按纬度方向的有规律更替。

与大陆表面相比，海洋表面均一，作为以液体为主要物质成分的海洋自然带，在水平与垂直方向上有很大的运动性，使海洋纬度地带性不如大陆纬度地带性清楚，尤其是界线具有很大的“动”性，甚至随季节还作一定的南北移动。

海洋性质虽然与大陆不同，但分异因素却一样。大洋表层的纬度地带性也是建立在全球热力分带的分异基础上。太阳能按纬度方向分布不均，导致大洋表层发生纬度地带性分异，因此热力分异是大洋纬度地带性的核心和基础。

根据冬季水温分布，海洋表层可分为：冷水（<0℃）、温水（0～10℃）、暖水（10～20℃）和热水（>20℃）等不同类型。

大陆纬度地带性的标志是土壤、植被，而大洋纬度地带性的标志是大洋生物群。水生生物和水体的理化性质与水体运动有关，因此，大洋生物发育的纬度地带性表现在浮游生物的多度变化方面。据此大洋又可分为七个热量-温度带：（南、北）极地带、（南、北）温带、（南、北）副热带和赤道带。

极地附近的海域地带，由于光照不足，温度很低，长期存在冰冻层，水体垂直环流微弱，矿物营养物质数量有限，浮游生物数量少，因而不利于海洋生物发育，属海洋生物极贫乏型地带。

在南温带和北温带，热量条件与极地不同，夏季温度较高，冬季温度较低，有利于水体的垂直交换，营养盐类增多，导致浮游生物增多，鱼类个体数目发育到极大程度，属海洋生物丰富型地带。

在南北副热带，由于副热带高压的控制，海洋水体垂直交换微弱，深水层的营养盐类不能上涌，水体中氧气含量少，因而浮游生物及有经济价值的鱼类都较少，属海洋生物贫乏型地带。

赤道带，由于气温高，且变化幅度小，南北赤道流引起海水垂直交换，使下层营养盐类上升，海洋生物发育又趋繁盛，属多海洋生物型地带。

大洋自然带由于受寒、暖流影响而与纬度略有偏斜。但海洋表面比陆地均一，所以大洋纬度自然带比陆地自然带更加平直。

大洋表层纬度地带性是划分海洋自然带的理论基础，对合理开发海洋生物资源有指导意义。

（二）大洋底层非地带性

与大陆构造体系分异相一致，大洋底部构造地貌单元的分异属于非地带性分异。其分异也有一定的规律性：洋底中央为基本呈南北走向的大洋中脊，中脊两侧对称分布。以中脊为对称中心，向两侧依次为大洋盆地、大陆坡和大陆架。在垂直分异方面，从深海沟或深水平原向大洋中脊垂直递升；或从深海沟、大洋盆地到大陆坡、大陆架等垂直变化基本相似。洋底分异导致的风化过程不同，由此形成的海底软泥（类似于陆地上的土壤）、海底生物有机体、海底矿产分布发生相应的分异，因此，大洋底层非地带性规律研究对开发洋底矿产资源具有理论指导意义。

第四节　区域性地域分异规律

目前人们对区域规模以下的地域分异研究主要集中在陆地自然综合体，因此，区域性和地方性规模尺度暂不涉及大洋范围。

地带性地域分异因素和非地带性地域分异因素相互作用的结果，使大陆内部的自然地理综合体进一步分异，形成不同规模的区域分异，表现为地区性、地带段性、垂直带性以及中地貌、地方气候引起的分异。

一、地区性

地区性是海陆分异带来的干湿度分带性与大地构造-地貌单元同热量带的相互作用形成的大陆内部、大陆西岸内部、大陆东岸内部的区域性分异，也可以理解为非地带性的大地构造-地貌分异，即相应于一定大地构造单元的地势地貌分异。大地构造-地貌单元可以形成不同等级的区域单位。如我国的三大自然区（东部季风区、西北干旱区、青藏高原区）内的次一级分异，在东部季风区分异出黄土高原、华北平原、东北平原、江南丘陵山地等自然区域，西北干旱区可分为塔里木盆地、准噶尔盆地、天山山地、阿拉善高原、河西走廊、蒙古高原等自然区域。它们都有自己比较一致的地质基础，这类分异以大地貌单元的分异占主导地位。

二、地带段性

地带段性是地带性分异规律受海陆分布的影响及大地构造-地貌单元等非地带性规律的作用在大陆东岸、大陆内部和大陆西岸的区域性表现。或指非地带性区域单位内的地带性分异，陈传康称为带段性。由于这一规律不能横贯整个大陆，而成为自然带的一段，对应的地域单位称之为自然地带，而非自然带，如我国三大自然区中的东部季风区呈现出大陆东岸的非纬度地带性特征，自南而北跨越多个纬度带，在该区内南北方向上的纬度地带性分异就表现出带段的特征，可视为带段性或地带段性，自北而南表现为寒温带针叶林漂灰土（灰化土）地带—温带针阔叶混交林暗棕壤地带—暖温带落叶阔叶林棕壤地带—亚热带常绿阔叶林红黄壤地带—热带季雨林、雨林砖红壤地带等的分异，这种非地带性单位内的地带性分异就是地带段性或带段性分异。可见地带段性是非地带性因素对地带性的分割，使“带”被分割成了“段”。地带段性分异也具有不同的规模，上述分异就是高一级的分异。

又如，泰加林纵贯欧洲大陆北部，但在不同的非地带性单位内的表现却有很大的差异，形成一定的“地段”。在东欧逐渐指向北方尖灭，即表现为东宽西窄，而且在西部只分布于高纬，并以壳针叶林为主；在西伯利亚西部低地叠加大片的沼泽，成为沼泽化泰加林；在西伯利亚中部和东部高原山原出现高出泰加林的秃峰并分布有高位沼泽，北方的暗泰加林向南延伸分布；远东受季风气候影响，亮泰加林又稍向北推移。因此，地带段性是非地带性的因素（如大地貌单元）对纬度地带性的“分割”，与此相反，也可把上述分异看作是在不同的地带性条件下,非纬度地带性的差别,米尔科夫称为省性,省性分异的例子很多,也可以分为不同的规模等级。

高一级省性是温度带范围内的省性。在热带形成了西岸信风气候、内陆干旱气候和东岸季风气候的差别。亚热带形成了西岸地中海(冬湿夏干)气候、大陆内部亚热带荒漠和草原气候、东岸夏湿冬干的季风气候。温带则形成了西岸西风气候、内陆温带荒漠和草原气候、东岸温带季风气候的差别。更次一级的省性分异在中亚热带内部最为明显。以我国中亚热带为例,从东到西的分异为:东部浙闽沿海区是台风袭击的范围,降水比较均匀,夏季有暴雨;湘赣中部在副热带高压控制时出现伏旱,春寒和春末夏初的阴雨天气对这里影响很大;西部川贵一带降水比较均匀,降水强度不大,形成比较阴湿的气候;云贵高原则是冬干夏湿的南亚季风气候。

带段性和省性是地带性和非地带性互为条件、互为因果共同作用的产物。当纬度地带性为条件时产生的非地带分异表现为省性,当非地带性为条件时产生的地带性分异则是带段性。

三、垂直带性

垂直带性是由于地势的高度变化而引起气温、降水的变化,使各自然地理要素及自然综合体沿垂直方向发生带状更替的规律。引起垂直带分异的主要原因是地势高度的变化。随着海拔高度的增加,气温逐渐降低,降水也呈现出一定的变化,相应地使气候、土壤、植被及自然综合体发生相应的变化。在高大的山地区,自山麓到山顶,可分出一系列垂直自然带,最下面的一个叫基带,基带以上各垂直带的有规律排列,称为垂直带谱。

然而,山地必须达到一定高度且具有足够大的相对高差才可能有垂直带的出现,此高度在温带一般大于800 m,在热带大于1 000 m,如果低于此高度,则不会有垂直带出现。所以,构造隆起和山地地势是形成垂直带性的根本前提,而由此引起的热量和水分差异则是垂直带分异的直接原因。

造成山地隆起的直接原因是地球内能,因而垂直带性属于非纬度地带性分异,但它又受纬度地带性和干湿度分带性影响,是地带性与非地带性因素相互作用的结果。

1. 垂直带受水平地带性影响,基带类型决定了垂直带谱的性质 垂直带的基带与所在的纬度自然带相同,或者说,山地所在的水平地带就是山地垂直带谱的基带。如长白山地处温带湿润地区,温带湿润区的针阔混交林就是其基带。基带类型决定了垂直带谱的性质,也决定了一个完整垂直带谱可能出现的结构。从低纬到高纬,从沿海到内陆,基带不同则决定了垂直带谱的不同。基带为海洋性纬度带时,整个垂直带谱将具有海洋性特征,各类森林在垂直带中占优势地位;基带为非纬度自然带时,垂直带谱将具有大陆性特征,山地荒漠带、山地草原带、高山草原带占主导地位。

2. 垂直带自山麓到山顶的变化与纬度地带性自低纬到高纬的变化规律类似 垂直带自基带向上,各垂直带的组合类型与排列次序同纬度地带性自低纬到高纬的更替规律类似。如果一座足够高的山地位于水分充足的赤道地区,那么这座山的垂直带谱将会出现一个类似从赤道到极地排列的自然景观带。

3. 垂直带的自然带数量在不同纬度地带不同 同一高度的山地如果处在不同的纬度自然带,垂直带的数量在低纬多,在高纬少。如珠穆朗玛峰南坡有7个垂直自然带,长白山南坡有4个,极地上只有2个,这都是热量差异造成的。

4. 同一类型垂直带出现的高度在不同的纬度不同 同一类型垂直带出现的高度在低纬地区高,在高纬地区低。如山地针叶林带出现在珠穆朗玛峰南坡的3 100～3 900 m,而出现在长白山南坡只有1 100～1 800 m,这也是由热量差异造成的。

5. 垂直带谱的特征取决于山地本身的性质 山地的性质包括山地的高度、坡向、走向等。山地高度是垂直带谱完备性的先决条件。只有高逾雪线的山地才有可能形成完整的垂直带谱(刘南威,2004)。山地的坡向有阴坡、阳坡与迎风坡、背风坡之分。一般来说,同一山体的阳坡热量较多,迎风坡降水充足。因此,山坡的性质可以使山地不同坡向的水热组合状况有很大差别,从而发育不同的垂直带谱。例如,珠穆朗玛峰南坡向阳,有充足的热量,又与来自印度洋的西南气流相交,得到较多的降水,形成海洋性森林型垂直地带谱;北坡则截然相反,发育着大陆性草原荒漠型垂直地带谱(图4-4)。

山脉的走向和排列方式对垂直带的发育也有影响。山脉的走向和排列方式与大气环流系统相互作用会引起水热条件发生变化,导致垂直带谱的变化。如地处西风带的天山,来自大西洋和北冰洋的湿润气流,一

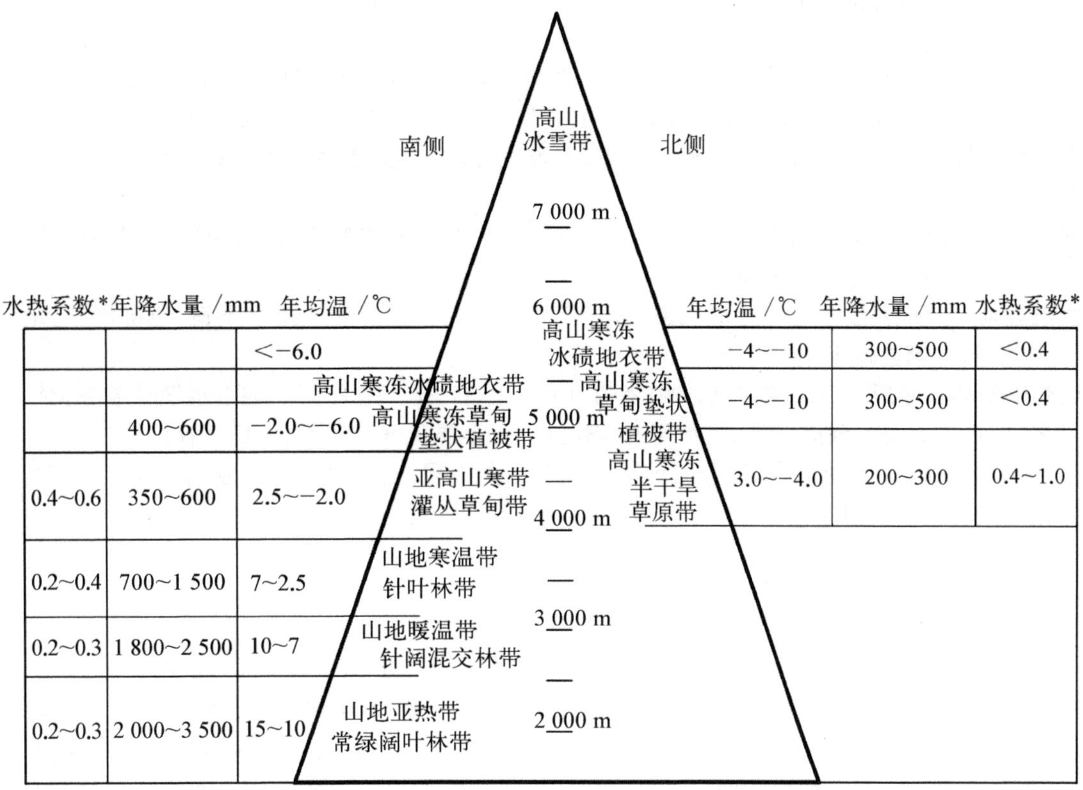

南坡 低山热带季雨林带：海拔 1 600 m 以下(未上图)；山地亚热带常绿阔叶林带：海拔 1 600～2 500 m；山地暖温带针阔叶混交林带：2 500～3 100 m；山地寒温带针叶林带：3 100～3 900 m；亚高山寒带灌丛草甸带：3 900～4 700 m；高山寒冻草甸垫状植被带：4 700～5 200 m；高山寒冻冰碛地衣带：5 200～5 500 m；高山冰雪带：5 500 m 以上

北坡 高山寒冻半干旱草原带：海拔 4 000～5 000 m；高山寒冻草甸垫状植被带：5 000～5 600 m；高山寒冻冰碛地衣带：5 600～6 000 m；高山冰雪带：6 000 m 以上

图 4-4 珠穆朗玛峰地区的垂直分带

* 水热系数 $=\dfrac{0.16\times\sum t}{r}$，式中 $\sum t$ 为日温≥5℃持续期间活动温度总和，r 为同期降水量

资料来源：伍光和等(2004)

方面沿山地北坡爬升，形成降水；另一方面顺山脉走向向东运移，使降水逐渐分散，形成天山北坡由西向东逐渐变干的状况。在垂直带谱上表现为大陆性由西向东增强，垂直地带高度由西向东逐渐升高的特征。而地处天山山系西段内部的伊犁河谷，因为山地向西开口并呈喇叭形排列，西来湿润气流受阻于盆地南北两侧及东部山地，产生了大量降水，降水量向东递增，形成了以森林和草原为特征的湿润结构类型。

四、中地貌、地方气候分异

分异范围涉及某一地貌单元内部(如高原内部、山地内部、平原内部)，地形垂直分化以及地方气候引起的水热状况、土壤和植被、地表水和地下水状况的分异，也呈现出一定的规律性。

(一) 中地貌引起的区域分异

在单一地貌单元如盆地、高原、平原内部往往存在明显的地貌形态变化或地势高低的差异，使得地貌单元内部的地表水系状况、地下水埋藏条件、成土母质的性质、植被形成和自然地理过程发生一系列分异。虽然中地貌分异不如大地貌分异明显，但其内部的分异仍有体现。如河北平原这一地貌单元内，从东部海滨到西部山地依次可分为滨海平原、低交接洼地、冲积平原、交接洼地、山前洪积冲积平原五个单元。每个单元内部的地表组成物质、潜水状况、排水条件、土壤和植被(农业利用方式)均发生相应的变化,出现有规律的更替。

1. 滨海平原 由滦河三角洲组成。地表有各种新旧泻湖洼地分布,海陆相沉积交错成层。因地势较低排水条件差,潜水接近地表,土壤盐碱化现象普遍,生长的植被为耐盐植物和湿生植物。

2. 低交接洼地 地表形态为洼地断续分布,如黄庄洼地、文安洼地。排水条件差,易形成地表积水,土壤盐碱化严重。

3. 河流冲积平原 地表形态为古河道交织分布,在天然堤排水条件良好,河间地因地势低洼而排水不畅。绝大部分是农田,是主要的农耕区。

4. 交接洼地 地表形态有的已形成芦苇水荡,如白洋淀。有的洼地排水不良,已被淤积,地势低洼,如宁晋泊、大陆泽,土壤盐碱化比较严重。

5. 山前洪积冲积平原 地势较高,海拔都在 100 m 左右,排水条件好。地下水埋藏较深,对地表影响不大,水质条件好,有良好的灌溉条件,是重要的农耕区。土地质量好,多为高产稳产农田。

可见,在平原内部,由于地势高低不同,地下水埋藏深度不同,土壤、植被、农业利用发生相应的变化,使自然综合体出现有规律的更替。

(二) 地方气候引起的分异

地方气候是介于大气候和小气候之间,水平范围可以是几十公里到几百公里,属于中尺度范畴,是在自然和人类活动下形成的特殊下垫面的气候,如森林气候、盆地气候、湖泊气候、海岸气候、灌区气候、城市气候、地方风等。其主导的分异因素是特殊的下垫面引起盛行风的作用,通过风力进行热量、水分的交换,形成与周围不同的景观特征。下面列举几种不同的地方气候引起的分异现象(陈传康,1983)。

1. 海岸气候 海岸气候是由于海水蒸发,相对湿度较高,气候比较温暖湿润,形成的偏南(暖)气候特征(偏低纬度特征)。如我国东南沿海的亚热带气候,福建、浙江的气候特点都是偏南的。整个福建从其所处地理位置看应为中亚热带气候,但在福建东南部,受海岸气候的影响,莆田以南具有南亚热带特征,这里的甘蔗产量高,荔枝、龙眼可以种植,且质量非常好,这是南亚热带水果的特征,所以南亚热带的划分一直划到莆田,正是海岸气候引起的偏低纬度气候造成的分异结果。

2. 湖泊气候 由于湖水的调节作用,气候比周围陆地温暖湿润。这种因湖泊水体的存在而造成的异于周围陆地的局地性气候,称为湖泊气候。如太湖沿岸的山地背风处形成的地方气候——具有偏南气候特征。1976 年 12 月 28 日和 1977 年 1 月 5 日的两次寒潮过境,太湖沿岸清晨最低温度比周围陆地高 2.1~2.4℃。正是由于湖泊的调节,提高了冬季最低气温,避免或减轻了冻害,使这里能生长橘子,而且能够大面积种植,成为我国东部地区有商品意义的柑橘种植北界。

3. 城市气候 由于城市的存在而产生的一种地方性气候,其形成的主要因素是:城市下垫面绿色植物被建筑物和沥青、水泥路面代替,居民的生产(工厂、交通)和生活增添了大量热源,化石燃料大量燃烧后的烟尘和微粒进入大气。这就使城市气候具有气温高、湿度低、风速小、太阳辐射弱、能见度差、降水多的特点。

(1) 气温高 城市的建筑物和沥青、水泥路面,白天吸收大量热量,夜间释放,使城市夜间较郊区温暖。城市的下水道设施完善,降水迅速排走,使耗于蒸发的热量大为减少。城市中居民生活、工厂生产、交通运输都发出巨大的热量。因此,城市比郊区温暖,使城市边缘的等温线呈封闭、密集状态,形成城市热岛。通常城市气温要比周围郊区高 1~2℃。在冬天晴朗的夜晚风小的天气下,数百万人口的大城市城郊温差为 5℃,最高可达 11℃;数十万人口的中等城市城郊温差为 3~5℃;几万或十几万人口的小城市城郊温差为 2~3℃。

(2) 湿度低 由于气温高,地面蒸发又少,城市空气相对湿度比郊区低,如我国贵阳市平均相对湿度比郊区低 4%。

(3) 风速小 城市建筑物密集,高楼林立,下垫面粗糙度大,因而使风速减弱。通常城市的年平均风速比郊区小 20%~30%,阵风风速减小 10%~20%。

(4) 太阳辐射弱 城市工厂烟囱排放的大量烟尘等污染粒子吸收和散射阳光的结果,使城市年平均太阳辐射总量减少 15%~20%。

（5）能见度差 城市大气中由于大量烟尘粒子散射和吸收阳光，使能见度降低；大气中凝结核多，使城市中的雾日增多，能见度下降。

（6）降水多 城市上空凝结核多，热岛效应强，下垫面粗糙度大，使城市的上升气流强，这些都有利于增加城市的降水。

4. 地方风 受地形的影响产生的地方风对自然地理环境的地域分异有特殊的影响。如华北平原冬季盛行西北风，夏季盛行东南风，但受太行山的影响，山麓的一些城市盛行风的风向就发生了变化。例如，邯郸市则是冬天刮北风，夏天刮南风，其东部古河道中固定沙丘呈东西向排列，反映了北风与南风风力相当。又如，新疆的阿拉善山口是位于两山之间的谷地，谷地为西北-东南走向，长约 100 km，宽 30 km，地势西北高，东南低，两山相对高度 2 000～3 000 m，谷地两端分别为阿拉湖和艾比湖，特殊的地形条件形成了冷空气入侵新疆的重要通道。八级以上的大风日在 150 天左右，每次大风的持续时间可达 5～8 天，风向为稳定的西北风，是我国著名的风口。在强风的影响下，东南部的风蚀区发育成典型的风沙吹蚀地貌。

第五节 地方性地域分异规律

地方性指在地带性和非地带性规律共同作用的基础上，自然地理环境由于局部因素引起的小范围的地域分异规律性。地方性涉及的空间范围小，是小区域或局地范围，是自然地理环境中最普遍和最低级的地域分异。

地方性是局部地貌、小气候、岩性、土质、地表水和潜水的排水条件以及人类活动等因素的差别造成的分异现象。虽然这些因素都在一定程度上互相作用、互相联系，但在不同的分异背景的具体情况下，它们各自具有不同的演进方向和强度，其中的某一方面可成为主导的分异因素，支配着局部地区自然地理环境的分异。

一、地貌部位引起的分异

地貌部位通常也称地貌形态部位，如从河谷低处向分水岭高地可看到一系列的地貌形态的垂直更替，分别是河床、河漫滩阶地、低阶地、高阶地、坡麓、谷坡，最后是分水岭顶部。这些小地貌形态内部又可分出一些不同地貌面，如阶地分为阶坡和阶面，这些都是不同的地貌部位（图 4－5）。

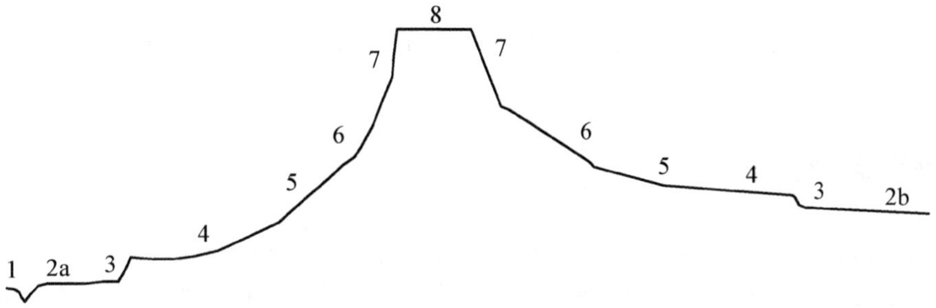

图 4－5 地貌面的划分示意图

1. 河床；2a. 河漫滩；3. 阶坡；4. 阶面；5. 山麓面；6. 谷坡；7. 山坡；8. 山顶；2b. 平地面

资料来源：陈传康等（1993）

地貌部位的差别是小尺度地域分异的重要因素。不同的地貌部位产生不同的日照、通风条件，从而改变了气温和湿度的分配状况，出现局地小气候差异；不同的地貌部位其地表排水条件和地下水埋藏条件也有较大差异，加剧或延缓了地表的侵蚀、搬运和堆积作用，造成地面局部的差异；不同的地貌部位进一步引起了地表组成物质与能量的再分异，从而影响土壤变种和植被群丛的变化。

地貌部位不同对植被分布有明显的影响。因为地形的细微变化会引起水分状况的差异，从而引起矿物养分、盐类等的变化。自然地理环境中高地较干，低地较湿。植物及其组合从高处较喜干的种类到低处较喜湿的种类，或从高处的贫瘠种类到低处营养较多的种类，构成了一个生态序列。在干旱地区，地貌形态微小的变化都会引起植被明显的变化，因为那里的水分状况对植物生长极为重要。

不同的地貌部位也影响着土壤的特性。在同一地区内，地貌部位不同会引起土壤水分状况和土壤温度的差异，从而影响物质的机械组成和地球化学分异过程，使土壤形成过程表现出地方性分异。如位于褐土地带的华北平原，由山麓到滨海依次出现褐土、草甸褐土、草甸土、滨海盐土等。

不同坡向和坡度的地貌部位具有不同的日照条件，会引起温度的差异，影响到蒸发的差别，进而影响到植被的分布。傅抱璞在40°N地区，对地形坡度40°不同坡向坡地上的太阳辐射进行全年观测，得到如表4-4所示的记录。

表4-4 不同坡向坡地上的太阳辐射(全年)

坡向	平地	南坡	东南坡	东坡	东北坡	北坡
实际可能直达辐射总量/(kcal/cm²)	145.5	174.0	159.9	124.8	80.2	60.4
排序	3	1	2	4	5	6

由此可见，不同坡向获得的太阳辐射总量有明显的差异：南坡最大，北坡最小，南坡近北坡3倍。即使是平地也不如南坡的太阳辐射量大。不同的太阳辐射差异，使不同坡向的温度不同，湿度也有明显的变化，进而影响植被的分布。C. A. 萨鲍日尼娃在巴统植物园南北坡的观测结果如表4-5所示。

表4-5 南北坡的气温和相对湿度差异

不同高度南北坡气温				不同高度南北坡相对湿度			
高度/cm	5	50	150	高度/cm	5	50	150
南坡/℃	28.0	23.8	22.0	南坡/%	54	64	70
北坡/℃	23.8	22.2	21.8	北坡/%	70	72	72
气温差/℃	4.2	1.6	0.2	相对湿度差/%	−16	−8	−2

观测结果表明，不同坡向对气温和湿度有明显的影响，特别是贴近地面的地方，其差别尤为显著。

坡向不同，影响温度和湿度差别，进而造成植物和土壤的差异。阴阳坡的差别在野外常可通过植被的差别而明显的区别出来。如华北山地的阴坡，由于获得的太阳辐射量少，水分条件湿润，多乔木分布，并与中生、旱中生灌丛结合，植被生长茂密，总覆盖度一般大于50%；而在阳坡，由于阳光充足，水分容易蒸发，局部气候干燥，乔木少，多为旱中生、半旱生、旱生及草本群落，植被稀疏，总覆盖度一般小于50%。

山谷、洼地与平原相比，水分蒸发不易扩散，形成阴湿的环境；山顶集水面积小，排水良好，光照充足，形成干燥的环境。

二、小气候引起的分异

小气候是反映贴地面的光、热、风、水分等方面的综合状况。小气候的形成主要起因于下垫面的差异，其中主要是地貌部位的差别。不同的地貌部位对小气候的影响表现在气温、降水、日照、通风条件的差异方面。虽然小气候引起的分异不如地貌部位明显，但它对地域分异的影响却更为直接。因为日照、通风条件不同，直接影响到局部地段成土母质的风化程度，使土壤质地、土层厚度、土壤水分蒸发出现地域差异，从而引起植被的分异、土壤微生物和一些小动物的变化，对动植物的种类和生态产生影响。从景观生态学角度讲，地貌部位和小气候的结合构成不同的生境条件，决定了不同的干湿状况。如一个切割丘陵区，按其切割程度可分为"V"形谷、峡谷、阴坡、阳坡、丘顶，其干湿状况可大体分为最阴湿、阴湿、较阴湿、较干燥、干燥，从而决定了不同的生境，发育了相应的生物群落，土壤植被也有不同，在空间上造成小范围地域分异。

三、岩性、土质和排水条件引起的分异

有些地段的地貌部位、小气候虽然相同，但由于岩性、土质(地表组成物质)和排水条件(或其中某一方面)等有差别，也会形成不同的地方性分异。因此，岩性、土质和排水条件等方面的差别也是引起地方性地域

分异不可忽视的因素。

同一地貌部位，岩性不同，导致岩石风化后土质的矿物成分、机械组成、酸碱程度等不同，影响土壤的物理化学性质，也直接影响自然植物的生长和植物群落的形成。如华北的一些山地，有些山坡的基岩为花岗岩、花岗片麻岩类，地表风化物中含有较多的石英颗粒和长石矿物成分，形成的土质粗糙、疏松，土壤偏酸性，那里多生长松树。而在基岩为石灰岩的山坡，主要成分为碳酸钙，风化后的土层比较深厚，土质黏重，土壤为微碱性钙质土，那里的柏树生长良好。

土质(或沉积相)和排水条件对局部的地域分异也有明显的作用。在洪积冲积平原地区，通常可分为阶地、洪积扇、微倾斜平地、沙丘沙地、洼地、河漫滩地和古河道等地貌部位。它们各自具有独特的沉积相，排水条件也各不相同。平原区内沉积相和排水条件的地域差异，直接制约着土壤的发育和自然植物的演替，引起一系列自然地理现象和过程发生分异，产生不同的土地类型，如黄河下游的泛滥冲积平原的沙丘沙垄和浅平洼地。沙丘沙垄地段排水良好，地表堆积的粉细沙在冬季常随风移动，自然植被是一些稀疏的旱生沙生草类；而在浅平洼地上，潜水接近或出露地表，排水条件差，常出现滞水现象，土壤潜育化和盐碱化明显，自然植被多为水生草本植物和耐盐碱的草类灌木丛。这种沙丘沙垄地和滞水洼地，就是黄河下游泛滥冲积平原由于土质、排水条件不同形成的两种独特的土地类型。

四、人类活动引起的分异

人类活动对自然地理环境的地方性分异作用非常明显。在现代社会，人类活动随着农业发展和都市化而引起自然环境的剧烈变化已经成为一种重要的地貌营力，可改造自然的地表形态，造成如农田、道路、矿场、水库等新的局部环境。在人类聚居的地方，精耕细作的农业、放牧或都市化几乎完全出于人类的支配之下，这些地方自然植被大体已被人工植被所取代，自然土壤也让位于人工土壤。人类还有影响自然环境变化的另外方式，即将植物和动物从它们固有的环境迁移到别的陆地、别的环境中去。总之，局部自然环境由于人类活动而出于显著的变化状态。

第六节　地域分异规律的综合分析

一、三维地带性与高原地带性问题

(一) 三维地带性

从影响地域分异规律的因素分析，其基本因素有太阳辐射能的作用和地球内能的作用。太阳辐射能在地球表面不同纬度分布不均所引起的热量差异，称为纬向变化因素。地球内能的作用产生了海陆分布、地势起伏、构造运动等，是造成干湿度分带性和垂直带性的直接原因。在这两种分异中，地球内能的作用形式是不同的。干湿度分带性主要是通过距离海洋的远近所表现出来的水分差异来实现的，这种因素称为经向变化因素或距海度。而垂直带性则是通过热量在高度中的分布差异所引起的自然地理现象和过程的差异，称之为高度变化因素。

实际上地球表面任何一个地方的垂直自然带都是纬向、经向和高度变化因素共同作用的结果。因此，就一个山地和高原而言，可用“三维地带性”来概括。它包含着两层含义：① 三维分异，即任何一个地带可以同时沿纬度、经度和垂直方向分异，其空间分异是三维的，水平地带和垂直地带同处于一个三维空间中；② 三维一体，即一个地带所处的带谱，是纬度地带性、干湿度分带性和垂直带性共同作用的产物。

三维空间也称三维结构，就是用三维坐标轴来表示自然地理系统的空间分布，其函数式为

$$S = f(W,\ J,\ G)$$

即任何一个地点的自然地理环境，应该是纬向变化因素(W)影响、经向变化因素(J)影响和高度变化因素(G)影响的函数。在平原地区，G为常数或接近常数，函数式可改写为

$$S = f(W,\ J)$$

在面积不大的山地，W, J 可视为常数或接近常数，函数式又可改写为

$$S = f(G)$$

准确地求出上述函数式的解，从目前看还比较困难。因为三个变量(W, J, G)本身已是多种复杂因素综合的结果，用公式精确求出它们之间的变化，还有待进一步探索。

（二）高原地带性

高原不仅海拔高度大，而且还跨越了比较大的空间，因此其地域分异具有特殊性。主要表现在：

1) 高原地带具有与同纬度低海拔地带完全不同的热量背景。水平自然带的热量状况取决于其所处的地理纬度，而高原地带的热量特征既受高原的纬度位置影响，又受高原的海拔高度制约。因此，与同纬度的低海拔自然带相比，高原地带具有偏向极地的热量特征。高海拔造成的辐射和热量差异，使得高原的化学风化减弱，寒冻风化作用增强，地表组成物质粗，土壤发育差，形成的植被多为耐寒类型。

2) 山地垂直带谱是水平带谱在垂直方向上的变异，而高原水平带谱却是山地垂直带谱在巨大高程上的水平变异。在面积广阔的高原上，具有垂直带性质的高原地带在水平方向上，由于不同纬度热量和降水分布的差异，必然发生水平方向的分异。青藏高原的水平地带乃是山地垂直带基带或优势垂直带在高原上展布而成的，即高原的自然地带南北方向依纬度变化，东西方向依环流形势变化，垂直方向依海拔高度变化(郑度等，1979)，如图 4-6 所示。

3) 高原的自然地带从边缘向内部辐合，具有明显的多项辐合特征。

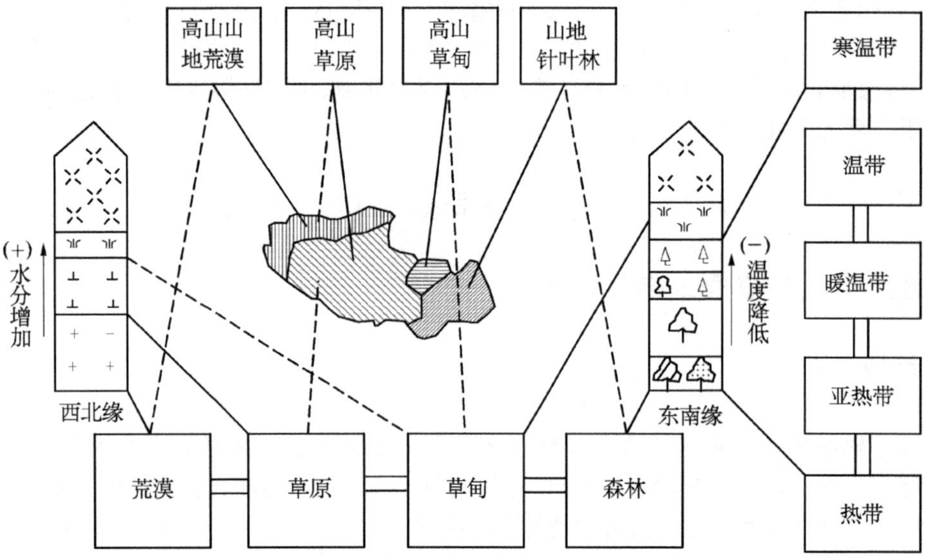

图 4-6 青藏高原自然带三维空间变异示意图

二、大陆地域分异的平面结构

在各种地域分异规律的作用下，大陆地域分异的平面结构极为复杂。由于地球上各大陆的位置、面积、形状、轮廓各不相同，难以某一大陆为标准进行分析，只能根据各大陆的基本轮廓和地域分异的实际，假设一个共同的、理想的大陆进行分析论述。

在地理文献中，假定的理想大陆图式主要有两种：一种是比较简单的卵形理想大陆图式；另一种是比较复杂的方形理想大陆图式(图 4-7)。后一图式是由马克耶夫提出的，主要用来研究大陆上水平地带分异的情况，将复杂的自然带理想化。

马克耶夫共划分了 27 种自然地带类型，并按地带谱的性质分为海洋性地带谱(分布于暖流经过的沿海岸带)和大陆性地带谱(分布于大陆内部和寒流经过的海岸)，并且总结出五条大陆水平自然带的更替规律：

① 南北两半球地带性谱基本对称；② 环球分布的自然地带只限于极地、高纬和赤道，其他纬度出现了东西递变的干湿度分带性；③ 大陆两岸除寒流经过的地方外，基本上分布着各种森林地带，到两极过渡到苔原冻土带；④ 大陆性地带谱主要出现于大陆内部，自荒漠带开始，经草原、泰加林，向两极过渡到苔原和长寒地带；⑤ 在寒暖流发生分流的大陆西岸，出现的是地中海型自然带。

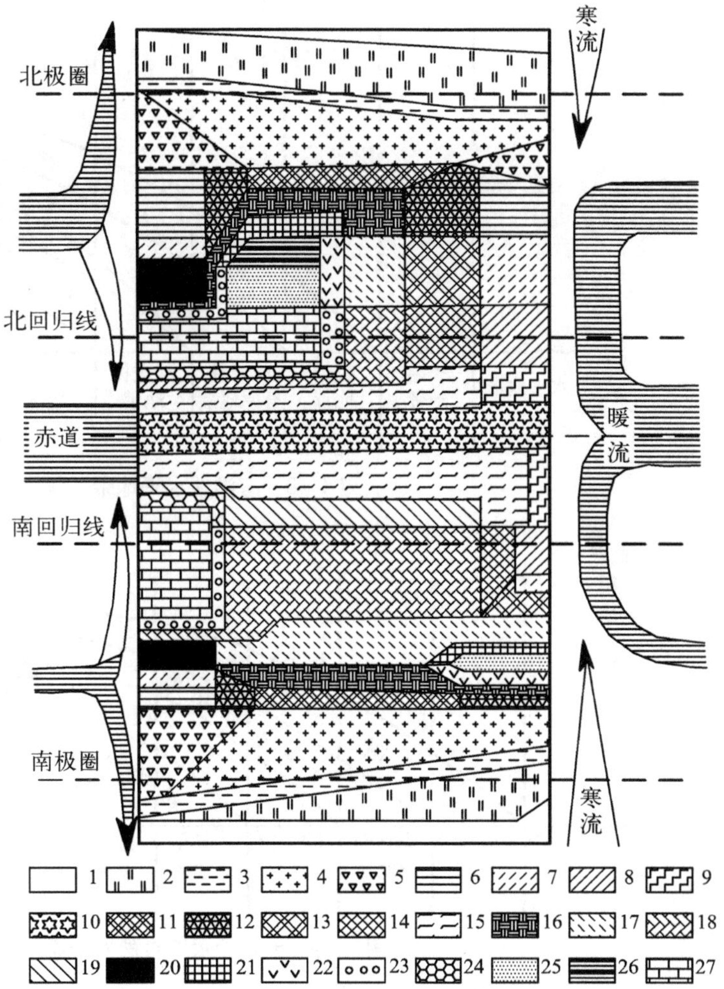

1. 长寒地带；2. 苔原地带；3. 森林苔原地带；4. 泰加林地带；5. 混交林地带；6. 阔叶林地带；7. 半亚热带林地带；8. 亚热带林地带；9. 热带林地带；10. 赤道雨林地带；11. 桦树森林草原地带；12. 栎树森林草原地带；13. 半亚热带森林草原地带；14. 亚热带森林草原地带；15. 热带森林草原地带；16. 温带草原地带；17. 半亚热带草原地带；18. 亚热带草原地带；19. 热带草原地带；20. 地中海地带；21. 温带半荒漠地带；22. 半亚热带半荒漠地带；23. 亚热带半荒漠地带；24. 热带半荒漠地带；25. 温带荒漠地带；26. 半亚热带荒漠地带；27. 亚热带荒漠地带

图 4-7　理想大陆各自然地带相互关系图解

三、水平地带性与垂直带性的关系

水平地带性指由赤道到两极，从沿海到内陆沿水平方向呈带状分布的现象，是纬度地带性和干湿度分带性共同作用的结果；垂直带性是随地势高低的变化沿垂直方向呈带状的更替。它们之间既有相似性，又有差异性。

1. 相似性

1）自然带的类型相似，水平地带性是从赤道向两极，垂直带性是从山下到山顶，两者依次递变的自然带类型大致相似。

2）垂直带谱的基带与所在地区的水平自然地带相似。

3）成因相同，都是随气温的递变而变化。

2. 差异性

1）自然带的宽度不同。由于从赤道到两极和从山下到山顶气温递降的速度不同，垂直带随高度变化快，每上升 100 m，温度下降 0.6℃；在水平方向上从低纬到高纬需 10×10^4 m才能降低 0.6℃，气温的垂直递减率是纬度的 1 000 倍。因而，山地垂直带的宽度以百米或千米递变，水平自然带则为百公里或千公里。

2）湿度变化的成因不同。水平自然带的湿度变化决定于大气环流和海陆对比，而垂直自然带的湿度变化主要是受地势高度和坡向的影响，一般情况是降水量由下而上增多，在一定高度后又下降，并在背风坡和向风坡有明显差别。

3）光照差别大。水平地带的日照情况是太阳高度角随纬度而发生变化，而在垂直带中则不发生这种变化。

4）垂直地带的各自然地理要素及综合特征更为复杂，出现水平自然带所没有的特性。例如，喜马拉雅山南坡冰川舌可以下伸到森林带中，冰川热喀斯特现象特别发育，这是水平地带的极地冰雪带所没有的。

不同的纬度带具有不同的垂直带谱，马克耶夫认为，垂直自然带与水平自然带的关系可以分为海洋性和大陆性两种情况。只有在海洋性情况下，垂直带才可能重复水平自然带系统（图 4-8）。而在大陆内部，中纬度山地具有特殊干旱、半干旱大陆性垂直性带谱，基带从草原或荒漠开始，向上随降水增加，局部转变为森林带，因此称为草原荒漠垂直带谱（图 4-9）。

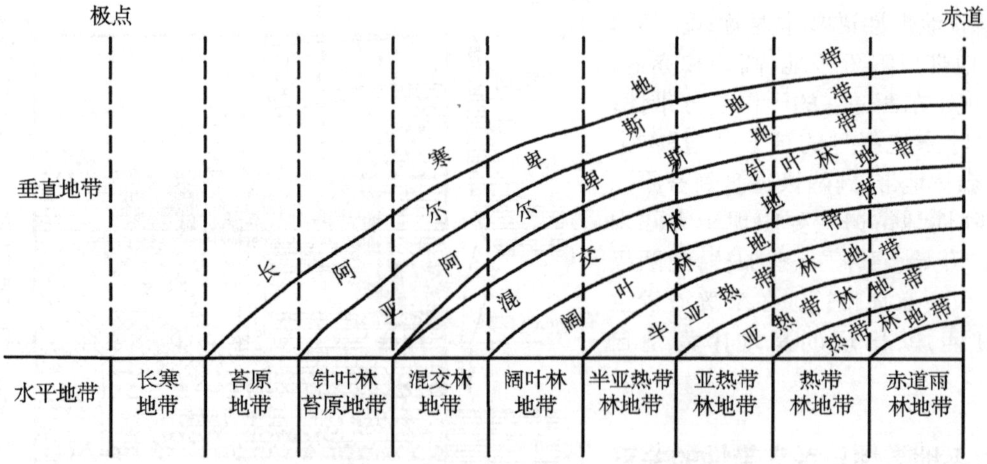

图 4-8 海洋性水平地带系统中的垂直带理想图式

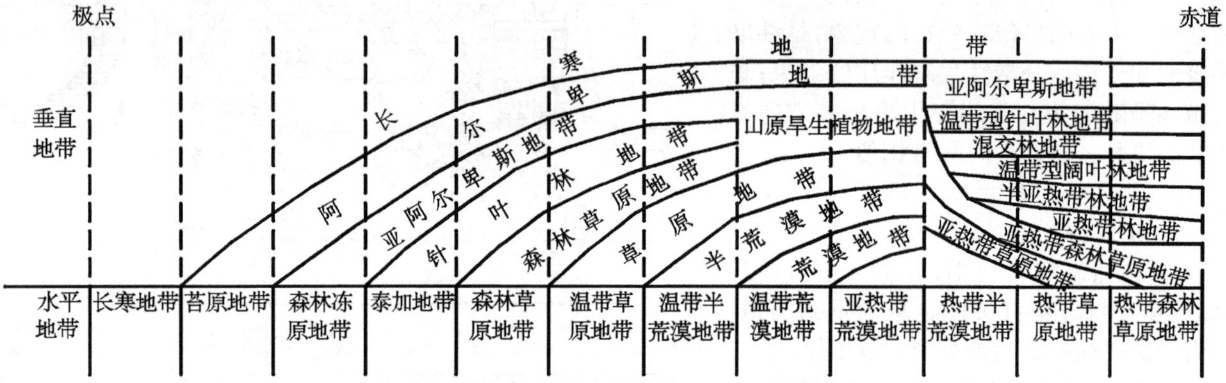

图 4-9 大陆性水平自然地带系统中的垂直带理想模式

四、地域分异规律之间的关系

（一）地域分异规律的等级规模及成因

从空间尺度来看，由于作用范围不同，地域分异规律又分为不同的等级规模。自然地理环境是一个整体，具有内在联系的整体性特点。但整体性是由各级之间的等级从属和制约关系所决定的，高级分异规律是低一级分异规律的背景和基础，低级分异是高级分异的进一步分化，小的分异规律受大的分异规律的制约和影响。

从成因关系分析，各种地域分异规律，从根本上来看导因于两个基本的分异因素，即地带性因素和非地带性因素。它们具有不同的能量基础，一个来自地球外部，另一个来自地球内部，因此不存在从属关系。地带性与非地带性相互对立但又同时作用于地球表层，两者相互制约和相互影响，只不过在有些地区地带性分异更显著，在另一些地区非地带性分异更为突出。

全球性地域分异包括热力分带性、海陆分异和地表起伏，是地球表面第一级分异规律，是受基本的分异因素(地带性和非地带性)制约的。热力分带性受太阳能沿纬度分布不均影响，而海陆分异、地表起伏受地球内能制约。

大陆和大洋分异是第二级分异规律，大陆纬度地带性和大洋表层纬度地带性是在热力分带基础上在大陆和大洋上的进一步分异，都是在太阳能沿纬度分布不均的地带性因素作用下形成的。大陆干湿度分带性、巨大构造体系和大洋底部非纬向地带性是在海陆分异和地表起伏(地表形态起伏与分异)基础上在大陆和大洋的进一步分异，海陆分异和地表起伏是其先决条件。

区域性分异是地带性和非地带性分异因素相互作用形成的，(地)带段性和省性是地带性和非地带性分异因素互为条件、互为因果、共同作用的产物。带段性是非地带性区域单位内的地带性分异，省性是地带性条件下的非地带性分异。垂直带是叠加了地带性影响的非地带性，这里的非地带性因素(高度)起了主导作用，使地带性产生了垂直方向上的变异，而垂直带谱的基带仍在地带性因素的控制之中。中地貌、地方气候引起的分异，也是地带性和非地带性因素相互作用的次一级分异结果，受上一级规模制约。

地方性分异是在地带性和非地带性相互作用背景上，由于个别因素在小范围内起了主导作用而形成的局部分异。各种规模尺度的地域分异规律之间的关系如图 4－10 所示。

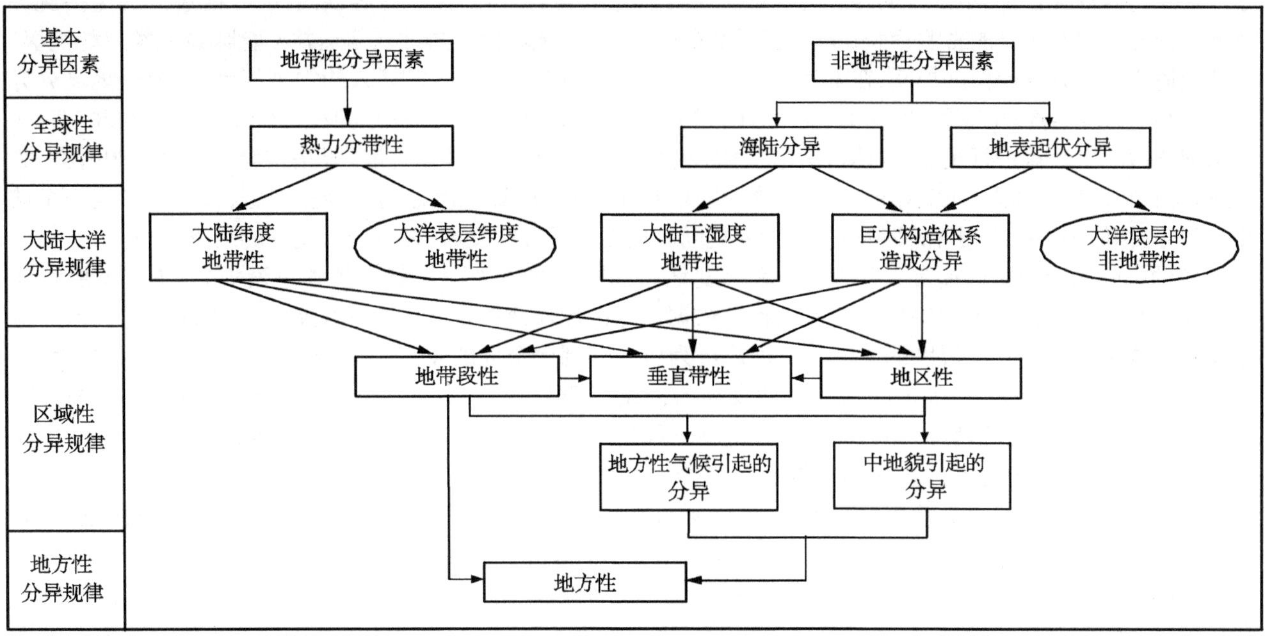

图 4－10　地域分异规律的相互关系图

（二）地带性与非地带性

地带性和非地带性分异规律是最基本的地域分异规律。对地带性规律的理解，有广义、中义和狭义之分，广义的地带性指凡自然景观呈带状分布，包括纬度地带性、经度地带性和垂直带性。1959 年《中国综合自然区划》（初稿）亦采用广义理解的地带性规律。狭义的理解，如伊萨钦科（1958）、胡焕庸（1964）等主张地带性主要指纬度地带性，也就是指热量或温度随纬度而变更以及随之而引起的其他方面的带状变化。他们还认为，非地带性包括经度地带性和垂直带性。中义的理解则包括纬度地带性和偏离纬线方向，但基本上受纬度地带性影响的水平地带性。

地带性和非地带性是相互影响的。自然地理系统各个成分的特征以及景观特征都同时是地带性和非地带性的成分之一。例如，地貌是非地带性的，与大地构造有关，又受地带性影响，是外营力作用下的气候地貌。又如，气候是地带性的，是太阳辐射在不同纬度热量分布不均造成的，又是非地带性的，是下垫面——地势起伏、海陆分布影响的结果。

（三）显域性与隐域性

在一些地理文献中，将反映地带性特征为主的地域称为显域性地域，而将反映非地带性特征为主的某些地域（沼泽、草甸、盐碱地）称为隐域性地域。隐域性地域分异固然受非地带性因素控制，但同时也受地带性因素影响。如沼泽就是一种隐域土类，它是由长期或周期性积水环境下发育的湿生多年生草本植物构成的生态环境。在不同地带沼泽具有不同的特征，温带平原和山地积水条件下的沼泽属温湿型沼泽，与热带地区和亚热带地区分布的热湿型和暖湿型沼泽的建群种有显著不同，在一定程度上也反映了纬度地带性分异。因此，隐域性是叠加了地带性影响的非地带性表现或隐地带性现象。由此可以推论，垂直带性也可以看作是一种隐域现象，垂直带性本身是由地势起伏引起的非地带性现象，而各垂直带谱的特征又反映水平地域的分异规律。可以认为，凡是由地势高低而导致水平地带性发生变异的现象都可称为隐域性。

五、地域分异规律的实践意义

人类的实践活动表明，要达到合理利用自然资源和有效地改造自然环境，必须遵循因地制宜的原则。地域分异规律是客观存在的，不依人的意志为转移。人类只有正确认识、掌握这些客观规律，才能通过一定措施调节地域分异规律对生产的影响，而不能改变和消除客观存在的地域分异规律。但这并不意味着人类只能消极、被动地适应地域分异规律。相反，在不违背地域分异规律的前提下，充分发挥人的主观能动性，促进地域分异向着有利于人类生产和生活的方向演化。珠江三角洲地区的桑基鱼塘就是一个典型的例子。人们对珠江三角洲水网洼地原有地貌进行改造，修建台田(当地称为基)和池塘，形成了桑基鱼塘、果基鱼塘。利用基田种桑、甘蔗或果树，利用桑叶养蚕、池塘养鱼，利用蚕粪(蚕沙)喂鱼，塘泥每年就近挖起作为基田肥料，从而形成一个彼此有利、互相促进的生态循环，使得自然地理系统向着良性循环方向发展，并取得了良好的经济效益。

各种尺度的分异规律都有实践意义。大尺度地域分异规律可为国家制定基本建设规划、确定发展农业生产的一些重要指标和各种耕作制度提供科学依据。地带性规律曾是我国农业发展纲要所规定的粮食产量标准的主要依据之一。中尺度的地域分异规律可为各省区制定全面的生产建设规划，合理布局工农业生产，因地制宜开展多种经营，为确定各地区农业发展方向提供重要依据。大、中尺度地域分异规律也是进行国家、省级自然区划的理论基础，即自然区划是地域分异规律的实际应用。小尺度地域分异规律是划分土地类型，分析评价小区域土地资源的基础工作，是土地科学研究的理论基础。

山区土地利用必须考虑垂直带谱系列，每一垂直带的利用都只是利用山地的一个环节。随着垂直带的变更，可能利用的自然资源也发生变化。任一垂直带都不能充分反映整个山地自然条件和资源的多样性，只有垂直带谱系列才能充分反映这种多样性。如在山区种马铃薯(南方山地区)，低处的马铃薯留种容易退化，常从较寒冷的北方进行调种，长距离的运输在经济上很不合算。在贵州、川东岭谷区，人们充分考虑了山地的垂直带性，利用山上特别是山地夷平面和亚高山草甸带的冷凉条件，作为马铃薯的留种基地，向山外平原、川地附近供应种薯，这就是当地农民根据垂直带的分异规律，合理利用自然条件的一个例证。

毛乌素沙区的牧民根据不同的地貌部位(梁地、滩地、固定沙地等)和水热条件的差别，以及牧草的长势不同，总结出倒场放牧的经验：天旱滩地，雨涝梁地，夏牧滩地，秋牧梁地，冬天放牧巴拉、柳湾地。这是因为天旱时，梁地牧草受旱，生长不好，滩地牧草却长势茂盛。夏季时沙地气候干热，而滩地地形开阔，通风良好，是牲畜夏季抓水膘的主要牧场。但在雨涝时，梁地地势高亢，没有水淹之患，牧草经雨水滋润，生长更加旺盛，蚊蝇少，无蚊虫危害。秋季又是牧草结籽的季节，气温凉爽，是牲畜秋季抓油膘的好场所。冬季气候寒冷，巴拉、柳湾地(固定、半固定沙丘)沙丘起伏，比较温暖避风，能保证牲畜安全越冬。因此，当地牧民根据不同的地貌部位、小气候、地下潜水条件、牧草变化情况，进行分季节、分天气的倒场放牧，是当地按照地方性分异规律，合理利用现有草场的简单有效办法。

参考文献

陈传康，伍光和，李昌文. 1993. 综合自然地理学. 北京：高等教育出版社.
范中桥. 2004. 地域分异规律初探. 哈尔滨师范大学自然科学学报，20(5).
葛京凤. 2005. 综合自然地理学. 北京：中国环境科学出版社.
黄秉维，郑度，赵名茶等. 2000. 现代自然地理. 北京：科学出版社.
景贵和，周人龙，徐樵利等. 1990. 综合自然地理学. 北京：高等教育出版社.
梁留科，葛京凤. 1997. 综合自然地理学. 西安：西安地图出版社.
刘南威，郭有立. 2004. 综合自然地理. 北京：科学出版社.
刘胤汉. 1988. 综合自然地理学原理. 西安：陕西师范大学出版社.
蒙吉军. 2005. 综合自然地理学. 北京：北京大学出版社.
全石琳. 1988. 综合自然地理学导论. 开封：河南大学出版社.
伍光和，蔡运龙. 2004. 综合自然地理学. 第二版. 北京：高等教育出版社.
郑度. 2008. 中国生态地理区域系统研究. 北京：商务印书馆.

第五章　综合自然区划

地球表面受地域分异规律作用，各部分的自然地理特征发生明显的地域差异，以致任何地方的自然条件都不可能与另一地方绝对相同。然而，自然条件的空间地理分布具有逐渐过渡的性质，必然出现某些自然条件差异性较小而相似性显著的区域。按照区域的内部差异，把自然特征不相似的部分划为不同的自然区，并确定其界线，进而对各自然区的特征及其发生、发展和分布规律进行研究，按其区域从属关系建立一定的等级系统，这种地域系统研究法，就是自然区划，其本质上是一种方法论。

综合自然区划是综合自然地理学的重要组成部分，是区域自然地理学研究到一定阶段的产物，是在比较全面认识地域分异规律和具有比较适当方法论的基础上进行的。它需要对研究区域各级自然综合体做全面的认识，即不仅要认识各自然组成成分的空间分布特征，还要深入分析它们之间的相互关系；不仅要掌握区域的地理现状，还要了解区域的自然历史过程。因此，综合自然区划代表着一定区域自然地理研究最后的综合成果，是反映对自然地理环境认识程度和衡量自然地理研究水平的重要标志之一。综合自然区划工作是综合自然地理学理论联系实践，为生产实践服务的重要领域。一个正确反映客观存在的区划方案，不仅可以深化自然地理学研究的理论和方法，而且可为全面评价和合理利用自然条件和自然资源，为拟定改造自然的规划提供科学依据。因此，综合自然区划既是现代自然地理学的重要组成部分，又是服务国家建设的一项基础研究工作，为区域经济发展的宏观研究提供地域自然结构的基础资料。

第一节　综合自然区划概述

一、区划的概念

区划、自然区划和综合自然区划是既有区别又有联系的概念。

（一）区划与自然区划

区划泛指区域的划分。根据不同的区划对象可分为行政区划、经济区划和自然区划三大类。

自然区划是地域分异规律作用的结果，使地表自然界存在明显差异。地球上没有自然条件绝对相同的两个地方，但自然条件空间地理分布具有逐渐过渡的性质，在差异中存在着过渡性，在过渡性中仍可以找到一些自然条件差异性较小，相似性较大的区域，把相似的划分为一区，把差异的划分为另一区。人们就是按照自然地理区域的相似性和差异性进行区域划分的，并按区域等级的从属关系，得出一定的区域等级系统，这种划分方法称为自然区划。自然区划是全面认识自然环境的重要方法之一，是自然地理研究发展到一定阶段的产物，具有重要的理论和实践意义。

（二）综合自然区划与部门自然区划

根据对象和侧重点不同，自然区划可分为部门自然区划和综合自然区划。部门自然区划是以自然地理的某一组成要素作为划分对象所进行的区域划分的理论和方法。如以地貌为划分对象所进行的地貌区划；以气候为研究对象所进行的气候区划；以水文为对象所进行的水文区划等。综合自然区划的对象是自然地理综合体，它根据自然地理综合体的相似性和差异性逐级进行区域划分，并根据其相似性程度和差异性程度排列成一定的区域等级系统。因此，综合自然区划是对自然地理综合体的地域划分，反映了自然地理系统的地域分异和区域联系。

所谓区域联系，指组成同一区划单位内的各低级单位具有统一的自然历史发展过程和相互毗连的地域接触关系。没有共同的发育联系和共同的边界接壤的区域单位，即使在景观外貌上有很大的相似性，也不能合并为一个高级单位；反过来，也不能把有共同发展过程和地域毗连的一个完整单位，因为其内部局部景观外貌的特殊而分出脱离这个高级单位的低级单位。即任何一个区划单位必须满足三个基本条件：① 具有统一的发生学联系；② 具有完整毗连的空间；③ 具有相对一致的整体特征。只有在发展一致和空间完整前提下的“相似性和差异性”，才具有自然区划的意义。

1. 综合自然区划含义

1）综合自然区划是表达地理现象与特征的区域分布规律的一种方法。区划是为科学认识自然综合体特征、为经济建设和社会发展服务的。因此，综合自然区划最直接的理解就是对区域的划分，建立以区划图式表示的区划方案，我国地理学家黄秉维在论述综合自然区划的作用时指出：综合自然区划是适应论述地理需要的一种方法，它把地理特征相同的地方归在一起，相异的地方另划一区，既可避免支离破碎的弊病，又可减少重复论述的麻烦。

2）综合自然区划是地理区域划分的方法与技术手段。在区划过程中，既可根据地域分异规律将地表依次划分为不同等级的各种区域，形成自上而下的区域分割方法；又可根据地域组合规律，将具有相同性质的小块地理空间单元合并为更高一级的区域，形成自下而上的空间聚类方法。两者互为补充，共同构成了区划的全部过程。这方面工作不仅是自然地理区划研究的重要组成部分，也是传统区划研究工作的主体。

3）综合自然地理区划也是地理学研究的经典方法之一。区划是从区域角度观察和研究地域综合体，探讨区域单元的形成发展、分异组合、划分合并和相互联系，是对过程和类型综合研究的概括与总结。大多数地理工作者都在其研究中自觉或不自觉地运用区划方法，如早期的科学考察一般都遵循分区中找典型的科考工作方式。在信息社会时代，综合自然区划单元则成为海量空间信息集成的对象与基础；同时，通过地理信息转换分析，可以建立不同自然地理区划系统间的关系，并可实现系统间的相互转换或建立新的区划系统。因此，在现代地理学研究中，应进一步深化区划及其以区划为基础的空间分析研究，并密切与各部门规划、主体功能区规划等工作结合起来。

2. 综合自然区划基本特点

1）区划中所划分的区域单位，由于其组成部门之间存在着空间联系而保持统一性和空间上的不可分割性。

2）区划对象可以是各种不同的对象和现象，但必须是能够形成有规律的地域结合的“地域现象”。

3）区划是一种独特的系统方法，可以根据区域的地理位置的共同性和它们之间的有规律的地域联系合并在一起。但是，与区域的共同性合并在一起的各个对象或现象之间的相互联系，是在历史发展过程中形成的。任何区域都是历史发展的产物。因此，区划是反映历史上形成的对象和现象的地域联系的区域系统方法。

4）区划可以是自上而下的划分，也可以是自下而上的合并。

5）任何区划对象都可以既按照区域的原则，又按照类型的原则来加以系统化。

3. 综合自然区划与部门自然区划的关系 综合自然区划和部门自然区划之间存在差别和联系，综合自然区划是从自然现象的综合特征进行区划，部门自然区划是从某一个要素特征进行划分。部门自然区划以自然地理环境的综合特征为背景，而综合自然区划以部门自然区划为依据。

同时，部门自然区划和综合自然区划之间也存在着密切的联系，并可以相互转换。陈述彭指出：就区划工作而言，综合区划与部门区划是密切联系的，各种自然要素的部门区划是综合区划的先行工作，综合自然区划又是各种生产技术部门区划的基础。在综合自然区划图上，不仅要表达区域综合体的分异等，同时还要表示其内部结构，论述不同类型综合体间相互依存性。面对区域经济与社会的高速快速发展，区划所服务的对象发生了变化，需要将自然与人文要素综合，陆地系统与海洋系统并重，最近我国地理学家又提出开展新时期的综合自然区划研究的设想和计划。

总之，综合自然区划是一种揭示等级较高的地域个体空间分异的研究方法，需要以地域分异规律为指导，同时区划结果又是地域分异规律的客观反映。不同等级的自然区划单位的空间差异反映出不同的自然结构，这种自然结构的宏观反映是区域发展战略研究的基础。

另外，按照区划目的不同，自然区划中又有特种目的的自然区划，即针对某一特殊目的而进行的地域划分，如农业自然区划、公路自然区划、建筑自然区划。

二、综合自然区划的主要内容和任务

综合自然区划研究的主要内容通常包括三个方面：① 综合自然区划一般方法论的研究；② 反映某一具

体区域的自然地理综合体分异的认识性区划方案的研究；③ 综合自然区划实践应用的研究。

针对以上研究内容，综合自然区划的任务主要有以下三方面。

1）了解自然界不同地区自然地理基本情况，揭示自然地理综合体地域分异规律，充实和发展关于地域分异规律的理论。综合自然区划的对象是客观存在的自然地理综合体，主要任务在于揭示历史上形成的各级自然地理综合体在地理空间分布的规律性。因此，综合自然区划的工作必须以地域分异规律的理论作为指导，根据这种理论确定综合自然区划的方法论和具体区划方案。

2）摸清各地区自然资源的数量、质量特征，正确评价各种自然条件对发展生产的有利和不利方面，从而为因地制宜发展生产提供科学依据。综合自然区划的根本目的是为生产实践服务，而且主要是为农业生产服务，综合自然区划只有如实地反映自然地理综合体地域分异规律才具有最大的科学性，达到为生产实践服务的目的。

3）分析在不同科学技术条件下人类利用与改造自然的可能性、现实性及实施后果，从而为协调人地关系、促进有利于人类发展的良性生态平衡提供基本依据。综合自然区划是全面认识自然界的一个重要方法和手段，是自然地理研究发展到一定阶段的产物。一个正确反映客观存在的综合自然区划，能全面地评价自然条件和自然资源，为合理利用自然资源和拟定改造自然的规划提供科学依据。因此，综合自然区划被看作是自然地理学的重要组成部分，又是为国家建设服务的一项基础研究工作。

在自然区划中，正确理解和恰当处理主观与客观、需要与可能的辩证关系很重要。自然区划的根本目的是为生产实践服务，而且主要是为农业生产服务，这是人们的主观愿望。自然区划是人为划分的，是人们对自然界认识的产物。但是，人们的主观愿望与对自然界的认识只有符合客观实际才能达到预期的目的。自然综合体的地域分异规律是客观存在的，是不以人们意志为转移的。因此，自然区划如实地反映自然综合体地域分异规律才能具有科学性。否则，自然区划将会带有很大的主观任意性，其区划单位就不一定是客观存在的自然综合体，结果事与愿违，反而达不到为生产实践服务的目的。

第二节　综合自然区划的理论与方法

地球上不同区域的自然条件千差万别，各个区域都有一定的自然地理特征，即地表存在着明显的地域差异性。同时地表的这种地域分异又是相对的，地域间的差异具有渐变的过渡性，因此可以根据自然地域综合特征的相似性和差异性、相似程度和差异程度逐渐进行区域划分，建立一定的区划单位等级系统，客观的反映出自然地理综合体从属关系的等级序列。

综上，综合自然区划是一种深刻揭示和具体反映地表自然地理综合体地域分异规律性的地域系统理论和方法。这种理论和方法，涉及综合自然区划的理论依据、区划原则、区划方法和建立区划单位等级系统的一系列问题。

一、区划的理论依据

综合自然区划的对象是客观存在的自然地理综合体，而综合自然区划的主要任务是揭示历史上形成的不同等级的自然地理综合体在地域间的相似性或差异性，而形成和控制这种区域相似性或差异性的基础则是地域分异规律，地带性与非地带性之间的矛盾是自然区域的基本矛盾（任美锷，1963）。因此，地域分异规律是一切综合自然区划的基本理论基础。综合自然区划必须以分析地表地域分异规律的理论为指导，根据这种理论确定综合自然区划的原则和方法，建立区划单位等级系统，逐级进行区域划分。

在我国的各种自然区划中，水平地带性规律基本上控制了区划最高级单位，如黄秉维提出的综合自然区划的温度带、侯学煜植被区划的植被区域等均是根据水平地带性规律划分的。既然区域的差异性和相似性是区域划分的依据，而地理学又是研究地区差异的科学，因此综合自然区划在地理学研究中具有特殊的地位，成为地理学家认识世界和获取地理知识的重要途径。除了上述的地理地带性规律外，综合自然区划的理论基础还应包括空间作用的区域分异规律、集合论、信息编码理论等。一般而言，区划的中、低等级区划单元深受区域性或局部的区划因子影响。在区域内部，区域各要素相互作用，并由此产生区域的差异性和均衡性。因此，不同规模尺度的地域分异规律成为各级区划单位的重要划分依据。

随着数字技术和定量化方法在区划中的应用，其他学科的理论也成为综合自然区划的理论基础。从定量化的角度看，综合自然地理区划就是地理空间区域划分的集合，区划系统、区划单元的相互关系等，均可基于集合论而推演，因此，集合论构成了综合自然地理区划的重要数学基础。从信息科学的角度看，信息编码理论为区划单元精确标识和单元融合提供了成套的方法。因而可以将综合地理区划的任一单元赋予唯一的标识码，通过编码的变换，可以实现对区划系统的分析。因此，信息编码理论也是现代综合自然地理区划的重要理论基础之一。当前，这些方面的理论研究极为缺乏，有待进一步深入。

二、区划的原则

关于地表自然界的地域分异规律的学说是自然区划的理论基础。区划的主要任务在于揭示客观存在的地理分异状况。为使区划符合客观实际，有必要进行区划的一般方法论研究，即区划理论、区划等级系统、区划原则和方法等方面的研究。在具体进行区划时，为保证使地域分异规律体现到区划工作中，必须以若干区划原则做指导。目前区划的原则有多种提法，如地带性与非地带性原则、发生学原则、综合性原则、生物气候原则、主导因素原则。陈传康认为发生统一性原则、相对一致性原则、区域共轭性原则、综合性原则、主导因素原则等是综合自然区划的基本原则。

（一）发生统一性原则

任何区域单位都是在地域分异因素（地带性和非地带性）共同作用下的历史发展产物，是一个自然历史体，都有自己的年龄、发生和发展历史，而历史发展道路的共同性则使其具有自己的发生统一性特征。因此，必须以历史的态度来对待区域单位的划分，探讨区域分异产生的原因与过程，以形成该区域单位整体特性的发展史为依据，遵循发生统一性原则。

在遵循发生统一性原则时，为了正确理解发生统一性原则，必须注意以下五点。

1）任何区域单位都具有自己的统一发生过程。区域的形成和发展无论是外部因素（如地域分异因素及相对于该区域单位以外的自然条件的矛盾造成的），还是内在因素（如各组成成分或部分之间的矛盾所引起的），都是在地域分异因素作用下的一个发生上统一的整体。

2）区域单位的发生统一性，不应当理解为其组成成分和部分的所有特点形成的同时性，而应以形成该区域单位整体特征的历史共同性为依据。

3）每个区域单位都有自己的“年龄”，但它不等于该区域的固体基础（地质地貌）的年龄。一般而言，区域的固体基础可能比较古老，而区域自然特征的形成则较晚。例如，某一早古生代板块缝合线形成的山地，其现代自然特征的形成绝不能同样追溯到早古生代。

4）低级区域单位是由等级较高的区域单位分化出来的。区域等级越低，年龄越小，发生统一性越强；等级越高，年龄越大，发生统一性越弱。例如，我国东部季风区，自青藏高原隆升到 3 000 m 以上，东亚季风建立，即开始形成现代自然特征；但东部季风区内的若干低级自然区如华北平原，其北京—石家庄—新乡一线以东露出海面不过 7 400 余年，长江三角洲、珠江三角洲成陆历史即自然地理特征形成史也远比扬子准地台和华南褶皱系的历史短。

5）任何区域单位都是在发生上统一的，但不同等级或同一等级的不同区域单位，其发生统一性的程度和特点应有区别。区域单位的发生统一性是相对的，这一相对性正是从发生上进行地域划分的依据。如果一个区域具有完全的或绝对的发生统一性，其自然特征也应处处相同，因此不可能进一步划分次级区域。由此看来，愈是低级的自然区，其发生统一性的相对性愈不明显，即更接近“完全的”统一性。

（二）相对一致性原则

相对一致性原则是对发生统一性原则的一大补充。在划分区域系统时，必须注意区域单位内部特征的一致性，划出最大一致性的自然区划。但最大一致性是相对的，不同等级的区域单位各有其一致性的标准，不是绝对的，如果把最大一致性看作是绝对的，综合自然区划就无法进行了。对不同等级系统来说各自的一致性是不同的。例如，高级单位自然带的一致性体现于热量基础的大致相同；次一级单位地区的一致性体现在热量基础大致相同下的湿润干旱情况也大致相同。区划单位一致性的相对性质，表明其本身存在着一个等级单位系统。相对一致性原则适用于对自然区域进行自上而下的顺序划分和自下而上的逐级合并。

（三）区域共轭性原则

区域共轭性原则又称空间连续性原则，起源于区域单位的空间连续性和不可重复性。每个具体的区划单位都要求是一个连续的地域单位，不能存在着独立于区域之外而又从属于该区的单位，这一属性即为区域共轭性。即任何一个区域系统永远是个体的，不能存在彼此分离部分，如山间盆地与其相邻山地在自然特征上存在着很大的差别，根据区域共轭性原则，两者应共同从属于某个更高级的区域单位。同理，若自然界中存在两个自然特征类似但彼此隔离的区域，也不能把它们划到一个区域单位中。例如，四川盆地之所以成为一个盆地，是因为其被周围山地所包围；反之，没有周围山地的包围，也就无法显示四川盆地的盆地特征。又如，柴达木盆地的归属问题曾引起有关学者的长期争论，李世英、杨纫章强调把柴达木盆地划归蒙新高原或西北区，原因是柴达木盆地在自然条件等各方面都具有温带荒漠的色彩，但这只能证明柴达木在类型方面与蒙新荒漠、半荒漠类似，却不能证明柴达木应属于蒙新高原。柴达木呈东西向展布于青藏高原北缘，处于高原向西北干旱区域的过渡区，北部的阿尔金山属青藏高原外缘山地，柴达木盆地是被青藏高原众山脉所包围的盆地。根据区域共轭性原则，应划在青藏高原内部，另外从发生一致性原则出发，也不应该从青藏高原中划出去。

（四）综合分析与主导因素相结合的原则

这是自然区划中应用最成功的原则。它能反映出自然地理区域发展分化的规律性，所以应用最广泛。任何区域单位都是区域内多种自然地理要素组成的自然综合体，这些要素不是独立存在的，而是相互制约、相互联系的。如果一种要素发生变化，必然导致与它相联系的其他要素发生变化，以致影响到自然综合体的特征或性质的变化。

在对某一地域进行综合自然区划时，只有对该地域自然地理要素相互作用的方式和过程进行历史的、全面的分析，深刻认识其地域分异的具体的、内在的规律性，才能真正掌握其自然地理综合特征的相似性和差异性，以及相似或差异的程度。在综合分析的基础上，可以发现各要素所起的作用是不同的，尽管地域分异因素非常复杂，但仍可以找到一个或几个起主导作用的因素，它的变化不仅使区域内部特征产生量的变化，甚至可以引起质的变化。因此，在综合分析各要素基础上强调主导因素的作用即综合分析与主导因素相结合的原则，对正确评价与处理各组成要素在区域中的地位与作用是非常重要的。综合分析与主导因素相结合的原则是综合自然区划工作中特有的关键性的原则。例如，我国综合自然区划中三大自然区的划分即体现了这一原则，即在综合分析我国境内各自然地理要素的相关性基础上，把海陆分布形式与大地构造单元的差别，集中表现到水热对比差异作为主导因素，东部季风区湿润，西北干旱区干旱，青藏高寒区高寒。

（五）小结

所有上述各项区划原则，彼此都不是相互排斥，而是相互补充的，可以把它们归结为：

1. 一条总原则　就是“从源、从众、从主”的原则。所谓“从源”指必须考虑成因、发生、发展和共轭关系，“从众”指必须考虑综合性和完整性，“从主”指应考虑其典型性、代表性。这些方面都是力图客观地揭示自然界的地域分异事实。

2. 两类　一类是由区划本身的特点所决定的，目的在于解决分区问题。自然区划是揭示地表自然界区域分异规律性的地域系统化方法，这一特点决定了区划单位的划分与合并，应根据发生共同性、类似性和区域共轭性来进行，因此发生统一性原则、相对一致性原则和区域共轭性原则是实施任何自然区划都必须遵循的基本原则。另一类是由地域分异和区域单位的整体性所决定的，目的在于确定区域界线。在具体进行区域划分时，必须全面考虑地域分异因素的作用及其在各个区域单位中的具体表现。这样才能保证区划方案符合客观存在的地域分异结构，从而避免主观任意性。因此，在自然区划工作中必须贯彻综合性原则和主导因素原则，这是保证区划方案客观地反映地表区域分异规律的具体准则。

此外，郑度提出将区划原则分为一般性原则和应用性原则。一方面，区划的基础是区划单元间的相似性与差异性，通过对区划对象的特征及控制其运动变化规律的认识，可以发现控制区划单元相似性和差异性的基本原理，依据这些原理所确定的区划原则称为区划的一般性原则。例如，综合自然区划中所依据的地带性规律属于一般性区划原则。另一方面，通过对区划目的和实施尺度的分析，可以在一般性原则基础上，进一步确定适合本区划的专用原则，称为区划的应用性原则。例如，在开展国家生态区划时，傅伯杰提出的区域等级性原则、贾良清等提出的可持续发展原则，都属于应用性原则。但目前此方面的研究尚不深入，需要进一步的研究和探讨。

三、区划指标

指标体系是划分区域单元及确定区域界线的依据，是区划研究的核心与难点，其随区划对象、区划尺度、区划目的和区划制订者思路的不同而不同。指标体系的确定和各个指标的选取应尽可能体现区划目的，并反映其区域分异规律。综合自然区划研究要求建立多级综合指标体系。黄秉维的《中国综合自然区划》采取了多级指标体系：第一级综合考虑温度、水分、土壤、植被及土地利用，按水分条件分为四类，温度条件分为八类，共划分出 18 个地区和亚地区；第二级以农业、林业、牧业生产与发展为依据，划分了 28 个自然地带和亚地带；第三级自然省的划分，主要是根据大气候差异与大地形差异把全国划分为 90 个自然省。

指标的遴选将直接影响到最终的区划结果，是自然地理区划工作最为关键的一个环节。郑度、吴绍洪按温度、水分及地形因素对区划指标进行了探讨，总结出普遍规律与存在的问题。然而建立指标体系是一项非常困难的任务，这是因为在一个指标体系里，不同的区划等级对应不同的指标，但通常会存在同级异指标、异级同指标的现象，即使是同一个指标，其阈值的选取也会随具体情况发生变化。例如，黄秉维对我国三大自然区的划分中，东部季风区采取温度指标，西北干旱区采取水分指标，而青藏高区则重点考虑垂直地带分异指标，存在同级异指标现象；任美锷主编的《中国自然地理纲要》中第一级自然区的划分在东部以温度为主要划分指标，划分出东北区、华北区、华中区和华南区等四个自然区，第二级仍然主要根据温度的不同，划分出不同的自然亚区，只是在量的对比上比自然区之间差值要小，因而存在异级同指标的现象。

众多区划指标的一致性和定量化也是一个困难的问题。区划指标往往是由一组要素组成的，这些地理要素的重要程度不同，并且要素之间具有一定的相关性，如温度和水分在很大程度上决定了植被的生长与分布。如何在统一的定量化水平上，确定指标及其量值至关重要。此外，综合自然区划的研究还要求实现人文要素指标与自然要素指标综合，而这些要素指标值的类型和单位极不相同，既有数值型指标，也有描述型指标，并且数据的空间尺度、格式、精度等也不同，如何将其统一整合，实现指标数量化、标准化，实现综合指标的定性分类与定量计算是目前研究面临的主要问题。今后有待于进一步提炼总结现有的研究成果，建立指标模型库，针对不同的研究区域、区划目的与区划等级，归纳总结出适合的指标要素及指标阈值，作为处理具体问题的参照标准。发展多指标并行计算与处理方法，实现多要素间的真正融合(郑度，2008)。

四、区划方法

贯彻区划的原则，必须运用相应的区划方法，才能达到目的。因此，区划的原则与方法是紧密联系的，每一个区划原则都必须通过相应的方法加以贯彻。这种联系如表 5－1 所示。

表 5－1 区划原则与相应的区划方法

区 划 原 则	区 划 方 法
发生统一性原则	古地理法(历史检验法)
相对一致性原则	顺序划分和合并法(类比区划法)
区域共轭原则	类型制图法
综合性原则	部门区划叠置法(图幅叠合法)和地理相关分析法(网格分析法)
主导因素原则	主导标志法

综合自然区划的这些原则和方法都是相互补充的，应用其中的一个原则和方法，并不排斥其他原则和方法。

（一）古地理法（历史检验法）

古地理法是在通过实地古地理和历史自然地理遗迹考察的同时，借鉴有关古籍文献及地质历史研究资料，深入探讨区域分异产生的原因与过程，根据自然区域逐级分异产生的历史过程的相对一致性，划分出不同性质和不同等级的区域单位。古地理研究方法是阐明区域分化历史过程的最有效的方法。古地理的研究内容涉及方面较广，研究的方法也多种多样，但在综合自然区划工作中只是引用其中的有关方法，并结合历史自然地理的研究来检验区划单位的发生统一性，因此这种方法也称为历史检验法。由于综合自然区划的对象——自然地理综合体是自然历史的产物，只能从历史发展的角度进行分析检验，才能全面掌握自然区划单位现代的自然地理综合特征，并预测其将来的变化趋势。

一般来说，在进行综合自然区划时，可通过实地古地理和历史自然地理遗迹的考察和孢子花粉分析，并借鉴有关古籍文献及地质历史研究资料，对于要进行区划的地域和各级自然地理综合体的形成和演变过程、地域分异的历史背景、自然特征成因的共同性和差异性及其差异的程度等方面加以分析研究，然后逐级划分综合自然区域单位。不同等级的区划单位，应体现出具有的不同历史背景，包括不同等级自然地理综合体形成的历史原因和发生地域分异的重要转折阶段；同一等级的各个自然区划单位，要体现出各自的综合自然特征在发生条件方面的差异；每个自然区划单位，要体现出它的发生统一性或同一性。因此，综合自然区划运用历史检验法是贯彻发生学原则的主要方法。

为划分自然区而进行的古地理研究无需追溯区域的全部自然历史，而只需查明对区域现代自然特征的形成起着关键作用的事件。以青藏高原为例，这个高原的不同部分分别经历了从加里东、华力西、印支、燕山直到喜马拉雅期的构造运动，每一地质历史时期都有其自然特征，但其高寒气候及与之相应的自然景观乃是喜马拉雅运动以来高原呈阶段性整体隆升的产物。这个阶段性整体隆升就是青藏高原现代自然特征形成及发生内部地域分异的关键事件。整体隆升奠定了高原作为一个巨大的自然区域的基础，隆升之后高原内部的地域分异则成为划分次级自然区的依据。

目前应用这种方法仍缺乏成熟的经验，特别是在古地理资料普遍缺乏的情况下困难更大。因此一般把古地理法作为综合自然区划中的一种必要的辅助方法。

（二）顺序划分和合并法（类比区划法）

包括顺序划分法和合并法两种，顺序划分法是“自上而下”的区划法，合并法是“自下而上”的区划方法。

“自上而下”的区划方法，主要根据大、中尺度地域分异，遵循区域相对一致性原则，从高级（大范围）到低级（小范围）依次逐级划分综合自然区域。具体方法如图 5-1 所示。

“自下而上”的区划方法，是从最低等级的区域单位开始，遵循区域共轭性原则和相对一致性原则，将它们依次合并为高级区域单位。在实际工作中，这种方法与类型制图法结合，正作为最科学的区划方法而被广泛采用，但只适合区域范围不十分宽广而且土地类型研究较深入的地区。具体方法如图 5-2 所示。

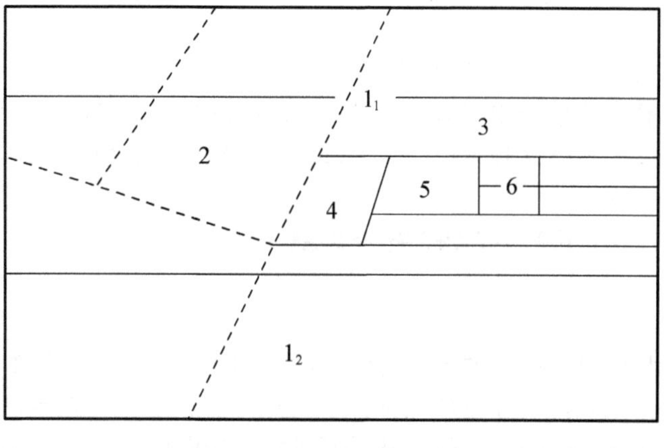

① 根据大尺度的地带性和非地带性分异划分热量带和自然大区（1_1 为热量带界线，1_2 为自然大区界线）；② 热量带和自然大区相互叠置，得出地区这一级单位（如图中 2），地区可视为自然带的高级省性分异单位；③ 根据地区内的带段性差异划分地带、亚地带（非纬度地带性单位内部的纬度地带性，如图中 3）；④ 根据地带、亚地带内的省性差异划分自然省（地带性条件下的非纬度地带性，如图中 4）；⑤ 自然省划分自然州（如图中 5）；⑥ 自然州划分为自然地理区（如图中 6）。

图 5-1 自上而下逐级划分法图式

资料来源：陈传康（1993），略做修改

（三）类型制图法

类型制图法是根据土地类型单位的对比关系

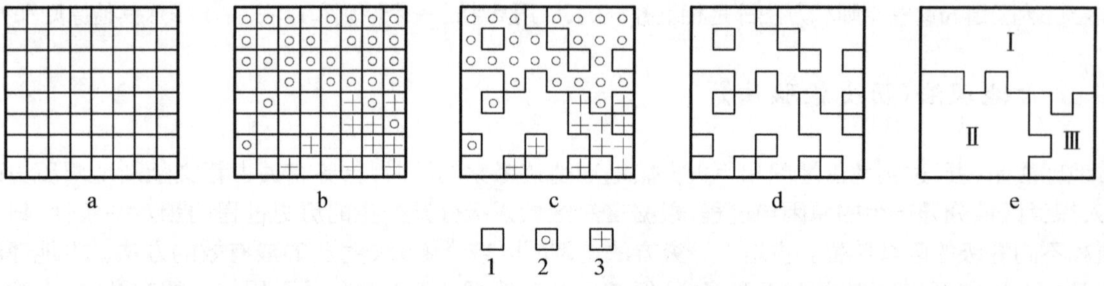

a. 划分出若干具体土地单位；b. 对土地单位进行分类，区分出三种土地类型(如图中1、2、3)；c. 去掉土地单位的具体界线，即为表示土地类型差别的景观图；d. 根据土地类型质和量的对比关系，即组合分布图式的地域差异，划分自然地理区，同一种分布图式所占有的范围相当于一个自然地理区；e. 去掉土地类型界线，即为自然地理区(如图e中Ⅰ、Ⅱ、Ⅲ)

图5-2 自下而上逐级合并法图式

进行区划的方法，在部门自然区划中普遍应用。地貌区划、土壤区划、植被区划等都是以其类型图为依据的。例如，地貌区域是各种不同地貌类型的结合，土壤区域是一定的土类或土种的有规律结合。土地类型图出现后，就成为综合自然区划的依据，应根据土地类型组合分布图式的差别来进行区划。

（四）部门区划叠置法

这种方法是采用重叠各部门区划(气候区划、地貌区划、土壤区划、植被区划等)图的方式来划分区域单位。把各部门区划图重叠之后，以相重合的网络界线或它们之间的平均位置作为区域界线。当然，这并非机械地搬用这些重叠网格，而是要在充分分析比较各部门区划轮廓的基础上来确定界线。

部门区划叠置法的工作程序如下：① 把相同比例尺的各部门(单项)自然区划图分别绘在薄膜或透明纸上；② 相互叠合并参照有关自然地理要素分布图，依次对比分析气候区划与地貌区划单位的相互关系、气候区划单位与土壤区划单位之间的相互关系、土壤区划单位与地貌区划单位之间的相互关系等；③ 根据单项自然区划单位之间的相互关系的分析，结合各区划单位界线的分布形势、重合情况和接近程度，逐级确定综合自然区划单位。

由此可见，部门区划叠合法实际上是一种在部门自然区划成果上进行地理相关分析的方法，因此，这种方法只适用于部门自然区划已经完成的地域。

当然，部门自然区划叠置法也有一定的局限性。在一般情况下，各部门自然区划的详略程度往往会有很大的差别，原始资料来源和精度也可能不一样，区划单位的等级不一定相互对应，如果机械地运用部门区划叠合法便会出现较大的误差。因此，在运用这种方法时，首先需要鉴定原始资料的可靠性和精确度，并对各部门自然区划单位的界线进行地理相关分析和适当的修正，然后再按上述程序逐级区划。

（五）地理相关分析法

地理相关分析法主要是运用各种专用地图、文献以及统计资料，对各自然地理成分之间的相互关系做分析后进行区划的方法，又称网格分析法，是贯彻综合性与主导性分析、发生学原则和区域共轭性原则的重要方法。其工作程序如下：① 把综合自然区划所需要的有关文献资料、统计数据和专门地图的有关内容加以选摘，分别标注在适当比例尺的工作地图上；② 进行地理相关分析，并按其相关关系的密切程度编制出带有综合性的自然要素组合图；③ 在此基础上逐级进行区域划分。

一般说来，这种方法所需工作量较大，适用于工作基础薄弱(缺乏部门自然区划和地域类型、土地类型研究)的地域。如果与叠置法相配合使用，会得到较好的效果。在综合自然区划的几种方法中，地理相关分析法是一种最基本的方法。

（六）主导标志法

主导标志法是贯彻主导因素原则经常运用的方法，通过综合分析选取某种反映地域分异主要因素的自然标志或指标，作为划定区界的依据。需要强调的是，在区划时，要选取反映地域分异因素的某一指标作为确定区域界线的主要依据，特别强调在进行某一级区划时必须按同一指标来划分，而且每一级的区划单位都是按统一的标志划分的。应该指出，每一个区域单位都存在自己的分异主导因素，但反映这一主导因素的不仅仅是某一主导标志，而往往是一组相互联系的标志和指标，人们可以从中挑选出具有决定意义的某一主导标志。当运用主导标志和指标(如某一气候指标等值线)确定区界时，若不参考其他自然地理要素和指标(如其他气候指标、地貌、水文、土壤、植被等)对区界进行订正，那么所划出的区界可能存在较大的任意性，并且不能保证所划区域单位的内部相对一致性。可见，主导标志法并非只注意某一主导标志而忽视其他标志，标志的指标也并非千篇一律，否则将违背综合性原则，使综合自然区划下降为部门自然区划。实际中，每一个区域单位都有分异主导因素，但反映这一主导因素的往往不是某一主导标志，而是几个相互联系的标志和指标。因此，这种方法实质上是综合性原则与主导因素原则相结合的产物，是以往自然区划中应用最广泛的方法之一。

中国自然区划就是依据主导标志划分的：① 构造运动将全国分为三大自然区，东部是新构造运动上升幅度不大的季风区，西北是新构造运动显著上升的蒙新高原区，西南部是有大幅度上升的青藏高原区，三个区由于构造运动的性质不同，各自然地理过程就有明显差异；② 带，根据大气的温度来划分，≥10℃的积温将全国划分为6个带；③ 地区，根据大地构造单元和距海远近来划分，不同地区由于大地构造单元不同，距海远近不同，湿润不同，全国分为湿润、半湿润、干旱、半干旱地区；④ 地带，划分以植被和土壤作为指标，根据植被和土壤地带性分异规律将全国划分为8个地带；⑤ 省，根据地带内部的地貌差异而划分。

（七）小结

以上介绍的是综合自然区划的几种常用方法。这些方法各有侧重，互为补充。此外，综合自然区划的方法与原则紧密联系，原则的正确贯彻有赖于运用相应的区划方法。在具体工作中，应该根据客观情况以某种方法为主，辅之以其他方法，灵活运用，才能取得好的效果。

任何区划都是人为划分的，因为自然地理环境错综复杂，必须划分区域。如行政区划是行政管理的手段，单位有省、市、县；自然区划是按自然地理环境的相似性和差异性划分为不同的区域，目的是为了了解各区自然界的基本情况，掌握自然条件、自然资源对生产和建设的利弊以及为制定利用和改造自然计划和规划提供依据。但人为的划分并不是随心所欲的、任意的划分，而应正确的反映客观存在的自然地理规律。

关于区划的原则，发生统一性原则、相对一致性原则和区域共轭性原则是最基本的原则，综合性与主导因素相结合的原则是最实用的，是进行任何区划都必须考虑的。采用相应的区划方法(如顺序划分法)，从发生学角度出发，根据内部相似性和划分区域的整体性，把相似的区域划分为一个区域单位。在运用上述原则方法的同时，在根据综合性原则和主导因素原则及相应方法——地理相关分析法的基础上，运用主导标志法，在发生变化的地方确定区界。因此，综合性原则是使综合自然地理区划真正综合的重要保证。在综合分析基础上运用主导因素原则，能较容易的划分出区域单位来。因此，前三种原则是基本的，后两种是最成功、最实用的。

顺序划分和合并法是基本的方法，是任何一个自然区划方案所必须采用的方法，自上而下的划分是较高级区划单位的划分，如省级以上；自下而上是较低级区划单位的划分，如县级。有部门区划资料的用部门区划叠置法，有古地理资料的用古地理法。但在具体方法中地理相关分析法和主导标志法是最实用、效果最好的方法。

关于综合自然区划，国内外学者都做过大量的研究工作，摸索总结出不少方法，但多数方法仍停留在定性分析的基础上，对于同一地区相同的资料，不同作者的区划结果往往不同。为了克服这一缺陷，有的研究者引入数学分析的手段，从而把综合自然区划方法论的研究引向定量化的方向。近年来，空间统计、人工智能推理等新的技术方法用于区划研究之中，区划的技术手段也由简单的个人行为、专家会商、指标体系研究发展到虚拟现实与科学计算、遥感和地理信息系统等广泛应用。在大量采用综合定量化方法的同时，也出现了单纯模式定量化的倾向，所得分区界线往往与实际情况有较大的差异，经过数学综合计算所给出的区划指标的地理意义有时又难以诠释。因此，需要一种新的结合来促进区划方法的新突破。孙世洲在分析研究中国植被区划时认为，应利用植被数量生态学方法确定各类区划指标，更加科学而严密的进行分区和定界，并建立中国植被区划数学模型，从而使中国植被区划研究进入新的阶段。丁裕国等在开展气候分型区划时，将统计聚类检验与旋转主分量变换方法相结合，实现了准确的聚类区划，推进了气候区划的定量化水平。

第三节 综合自然区划单位的等级系统

综合自然区划是反映自然地理环境地域分异规律的地域系统研究方法。通过这种系统研究方法,依据自然条件的差异性划分自然区域或依据自然条件的相似性使若干个小区合并为一个范围较大的自然区,必然形成一个区域等级系统。区划方案正确与否取决于其能否客观反映自然界的地域分异规律,综合自然区划单位的等级系统则是这种规律的具体反映。因此,等级单位系统的研究是综合自然区划理论研究的重要内容和不可或缺的工作步骤。综合自然区划的等级系统即区划单位的排列方式。任何综合自然区划总是要拟定一定的等级系统,这是区划工作不可缺少的环节。

地域分异的结果使地表自然界分化为一系列不同等级的区域。任何一级区域都是同时在地带性和非地带性因素的影响下形成的。然而,一部分区域单位的分化主要取决于地带性因素,另一部分则主要取决于非地带性因素。因此,地表自然界存在着两类区域单位,区划也有两种等级单位系统,即地带性等级单位系统和非地带性等级单位系统,区划专家称之为“双列系统”。由于地带性因素和非地带性因素同时作用于地表自然界,而上述两类区域单位各自反映其中一种地域分异因素,因此它们是不完全的综合性单位,其等级系统也是不完全综合性的区划等级系统。地表自然界还存在着同时反映这两种分异因素的完全综合性单位,其等级系统就是一般所说的单列系统。单、双列系统既有联系又有区别,对区划工作都有重要意义。

一、双列等级系统

区划的等级系统应当反映客观存在的两个起因不同且互不从属的地带性规律和非地带性规律,双列等级系统就是把各级地带性单位和非地带性单位并列的等级系统。两种地域分异规律决定了地表自然界存在两类区域单位和两类发生上的联系。只有设立两个等级系统,才能全面、真实地反映客观存在的地域分异规律。双列系统中的地带性单位是以表现地带性规律为主的单位,非地带性单位则是以表现非地带性规律为主的单位。它们既反映地带性规律,又反映非地带性规律,但所突出反映的规律不同。

主张双列系统的学者认为:① 综合自然区划单位的等级系统应当反映客观存在的两类起因不同、互不从属的地域分异规律,即地带性分异规律和非地带性分异规律,因此,综合自然区划单位也就有两种并列的等级系统。② 这两个互不从属、互不依存的等级系列,只有在景观(最后的和不可再分的区域单位)中才能完全结合起来。由于综合自然区划不是经常都划分到景观,因此,需要采用一种特殊的联系单位将两个等级系统联系起来。这种联系单位是在地带性单位与非地带性单位两个系列单位叠置后获得的,而且只有等级相称的单位叠置才是合理的(图 5-3)。③ 地带性区划单位和非地带性区划单位是基本的,联系单位是次要的。

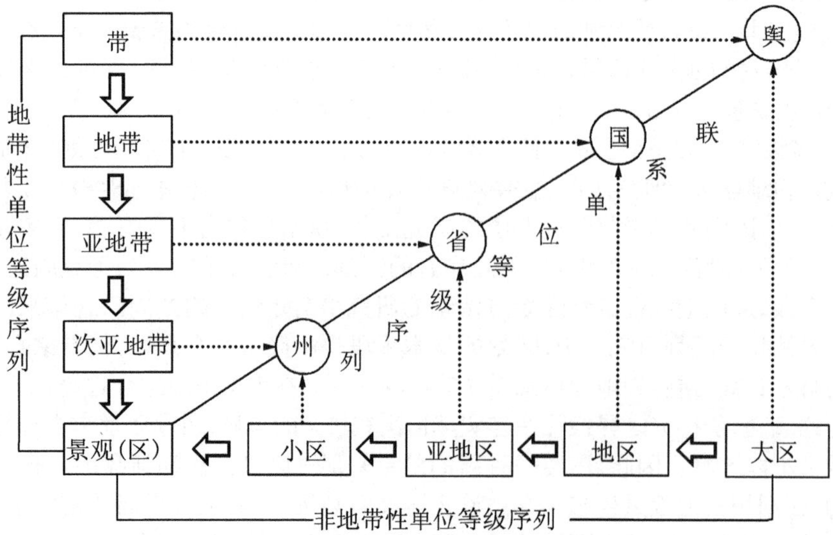

图 5-3 双列等级系统构成示意图

双列系统对于科学认识地表自然界具有一定意义，但在实践中，对于非专门研究自然历史的科技人员和其他人员来说，双列系统显得重复、繁琐。然而，主张双列系统的学者认为：只有运用双列系统才能更充分地反映地域分异规律，区划界线的争论较少。它既可按山地、平原等非地带性单位划分，又可依地带性特征来划分出地带，对自然综合体的认识、利用和改造仍是很方便的。在应用时，为了方便还可任取一个系列。对于区划单位的综合研究，则可按地带性单位做单列系统予以阐述，而将非地带性单位放在总论中加以综合论述。因此，有人主张在中高层次的区划工作中采用双列系统，而在较小范围内进行区划则以单列系统为宜。

（一）地带性区划单位等级序列

所谓地带性区划单位，是根据地域分异规律的纬度地带性的属性及其特征划分的各级地域单位。区域的地带性属性不仅表现在气候、土壤和植被上，在其他组成成分乃至整个区域综合特征上都有一定程度的表现。通常地带性单位具有以下特点：

1）在地带性因素与非地带性因素的对立统一过程中，地带性因素起主导作用。

2）地带性区划单位是综合单位，但由于其内部在地质基础和地貌方面往往存在很大差别，即缺乏这些方面的发生统一性和相对一致性，因此这些单位的综合性是不完全的。

3）地带性单位在空间分布上，具有大致沿纬线方向伸展，呈带状分布的趋势。但由于非地带性分异因素的影响，地带性区划单位的实际分布状况往往在一定程度上偏离了纬线方向，其界线因受海陆分布、大地构造和地势起伏的影响而很不规则。

4）纬度辐射因素是决定地带性单位的分化和界线的主要原因，因此，这些单位的空间变化具有非可逆性和南北半球对称分布的特点。它们彼此是逐渐更替的，没有鲜明的界线。这种过渡的模糊性，对确定其等级系统带来了一定的困难。

目前，一般采用的地带性单位等级系统是：自然带—自然地带—自然亚地带—自然次亚地带。

1. 自然带　地理学界对于自然带的定义及其划分依据尚存争议，我国多数地理学者赞成自然带是最高级的地带性区划单位，认为自然带应按热量的地域差异及其对整个自然界的影响来划分。因为热量是植物生长的必要条件，太阳辐射是地表许多自然过程的基本能源，是考察地理地带性周期法则的起始点。将地表按热量条件加以区分，对农业，对了解自然界中物理、化学、生物等方面的现象和过程无疑是必要的。将热量条件相近的区划单位合并为一组，可以帮助我们认识其他条件对自然界、对土地生产力的作用，以及改变它们所将产生的后果。

自然带之间的差异，不仅是热量分配上的差别，还表现在大气环流、植被、土壤和动物界等方面的明显差别。因而，自然带不等同于温度带，它是一个具体的综合性的自然带或景观带，即地带性区划单位的最高级单位。从这种观点出发，自然带的划分应该在地理相关分析基础上找出主导标志。通常选取的主导标志是综合性气候特征及其指标，如地面热量平衡、最热月与最冷月平均气温、活动积温等，这是因为自然带的结构和动态与气候过程中占主导地位的各种矛盾及其性质密切相关。自然带没有明显的界线，而为过渡带所衔接，因此在决定自然带范围时，还应参照其他自然标志。土壤与植被是重要的参考标志，与自然带的气候特征相对应。

关于自然带的具体划分，地学界最早是将地表粗分为五带，即热带、南温带、北温带、南寒带和北寒带。后来在五带的基础上，又细分出一些具有独立性的过渡带。目前公认的自然带的划分图式是：寒带、亚寒带、寒温带、温带、暖温带、亚热带、热带、赤道带。在具体的划分系列中，自然带的划分还存在着差别（表 5-2）。

表 5-2　不同作者所划分的自然带的图式比较

前苏联土壤生物气候区划	Π. O. 马克耶夫	中国综合自然区划	前苏联地理简明百科辞典
寒(极)带	寒　带		极　带
			亚极带

续 表

<table>
<tr><th>前苏联土壤生物气候区划</th><th>П. О. 马克耶夫</th><th>中国综合自然区划</th><th>前苏联地理简明百科辞典</th></tr>
<tr><td>寒温(北方)带</td><td>寒温带</td><td>寒温带</td><td rowspan="3">温 带</td></tr>
<tr><td>温(亚北方)带</td><td>暖温带</td><td>温 带</td></tr>
<tr><td>暖温亚热带</td><td>半亚热带</td><td>暖温带</td></tr>
<tr><td>亚热带</td><td>亚热带</td><td>亚热带</td><td>亚热带</td></tr>
<tr><td>热 带</td><td>热 带</td><td>热 带</td><td>热 带</td></tr>
<tr><td rowspan="2"></td><td rowspan="2">赤道带</td><td rowspan="2">赤道带</td><td>亚赤道带</td></tr>
<tr><td>赤道带</td></tr>
</table>

由于地带性区划单位具有逐渐过渡的性质,因此适当划分一些过渡带作为基本带是可以的,但必须注意带的等价性,某些区划所划分的带实质上只是亚带,甚至是比亚带更低一级的单位,这些过渡带的范围过窄,不能与基本带等价。为了反映地带性区划单位的过渡性质,与其把它们提升到带一级,不如把它们视为更低一级的区划单位(亚带、地带)。例如,亚热带和暖温带是我国境内各带中生物气候最复杂的两个带,其所占面积也最大,可把它们细分为五个亚带,即南亚热带、中亚热带、北亚热带和南暖温带、北暖温带。

划分自然带,并作为最高一级地带性区划单位具有一定的理论与实践意义。① 便于分析比较世界各洲地带性分异的事实,以使各国综合自然区划系统衔接;② 便于协调综合自然区划与气候、土壤、植被等部门自然区划的高级单位的相互关系;③ 便于推广农业生产经验,协调农业耕作制度,因地制宜。

2. 自然地带 自然地带是在自然带内划分的次一级地带性区划单位,是最基本的地带性区划单位,也是研究的最多的单位。地带性规律是通过地表集中表现出来的。地带的实在性和把它确定为区划单位的必要性是毋庸置疑的。

每个自然地带都具有一定的反映纬度地带性分异的显域性土类和植被群系纲,相应地构成一定的优势景观型,这是自然地带最明显的标志和最突出的特点。在同一自然地带内,由于构造地貌形态和地势高低不同,常形成一定的从属于该水平地带的景观型和垂直带谱,这也是自然地理的重要特征。因此,对于自然地带的划分,应该采用地理相关分析基础上的主导标志法。

一般说来,构成一定景观型的显域性土类和植被是划分自然地带明显的标志,可把显域性土类和植被的分布界线作为自然地带的分界线。在缺少大、中比例尺景观类型图的情况下,还需选用某些气候指标(主要是水热指标)作为划界依据。应该注意的是,气候指标与地带的关系只是相关,而不是严格的函数关系,因此对当前常用的某些气候指标要做具体分析。例如,确定我国南方的地带界线时,温度指标意义显著,这里地带界线呈东西延伸,而华北和东北由于深受季风和冬季高压影响,水热指标的意义更大,地带界线呈东北—西南向延伸。此外,在使用气候指标确定自然地带的具体界线时,还需参照其他标志进行修订。

划分自然地带界线的最好办法,是根据土地类型合并成自然区,然后再通过各相邻的自然区根据地带性原则合并成自然地带。这时,自然地带的界线由各自然区的界线组成,这就是自下而上的区划方法。

在典型的自然地带之间,常存在着过渡带,一般有两种情况:① 各自然地理成分和地理综合体本身彼此镶嵌结合而互相过渡,如我国半荒漠地带和森林草原地带的情况;② 两个基本地带的成分特别是植被成分混杂于一过渡带内,各森林地带间的过渡情况便是如此。

针对两种过渡地带的处理方法,通常也有两种:① 把过渡带平分为两半,但界线如何确定则需要深入研究;② 把过渡带划作独立的地带或低一级的亚地带,此时,地带范围大小的定量指标具有一定的参考意义,范围大的可视为地带,范围小的则是亚地带。例如,大多数地理学者把半荒漠和森林草原视为地带,而把森林苔原视为亚地带。

地带内存在着南北差异,可以进一步细分。理论上有两种划分方法,基本地带通常划分为南、中、北三个亚地带,如泰加林地带包含三个亚地带;过渡地带通常只划分为南、北两个亚地带。

3. 自然亚地带和次亚地带 地表自然界的地带性分异决定地带内还可逐级划分出低级地带性区划

单位。自然亚地带是自然地带内再划分的地带性单位。在宽广的自然地带内部,某些组成成分的量变(还不足以引起整个自然地带质变)引起地带内自然综合体的地带性分异,从而产生了亚地带。亚地带并非见于所有的地带,许多范围较窄的自然地带划分不出这级单位。目前只在地域分异层次较明显和研究较深入的地带内进行这种划分。

一般来说,地带更替是由自然带内整体特征的重大质变造成的。亚地带更替则只需少数组成成分出现地带性质变,而其他组成成分发生量变即可实现。次亚地带则是各组成成分和整个亚地带自然特征的局部的、更次一级的地带性变化。次亚地带被认为是最低级的地带性单位,它不是普遍存在的自然区域,在某些亚地带内自然地理综合特征或自然地理要素发生局部的和更次一级的地带性分化才构成次亚地带。进行综合自然区划时,次亚地带划分的可能性只有深入研究后才能判断。一方面由于其地带性特征十分微弱,另一方面由于受非地带性因素的干扰强烈,使其地带性特征更为削弱。

从理论上讲,地带内地带性单位的进一步划分是可能的。但由于地带性分异的渐进性,以及当前地带性单位的划分多以一些气候指标和土壤、植被类型的差别为依据,而这些成分的研究目前尚欠深入,气候和水文特征的界线又不够鲜明,给地带性单位的进一步划分带来困难。亚地带、次亚地带等低级地带性单位的定义、划分标志等理论问题,仍缺乏深入研究。

目前关于自然亚地带和次亚地带的研究还不充分,具体的划分方案也少见。表5-3是某些地带进一步划分的可能图式。它表明,某些地带的进一步划分,主要是以局部土壤标志或植被标志为依据,某些地带是以植被型划分为亚型和群系纲作为地带内进一步划分的主要根据,而另一些地带则是以土类差异为主要依据划分亚地带,并以土壤亚类差异为主要根据划分次亚地带。

表5-3 某些地带进一步划分的可能图式

地带	亚地带	次亚地带
苔原地带(前苏联)	北极苔原亚地带	
	典型苔原亚地带	藓类地衣苔原次亚地带
		灌木苔原次亚地带
	森林苔原亚地带	北方森林苔原次亚地带
		南方森林苔原次亚地带
森林草原地带(前苏联)	北方森林草原亚地带	灰色森林土阔叶林次亚地带
		灰化黑土阔叶林次亚地带
	南方森林草原亚地带	淋溶黑土草甸草原次亚地带
		典型黑土草甸草原次亚地带
暖温带落叶阔叶林地带(中国)	棕色森林土落叶阔叶林亚地带	
	褐色土半旱生落叶阔叶林亚地带	淋溶褐土落叶阔叶林次亚地带
		褐土森林草原落叶阔叶林次亚地带

(二)非地带性区划单位等级序列

所谓非地带性区划单位,泛指按地域分异规律性的非纬度地带性的属性及其特征划分的各级地域单位。海陆分异是全球尺度的非地带性分异。在自然地域系统中的非地带性单位的形成过程中,起主导作用的是非地带性因素。它通常不呈带状延伸,常"切断"自然带或自然地带并呈"块状"分布。非地带性单位的完整性主要取决于地势构造和地质发展史的统一性。但在地带性方面,一般不具有发生上的统一性。非地带性单位内部,可以允许有不同的地带性单位存在。因此,它也是不完全的综合单位。非地带性单位常具有明显的界线，在地理空间上表现为地理综合体之间的过渡带缩小到最狭窄的程度。通常在高低纬交替不明显，中纬度具有从沿海向内陆更替的明显趋势。

地表非地带性分异的根本原因有两方面：① 由于地表的海陆分布和海陆对比关系的不同，致使各地气候的干湿程度发生巨大差异，从而引起一系列自然地理现象与过程发生非纬度地带性的变化；② 由于大地构造单元不同，相应地呈现出地表起伏、地貌形态和地貌类型组合等方面的显著差异，致使气候、水文、土壤、植被等自然要素及其综合特征随之发生变化。这两个方面的原因相结合，显示出地表的非纬度地带性分异具有多种复杂因素，且层次不同、格局有别，其结果必然形成一系列等级不同的非地带性自然地域单位。这种客观存在的实际情况可以通过非地带性区划单位的等级序列反映出来。目前通用的非地带性区划单位的等级序列是：自然大区—自然地区—自然亚地区—自然州。

1. 自然大区 自然大区是按各大陆范围最广大的非地带性自然地域单元划分的，是最高级的非地带性区划单位，占据大陆的巨大部分，与基本的地质构造单位紧密相关，相当于古地台或巨大的造山运动带，并具有决定于区域地理位置的大气环流特征和纬度地带性结构。

一般来说，各大陆广大地域(自然大区)的非地带性分异，大致有三种情况：① 主要由于海陆位置的巨大差异而引起的；② 由于大地构造单元的巨大差异引起的；③ 由于上述两方面的差异相结合而引起的。各自然大区的海陆位置不同，决定了各自然大区大气过程的特点，导致了气候干湿程度的差异，相应地形成了各种景观类型。各自然大区的大地构造单元不同，决定了各自然大区的地势高度和地貌类型的组合特征，导致地方气候的明显差异，相应地形成各种自然地理结构。明显的地势界线，往往成为自然大区的分界线。具有独特地理位置和独特构造地貌的自然大区，往往成为大气活动的中心，存在着引起气团移动和变性的特定条件，在全球大气环流系统中都占有特殊地位，呈现出独特的自然地理过程，形成独特的地带谱。因此，自然大区之间在地质地貌基础、热量带性质以及大气环流特征等方面都存在明显差异。

《中国综合自然区划》将我国划分为三大区：东部季风大区、西北干旱大区和青藏高寒大区。我国大部分地区位于东亚大区和亚洲中部大区范围内，东亚大区具有湿润的季风气候，地带谱由从南向北连续更替的各个森林地带构成。亚洲中部大区气候干旱，具有荒漠—草原地带谱。这两个地区的地势构造差异，使它们之间的界线非常明显：东部发育以平原和低山占优势的相当复杂的地貌，西部则分布着强烈的新构造运动形成的山原和台地。两个大区的界线几乎完全和地貌界线吻合，在北部为内蒙古高原东缘，在南部为青藏高原东缘。青藏高原占据亚洲中部大区的南半部，应看作一个特殊的"亚大区"或一个独立的大区。《中国综合自然区划》正是根据这一原则，把全国划分为三个大区，各大区的主要特征如表 5-4 所示。

表 5-4 中国三个大区的主要特征

大 区	东部季风大区	西北干旱大区	青藏高寒大区
占全国总面积/%	47.6	29.8	22.6
占全国总人口/%	95	4.5	0.5
气 候	季风，雨热同季，局部有旱涝	干旱、水分不足限制了温度发挥作用	高寒，温度过低限制了水分发挥作用
地 貌	大部分地面在 500 m 以下，有广阔的堆积平原	高大山系分割的盆地、高原，局部为窄谷和盆地	海拔 4 000 m 以上的高原及高大山系
地带性	纬向为主	经向或作同心圆状	垂直为主
水 文	河系发育，以雨水补给为主，南方水量充沛，北方稀少	绝大部分为内流河，雨水补给为主，湖泊水含盐	西部为内流河，东部为河流发源地，冰雪融水补给为主
土 壤	南方酸性、黏重，北方多碱性；平原有盐碱，东北有机质丰富	大部分含有盐碱和石灰，有机质含量低，质地轻粗，多风沙土	有机质分解慢，做草毡状盘结，机械风化强
植 被	热带雨林、常绿阔叶林、针叶林、落叶阔叶林至落叶针叶林，草甸草原	干草原、荒漠草原、荒漠，局部山地为针叶林、荒漠草原	高山草甸、高山草原、高山荒漠，沟谷中有森林
农业特征	粮食生产为主，干鲜果类，林、牧、渔业	以牧为主，绿洲农业	沟谷及低海拔高原面有农业，高原牧业

资料来源：席承藩等(1980)。

2. 自然地区 自然地区是比自然大区次一级的非地带性区划单位，通常被认为是最基本的非地带性区划单位，又叫作“自然国”、“自然历史国”、“地理国”。

自然地区与自然大区两者的地域分异因素及其特征标志（如地势与地质构造的统一性、大气候特征、地带性结构等）基本一致，但它们仍然是两个不同等级的区域单位。自然地区是自然大区的一部分，两者是“部分与整体”的关系。一般来说，自然大区的特征标志在自然地区范围内得到更具体的反映，特别在地势与地质构造方面，自然地区具有明显的确定性。自然地区比自然大区的发生统一性和自然界线更为鲜明。

自然地区的范围一般相应于第二级大地构造单元，各具有一定的地貌组合特征。如果这些构造单元处于深厚沉积覆盖之下或受新构造运动所改变时，同一自然地区也可能处于不同年龄的构造单元上。

高度位置是自然地区最重要的标志之一。有无垂直带性存在和垂直带的性质如何，是划分自然地区的重要标志。在平原区域，纬度地带性结构（地带谱）是划分自然地区的重要标志；在山地区域，纬度地带性因叠加了垂直带性而受到强烈改变，垂直带的性质是划分山地自然地区的重要标志。由此可见，尽管自然地区的划分主要以地质地貌基础为依据，但每一个自然地区内仍有自己的植被、土壤和景观的共同性。

对于我国境内自然地区的划分，东部季风大区自北而南大致可分为：东北地区（寒温带和温带湿润半湿润针叶林与草原地区）、华北地区（暖温带湿润半湿润至半干旱夏绿林与草原地区）、华中华东地区（亚热带湿润常绿阔叶林地区）、华南西南地区（热带湿润季雨林地区）等；西北干旱大区可分为：内蒙古地区（干旱草原荒漠草原地区）、甘新地区（干旱荒漠地区）等；青藏高原大区大致可分为：青藏高原西北部地区和青藏高原东南部地区。

3. 自然亚地区 自然亚地区是自然地区的一部分，主要是在地质史最近阶段的新生代，在非地带性因素如构造运动、海侵和气候省性差异等影响下分化出来的。自然亚地区范围内具有最明显的地势起伏与地质构造一致性，每个自然亚地区的地质构造、地貌形态、地表沉积物性质等基本相似，气候、土壤、植被以及土地类型的组合等也具有明显的共同性。

在大地构造-地势分异清楚时，地质地貌基础仍然是划分自然亚地区的标志，它大致相当于第三级大地构造单元；当大地构造-地势分异不清楚或大地构造分异在地貌分异上表现不明显时，自然亚地区的划分应以相应的地貌组合特征（如山系和盆地的较大组合状况）为标志，但由于自然亚地区的划分有时要反映气候省性的差异，其分界线不一定与地质地貌相应单位完全符合。

在我国，典型的自然亚地区有：山西高原、四川盆地、柴达木盆地、阿拉善荒漠、准噶尔盆地、塔里木盆地、东天山山地、阿尔泰山山地等。

4. 自然州 自然州是比自然亚地区低级的非地带性单位，也称为次亚地区。目前对它的研究还不够深入。一般认为，自然州的划分主要以自然亚地区的地质地貌差异，以及由此差异而引起的其他自然条件的变化为依据。一般地说，自然州的范围大致与第四级大地构造单元相当，但不是绝对的。在山地区域划分自然州时应特别注意山系的中等组合状况；在平原区域则应注意沉积物的分布状况，平原的气候省性差异也可作为划分自然州的依据。

目前对自然州的研究还不够，难以找到真正按非地带性地域分异划分的自然州的实例。

二、单列等级系统

综合自然区划单位的单列系统是一种综合反映地带性和非地带性分异规律的统一的综合自然区划单位等级系统。它是由完全综合性的区划单位所构成的等级系统。

从单列系统的角度来看，地带性和非地带性因素作为影响地表自然界发展的外部条件，尽管起因有别，但它们是共同作用于地表自然界，使之同时具有地带性和非地带性属性；同时，这两种属性虽然在空间分布上具有不同的秩序（地带性和非地带性规律），但地表自然界两种地域差异和区域空间分布的规律性是两种因素交织作用和两种规律的综合表现。自然界必然存在反映这一综合地域分异规律的完全综合性单位。因此，可以根据这两种属性的综合特征来划分综合性区划单位，并按其从属性关系建立统一的等级系统。这就是单列系统的理论依据。

主张单列系统的学者认为：① 从分析的观点出发，综合自然区划单位的等级系统应当反映客观存在的两类起因不同、互不从属的地域分异规律，即地带性分异规律和非地带性分异规律，这是完全必要的；但从综合的观点出发，综合自然区划单位应当综合反映地域分异的规律性，划分完全综合性的地域单位，并建立完全综合性的单位等级系统。② 单、双列等级系统并不互相排斥和截然对立，在一定意义上讲，双列系统中的“联系单位”正是单列系统的主要的或基本的区划单位。因此，联系单位不是次要的单位，而正是主要或基本单位。③ 根据地域分异的三种基本规律划分两类不完全综合的地域单位，并建立起两种并列的区划单位等级系统，确实具有一定的实践意义；但在综合自然区划工作中，它只是获得完全综合性的区划单位、建立完全综合性的单列等级系统的重要手段和必要步骤。

双列系统的提倡者只注意到地带性和非地带性两种因素的起因不同，以及两种规律互不从属，但忽视了它们共同作用于地表自然界，其影响是相互交织的，其具体表现是综合的这一事实。根据区域单位的地带性和非地带性属性的综合特征，可以揭示统一的地域分异规律并据以进行综合自然区划。双列系统对揭示统一的地域分异规律表现得无能为力，但其作为获得综合性区划单位的重要步骤，仍有助于揭示统一的地域分异规律。因此，也不能排斥区划中采用双列系统。

总而言之，双列系统的赞成者是从分析观点出发，主张拟定两个独立的、有某些联系的等级系统来分别反映地域分异的两个方面，并以这两列单位为基本单位。单列系统的赞成者则是从综合观点出发，主张拟定单一系列的等级系统来反映客观存在的地域分异，并以此作为基本手段。两个不完全的等级系统，只是获得单列系统的工作步骤或分析手段，而不是区划的最终成果。

单列系统可以分为统一单列系统、交叉单列系统和叠置交替单列系统。从综合的观点出发，是地带性分异规律和非地带性分异规律的综合表现。因此，完全可以根据地域分异因素和分异规律的综合表现来划分综合性的地域单位，并按从属关系建立综合性单位等级系统，称为统一的单列系统（任美锷、赵松乔的中国自然区划方案）。第二种单列系统是交叉单列系统，这种区划等级单位系统，从形式上看是单列的，但内容上却与统一的单列系统有很大不同。交叉单列系统认为综合自然区划单位可以分为地带性与非地带性的两种单位系统，但为了消除双列系统在使用上的不方便，又保持科学的完整性，将两个系列的区划单位依次交叉排列到一个系统中，所用到的区划等级单位系统就是一个交叉单列系统，如《中国综合自然区划（初稿）》即是这一种。第三种是叠置交替单列系统，是由陈传康等学者提出的，是通过双列系统相叠置而获得的完全综合性的单列系统。

1. 统一单列系统　任美锷的中国自然区划方案中的等级系统是自然区—自然地区—自然省—自然州。赵松乔 1983 年的新方案中是自然大区—自然地区—自然区—自然亚区—自然小区。统一单列系统就是地带性和非地带性两种规律从高级到低级都得到了统一，从而更全面地反映出区域客观实体的本质特征。

(1) 自然大区（赵松乔）　自然大区是单列系统中的第一级单位，根据自然地理环境中最主要的地域差异来划分，这些差异主要有：① 纬度和海陆分布等地理位置差异；② 地势轮廓及新构造运动的差异；③ 气候主要特征的差异；④ 自然历史演变的主要差异；⑤ 人类活动及其对自然界的影响以及开发利用和改造的方向差异。赵松乔的区划方案，将我国首先划分为东部季风区、西北干旱区和青藏高寒区三个自然大区。

(2) 自然地区　是在自然大区的基础上，根据温度条件和水分条件的组合大致相同，并在土壤、植被等方面的反映有一定共同性而划分的单位。指标是温度和水分组合情况以及在自然大区内的主要分异因素，如东部季风区主要分异因素是纬度位置及其引起的温度带的不同，从北极到南极分为东北湿润半湿润温带地区、华北湿润半湿润暖温带地区、华中华南湿润半湿润亚热带地区、华南湿润热带地区四个自然地区；西北干旱区主要分异因素是距海远近以及由此引起的水分与植被的差异，可以分为内蒙草原地区和西北荒漠地区，以贺兰山、六盘山一线为界；青藏高寒区主要分异因素是地势以及各自然因素的垂直变化，由于资料不充分只划了一个地区，就是青藏区。因此，在自然地区划分时，在不同的自然大区采用不同的划分指标。

(3) 自然区　在自然地区内，按照气候、生物、土壤等因素的地带性反映及地貌、地面组成物质、水文地质等非地带性因素的综合分异指标来划分。同一自然区内，具有大致相同的合理利用土地和改造自然的方向。这一级区划单位相当于双列系统中地带性区划单位亚地带与非地带性区划单位地区之间的联系单位，也大致相当于交叉单列系统中的自然地带与自然省相结合的单位。

(4) 自然亚区　自然亚区是在自然区内的进一步划分，其范围内具有最明显的地势起伏与地质构造一致性。其划分主要指标是非地带性因素（地貌、地面组成物质）的特点及其在地带性因素（气候、生物、土壤）上的反映。同一自然亚区，在综合自然环境及其土地利用和改造方向上更为一致。

(5) 自然小区　自然小区是在自然亚区内进一步划分的，表现出地带性特征和非地带性特征各自的极大一致性，同时具有相同的土地类型组合结构，是区划的最低级（或基本）单位。

综上分析，统一单列系统具有以下特点：① 在较高级单位中把地带性特征与非地带性特征结合起来，并把地带性和非地带性指标相结合作为各级单位划分指标；② 采用同级单位的综合指标法进行区域划分；③ 每一级区划单位既不是地带性单位也不是非地带性单位，是完全综合的区划单位。

2. 交叉单列系统 交叉单列系统实际上是双列系统的单列形式，用图式说明交叉排列的单列系统划分是：大区—带—地区—地带—亚地区—亚地带—州—次亚地带。《中国综合自然区划（初稿）》创造性地运用了交叉排列方法，其等级单位系统是自然区—热量带—自然地区—自然地带—自然省。对地带性单位和非地带性单位交叉排列做出了典范。

交叉排列的单列系统有以下主要特点：① 交替使用地带与非地带性特征作为各级区划单位划分的主要根据，交替使用地带性与非地带性特征指标作为各级区划单位划分的主导标志；② 在同级单位采用统一的指标，在不同级单位中采用不同指标进行区划；③ 地带性单位与非地带性单位交叉排列，依次更替，相互割切划分，体现出综合划分的特点；④ 区划的下限单位自然小区是综合特征最一致的单位。

3. 叠置交替单列系统 该系统是从地带性和非地带性两列区划单位入手，在地理相关分析基础上交替运用主导标志法进行两类区划单位的界线网格的叠置，是地带性区划单位内有非地带性差别、非地带性区划单位内有地带性差别，从而相应形成省性单位和地带段性单位，为单列系统在带内划分地区（自然国）、地区内划分地带，提供了理论依据（陈传康，1964）。通过双列系统不完全区划单位交替叠置，从而得出完全综合性的单列系统区划单位（图 5-4）。

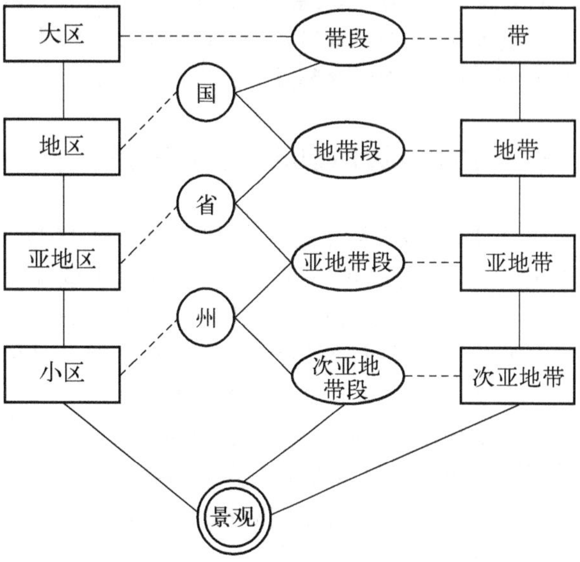

图 5-4 由双列系统获得单列系统示意图

叠置交替的单列系统具有下列特点：① 交替使用主导标志进行区域划分；② 每个单位都是其高级单位的一部分，即高低级单位之间有等级从属关系；③ 它是带段性单位和省性单位相间排列的系列，只有自然区（景观）才是最综合的单位。

综上所述，综合自然区划的等级系统有四种，分别是：① 地带性单位和非地带性单位分别排列，最终在区划下限单位（自然小区）得到统一的双列系统；② 地带性和非地带性分异从高级单位开始就得到统一的单列系统；③ 地带性单位和非地带性单位交叉排列的单列系统；④ 地带性和非地带性单位交替叠置，使带段性和省性单位相间排列的叠置单列系统。四者的相同之处在于它们的目的都是为使区划等级单位系统如何更充分的反映地表地域分异的复杂性和多级性。但作为为农业服务为主要目的的综合自然区划，双列系统在应用时带来很大的不方便，而单列系统则具有优越性，交叉单列系统和叠置单列系统从理论上讲比较严密，但级序过多，在实际应用时显得有些琐碎。而统一单列系统不仅揭示了地域分异规律在不同区域内对立统一的表现形式，同时在生产实际中也便于应用。

三、区划单位的命名

区划单位的命名既要反映区域的地理位置，又要反映区域的综合自然地理特征，还要精炼、简便、便于使用。因此，命名既是个技术问题，也是个方法问题。目前，区划单位的命名大致有三种办法。

1）主要综合地理特征表述，分别采用单名、双名、三名法。1959 年《中国综合自然区划（初稿）》在热量带、自然地区、自然地区的高级单位中用了此法。单名法，如暖温带，仅反映热量条件；双名法，如暖温带湿润地区，采用热量和水分命名；三名法，如暖温带落叶阔叶林棕色森林土地带，用热量、植被、土壤三名并列命名。

2）地理位置与区域主要综合自然地理特征并列命名，1983 年赵松乔的区划采用了此法，自然地区采用位置、水分、温度三名法，如华北湿润半湿润暖温带地区。

3）地理位置单名法，罗开富、任美锷的区划单位采用了此法，如东北区。

第四节 中国综合自然区划方案介绍

综合自然区划的研究，在我国已有悠久的历史，公元前五世纪，《禹贡》一书总结了当时我国各地自然情况的知识，划分全国为“九州”，分别阐述其山川、湖泽、土壤、矿物等。可以说，这是我国和世界最早的自然地理区划著作。

近代，我国一些地学工作者以及一些外国学者曾对我国的自然区划发表了见解，提出了不少区划方案。例如，张其昀(1926;1935)、竺可桢(1930)、李长傅(1930)、洪思齐与王益崖(1934)、王成组(1936)、李四光(1939)、冯绳武(1945～1946)、罗士培(P. M. Roxby,1922)、葛德石(G. B. Cressey,1934;1944)、斯坦普(L. D. Stamp,1936)等。他们提出的区划方案由于受缺乏基本地理资料的限制，一般都比较简略。

新中国成立以后，随着国民经济的迅速发展，要求对全国自然条件和自然资源有全面的了解。自然区划工作列为国家科学技术发展规划中的主要项目。我国自然区划工作有着突飞猛进的发展，自 1954 年以来，先后完成多种中国自然区划方案，在全国影响较大、比较重要的有六个综合自然区划，这些自然区划方案各具特色，下面分别加以介绍并对其进行评述。

一、中国自然地理区划(罗开富)

1954 年，由罗开富主编的《中国自然区划草案》出版。此区划方案首先将全国分为东、西两大半壁，前者为季风影响显著的区域，后者为季风影响微弱或完全无季风影响的区域。然后在东半壁(湿润)由北向南按温度递增及其在土壤、植被上的反映分为东北、华北、华中、华南 4 个基本区，并将垂直分异突出的康滇再单独划出 1 个基本区;西半壁(干燥)则根据地势及其所产生的温度差异，划分为蒙新、青藏 2 个基本区。全国共分为 7 个基本区，并在 7 个基本区内又按地形的差异共划分为 22 个副区。

这个方案，注意到自然地域分异的状况，并对各类自然地理现象之间的相互关系、相互影响所表现的特点，做了一定的探讨，强调基本区是按自然特征而划分的，其含义与范围与行政上或经济上习惯所用的不同。例如，将辽河下游平原与辽东半岛划入华北区，而不属于东北区。

二、中国综合自然区划初稿(黄秉维)

1956 年，中国科学院成立自然区划工作委员会，开展了大规模的自然区划工作。1958 年，在各个部门自然区划工作的基础上，比较全面地总结了以往的区划经验，集中了许多中外专家学者的意见，并由黄秉维主编，于 1959 年编制了《中国综合自然区划(初稿)》。它以光、热、水分、土壤和植被的地域分异为依据，以气候、土壤、植被的地理相关关系为基础，根据气候在土壤与植被的反映来观察自然现象的水平地带性规律，并寻求相应的区划方法。较低级的区划则以下垫面的地域分异为主要基础。

《中国综合自然区划(初稿)》将全国划分为 3 个自然区、6 个热量带和 1 个高寒区、18 个自然地区和亚地区、28 个自然地带和亚地带、90 个自然省，在理论和实践方面都有着重要意义。

中国综合自然区划的等级单位系统共 7 级。

零级是自然区，把我国划分为 3 个自然区，作为划分第一级单位的准备步骤。自然区实际上也是综合性的区划单位，但主要以非地带性特征为主，归入非地带性的区划单位系列之中，但自然区的划分对农业工作者不会有很大帮助，所以未列为一个级。热量带的划分在理论上和实践上都有一定意义。在热量带中分出赤道带、热带、亚热带、暖温带、温带和寒温带，还单独划分出青藏高原(表 5 - 5)。

第一级自然地区和亚地区，是根据互相关联的热量条件和水分条件等方面的共同性划分的，即在热量带的基础上按水分条件分为湿润、半湿润、半干旱和干旱地区四个类型;对有些地区还进一步分出东部及西部亚地区。根据热量和水分两个网格重叠的结果，构成 18 个自然地区和亚地区。

第二级自然地带，是根据植被与土壤的地带性及其在不同热量带的表现，即生物气候特点，细分为 28 个自然地带和亚地带。例如，温带干旱地区东部亚地区分为荒漠草原—棕钙土地带、山前荒漠草原—灰钙土地带、荒漠—灰棕荒漠土地带;对亚热带湿润地区东部亚地区分为北亚热带落叶阔叶与常绿阔叶混交林—黄棕壤与黄褐土地带、中亚热带常绿阔叶林—红壤与黄壤地带、南亚热带常绿阔叶林—砖红壤化红壤地带。

第三级自然省，主要是根据大地貌单元(如丘陵、平原、山地等)把全国划分为 90 个自然省。

对第四级自然州和第五级自然县没有具体划分。

表 5-5　热量带划分表

热量带	≥10℃积温/℃
赤道带	>9 000
热带	8 000～9 000
亚热带	4 500～8 000
暖温带	3 200～4 500
温带	1 600～3 400
寒温带	<1 600
青藏高原	

该方案的区划步骤大体包括以下四个方面。

1) 按地表热量的地域差异划分出 6 个热量带和 1 个高寒区。

2) 按水分的地域差异划分自然地区，主要按干燥度指标并参照其他自然景观特征，概括地划分为湿润地区、半湿润地区、半干旱地区和干旱地区。

3) 在一定热量、水分组合的自然地区的基础上，再以土壤、植被条件为依据划分自然地带。

4) 根据自然地带内部生物气候条件的差异，进一步划分自然省。

此次区划，比较全面地总结了以往的经验，着重考虑了直接参与自然界物质和能量交换的基本过程，按照地表自然分异的规律，采取比较合理的方法，选取地带性与非地带性单位出现于一个共同系列的原则，每一级单位都有比较明确的定义与划分方法，而且明确规定区划服务的对象是农业。

这一区划方案发表后，曾引起热烈讨论。此后，黄秉维对此方案又进行过修改。1986 年将全国分为 7 个温度带、21 个自然地区和 45 个区。

三、中国自然地理纲要(任美锷)

1961 年，任美锷等对中国综合自然区划方案提出了不同的见解。依照自然情况差异的主要矛盾以及利用改造自然的不同方向，将全国划分为 8 个自然区(东北、华北、华中、华南、西南、内蒙、西北、青藏)、23 个自然地区和 65 个自然省。1979 年出版的《中国自然地理纲要》对 1961 年的方案进行了补充和修改，改为 8 个区、28 个亚区、58 个小区。1988 年进一步修改为 8 个自然区、30 个自然亚区、71 个自然小区。

该区划方案的等级单位系统为三级，即自然区—自然亚区—自然小区。自然区的划分根据区域差异，在东部以温度为主要划分指标，划分出东北区、华北区、华中区和华南区四个自然区；西部以水分条件为主要指标，划分出内蒙区和西北区两个自然区；青藏高原划为一个区，即青藏区。另外，西南部受到热带大陆气流影响的范围单独划为西南区。自然亚区的划分采取了与自然区相同性质不同数量的指标划分。例如，在东部各自然区内，自然亚区的划分仍然主要根据温度的不同划分，只是在量的对比上比自然区之间差值要小，是自然区内部的差异。自然小区划分指标的选取仍然与上述单位相同，是在自然亚区内寻找亚区内分异的主导因素，选取主要标志作为划分指标。例如，在柴达木盆地自然亚区内，根据水分条件差异分为东部和西部两个小区，前者为半荒漠地区，后者为荒漠地区。在华中区和江南南岭亚区，根据地形及其引起的生物气候差异，分为四川盆地、贵州高原、江南低山盆地和南岭山地四个小区。

四、全国自然区划(侯学煜)

1963 年侯学煜等《对于中国各自然区的农、林、牧、副、渔业发展方向的意见》一文中，提出另一自然区划方案，综合研究了以发展农、林、牧、副、渔为目的的全国自然区划。他首先按照温度指标把全国从北到南划分为 6 个带和 1 个区(温带、暖温带、半亚热带、亚热带、半热带、热带及青藏高原区)，各气候带具有一定的耕作制度和一定种类、品种的农作物、木本油粮植物、果树、用材林木等。然后按水热条件结合状况将全国划分为29个自然区,每个自然区的划分一般是与距离海洋远近和一定的大地貌有关。水热状况、地貌和成土母质、土壤等都是决定发展农、林、牧、副、渔业的必要条件。并就各个自然区的农业配置、安排次序、改造利用等方面提出了轮廓性的意见,与大农业生产结合紧密。

五、全国综合自然区划概要(全国农业自然资源调查和农业区划委员会)

1980年,全国农业自然资源调查和农业区划委员会为了给中国农业区划和农业自然资源评价提供基础资料,再一次编写了全国综合自然区划方案。首先把全国划分为三大区域(东部季风区域、西部干旱区域和青藏高原区域);再按温度状况把东部季风区域划分为9个带(寒温带、温带、暖温带、北亚热带、中亚热带、南亚热带、边缘热带、中热带和赤道热带),把西北干旱区域分为两个带(干旱中温带、干旱暖温带),把青藏高原区域也分为两个带(高原寒带、高原温带);然后再根据地貌条件把全国划分为37个区,其中东部21个区、西北12个区、青藏4个区。

六、中国自然区划新方案(赵松乔)

1983年,赵松乔在吸收了上述各区划方案主要优点的基础上,提出了一个新的区划方案,在中国自然地理专著——《中国自然地理·总论》中有较详细的论述。

该区划方案等级单位系统分为五级,即自然大区、自然地区、自然区、自然亚区、自然小区。根据我国地理环境中最主要的地域差异,首先将全国分为东部季风区、西北干旱区和青藏高寒区三大自然区。在此基础上,全国划分为7个自然地区。在东部季风区,根据主导分异因素纬度位置和温度带,从北到南划分为4个自然地区,即东北湿润半湿润温带地区、华北湿润半湿润暖温带地区、华中、华南湿润亚热带地区、华南湿润热带地区;在西北干旱区,根据主导分异因素距海远近以及由此产生的水分、植被差异,由东到西分为2个自然地区,即内蒙草原地区和西北荒漠地区;青藏高寒区,主导分异因素为地势以及由此产生的各项自然因素的垂直变化,由于科学资料不够充分的缘故,暂且划分为1个自然地区,即青藏高原地区。在7个自然地区的基础上,再划分为33个自然区。自然区的划分,按照气候—生物—土壤等地带性因素与地貌—地面组合物质—水文地质等非地带性因素的综合分异指标,较好地反映合理利用土地和改造自然的方向。在自然区之下,主要按照地貌、地面组成物质等非地带性因素的特点及其在气候—生物—土壤等地带性因素的反映上,划分自然亚区。同一自然亚区,在综合自然环境及其土地利用和改造方向上更为一致。最低级区划单位自然小区是在一定的自然亚区和自然区内第一级土地类型的组合。自然小区可以与土地类型划分相结合进行,由土地类型分别组成自然小区。

七、主要方案评述

上述六个方案代表着我国地理学者在综合自然区划研究中的主要成就,集中反映了人们对自然地理规律性由现象到本质的认识过程,说明我国综合自然地理学理论及其研究逐步趋向完善化和系统化。目前,有关专家学者对这些方案的评述较少,下面引用刘胤汉教授对几个代表性方案的评述做一简要介绍。

(一)黄秉维的《中国综合自然区划(初稿)》

1. 特点

1)吸收了比较先进的自然区划理论和一定的自然区划经验,并从我国实际出发,做出中国综合自然区划方案,正确反映了我国自然界客观存在的自然区域分异特点,第一次在区划等级系统中充分反映出地带性区划单位,成为我国综合自然区划的典范。

2)该方案有一套完整的综合自然区划的理论与方法作为指导,按照地表自然界分异规律,选取地带性与非地带性单位交叉排列,采取比较合理的方法,每一级区划单位都有明确的概念、划分原则和指标等,各级区划单位的划分十分严谨。特别是其提出的“关于综合自然区划的若干问题”的方法论的探讨，促进了我国综合自然区划研究工作的开展，以及自然区划的方法论的进一步提高。因此，《中国综合自然区划》(初稿)既充分反映出我国自然条件的分异特点，又从理论上进行了系统的探讨，对我国及各省(区)的综合自然区划工作影响极大。

3) 中国综合自然区划的实践性强，区划的目的性明确。不仅分析研究了我国的自然环境，而且着重考虑了直接参与自然界物质和能量交换的基本过程。揭示我国自然环境的特征比较深刻，尤其全面评价了自然条件和自然资源，为合理利用和拟定改造自然规划提供了科学依据，是全面认识我国自然环境的一次大总结。

4) 该区划方案第一次将我国划分为三大区，更真实地反映出我国概略区划的基本特点，符合我国自然界分异的基本规律，这是该方案做出的突出贡献。

5) 中国综合自然区划方案在理论上有突出特点：① 明确提出中国综合自然区划的主要任务是为农、林、牧、副、水利等事业的规划与先进经验的推广提供科学依据，重点是为利用土地和水利事业服务。② 广义理解地带性分异规律。纬度地带性、大气环流和海陆分布引起的水分条件的地域差异，以及由于热量条件与水分条件的组合关系对土壤、植被的影响产生了自然现象的水平地带性，而地势高度产生了垂直地带性，水平地带性与垂直地带性分异规律统称为地带性分异规律。在高级区划单位中，主要反映地带性分异规律，首先表现出水平地带性，其次表现出垂直地带性。低级区划单位以反映非地带性分异规律为主。③ 采用不同区域相同级别的统一原则、统一依据与统一指标进行区划。大致来说，前三级单位(地区、地带、省)遵循生物气候原则，后二级单位(州、县)遵循地质地貌原则。④ 主要按照气候—土壤—植被等水平地带性因素的地域差异划分自然区划。除青藏高原以外，首先划分热量带(后改称温度带)，再按水分条件划分自然地区，然后按热量、水分综合条件及其在土壤、植被上的反映划分自然地带。自然地带是全书的基本区划单元和文字说明对象。这种区划方法基本上是“类型区划”。各自然地带之下，再按地形及其他内部地域差异，划分自然区，这可称为“地理区划”；但限于全书篇幅以及当时科学资料欠缺情况，自然区并未做具体划分和文字说明。⑤ 划定几条重要的温度和水分条件界线，用来指导农业生产。例如，暖温带的北界，向北越过长城而深入辽宁中部，作为二年三熟农作制度和种植棉花的界限。又如，从东北向西南黄贯内蒙古中部的干旱和半干旱地区的界线是雨养农业的西界；再往西，农耕必须灌溉。从东向西横贯中国南部海岸带的热带、亚热带界线，则是橡胶等热带作物稳定生产的北界。⑥ 把青藏高原单独区分出来(当时有些苏联专家认为应作亚热带的一部分)，而与西北干旱区和东部季风区并列为全国三大区。⑦ 阐明气候上的干旱、半干旱区在我国广泛分布，约占有全国土地总面积的 52.5%。作为全国三大区之一的西北干旱区，则约占 30%。干旱缺水及其治理是全国农业生产的关键问题。⑧ 阐明亚热带性在我国特别发达，可再划分为北、中、南三个热量亚带，亚热带的土地面积约占全国的 26%，居住人口则约占全国总人口的 56%。

《中国综合自然区划(初稿)》的完成，是全面认识我国自然环境的一次大总结，第一次将我国划分为三大区，更真实地反映出我国大区域的基本特点，符合我国自然界分异的基本规律。

2. 不足之处　《中国综合自然区划(初稿)》的不足之处，主要表现在以下三方面：首先，区划等级单位过多，实际应用不太方便。其次，区域单位命名，在高级单位中没有冠地理位置，使某些区域名称带有类型的性质。例如，热带季雨林砖红壤地带分别出现在热带湿润地区东部亚地区和热带湿润地区西部亚地区，温带山前荒漠草原灰钙土地带分别出现在温带干旱地区西部亚地区和温带干旱地区东部亚地区。另外，自然地带名称过长，不便于记忆与应用。最后，各级区划单位的具体界线分歧较大，争执较多，这与具体地域科学研究的程度、资料完全与否有关，同时也说明自上而下的区划需要有自下而上的区划方法进行补充的必要性。

针对以上不足，20 世纪 60 年代黄秉维教授曾对 1959 年的自然区划方案做了补充和修改，明确将“热量带”改名“温度带”。80 年代又对原区划方案做了修正，将青藏高原单列，其他地区依次按温度、水分和地形划分。黄秉维区划方案经过两次修改和补充，是我国最详尽而系统的自然区划方案，突出显示了自然地带性规律，一直为农、林、牧、水、交通等作为重要依据。

(二) 任美锷的《中国自然地理纲要》

1. 特点

1) 在综合分析的基础上，突出了各区域的主要分异因素。在区划指标的选取上采取了同一等级单位的异质多指标法，在同一区域不同等级单位的划分上，采用同一性质不同数量的同质异量的指标法。

2）突出了发生学的区划原则，即现代地理特征的发生。例如，将柴达木盆地归属于西北区，而根据热带大陆气团活动范围划分西南区等。

3）自然区域的基本矛盾是地带性因素与非地带性因素之间的矛盾，而客观存在的自然区域即是这对矛盾斗争的结果。自然界中，没有纯粹地带性或纯粹非地带性的自然区域，任何一个区域单位，无论等级高低都是综合性单位，因此，该区划方案中的区域单位都是综合性单位，没有地带性与非地带性单位之分。

4）各区域单位的命名均采用地理位置或与地貌类型相结合的方法，与人们习惯上用的区域概念有许多相近之处，便于记忆与掌握。

2. 不足之处 以八大自然区作为区划等级单位系统的起始单位区域，没有反映人们生产活动的主要区域差异。同时，在柴达木盆地的归属问题上，尽管它在某些方面与西北区很相似，但其地质地貌、地理位置以及其形成发展均与青藏高原有密切联系，属于青藏高原内部的区域分异，该方案对青藏高原的完整性考虑较少。

（三）全国农业自然资源调查和农业区划委员会的《全国综合自然区划概要》

1. 特点

1）减少了分区级别，简化了分区命名。在分区系统中，先分出区域，属于零级区，全国共分为三大区域，一级区为温度带，二级区为地区。

2）从区划等级单位系统的属性上看，该方案属于地带性与非地带性区划单位交叉排列的单列系统，并以非地带性区划单位区域作为区划的起始单位。

3）首先划分出三大自然区（东部季风区、西北干旱区和青藏高寒区），并详细阐述了它们自然条件的不均衡性（东部湿润、西北干旱、青藏高寒），揭示了这种差异对土地利用和农、林、牧、副、渔各业的比例的影响及其在区域上的反映。

4）区划指标的选取，第二级单位温度带的划分，采用了同级单位的同质异量指标法进行划分；第三级单位自然区的划分，采用了同级单位的异质异量的多指标法进行划分。

5）区划单位的命名，第一级单位采用地理位置与自然特征相结合的方法命名；第二级单位采用温度带（东部）、温度带与水分条件（西北）、温度带与地貌（青藏）相结合的方法命名；第三级单位采用地理位置与地貌类型相结合的方法命名为主。

6）以温度带替代以往的热量带，突出温度这个基本条件，明确指出同一温度指标在不同地区的不同效应，提出同级区划单位的同质异量指标法，即同级区划单位相同性质的指标可以在不同地区做适当的变通。

7）区划等级级序简化，区域单位命名简单，便于利用。

2. 不足之处 区域划分与类型划分相混淆。第三级单位自然区的划分更显示出了类型的特点。例如，松辽-三江平原各分为两块地域，台南-琼雷-西双版纳区由四部分互不相连的地域组成，内蒙高原西部区、塔里木盆地边缘绿洲区等也都分别分为两个地域不连的区域。因此，从实质上讲，这个方案是一个带有区域类型划分特点的方案，不是区划方案，其图件也只能是区域类型图，而不是区划图。同时，关于区域界线问题，柴达木盆地是青藏高原的内陆盆地，具有干旱性暖温带的自然地理特征，而河西走廊无论从气候、土壤、植被、地形等都与柴达木盆地有很大差别，具有干旱性温带自然地理特征，将这两个区域划为一个区稍有欠妥。柴达木盆地、祁连山地、昆仑山地均归为西北干旱区，破坏了青藏高原的地域完整性。

（四）赵松乔的中国自然区划新方案

1. 特点

1）区划的等级单位系统由五级单位组成，与1959年黄秉维的《中国综合自然区划（初稿）》相比，减少了两级，精简了区划等级，便于使用，避免繁琐。

2）区划的等级单位系统在性质上属于统一单列系统，即各级区划单位都是综合性单位，没有地带性与非地带性单位之分。区划中从高级单位起就把地带性与非地带性结合起来，这是该方案突出的优点之一。

3）区划指标的选取采用同级单位同质异量指标法，为综合指标与主导标志相结合的区划做出了范例。

4) 区划等级单位名称均采用“区”,如自然大区、自然地区、自然区、自然亚区和自然小区。

5) 区域名称均以地理位置与区域自然地理特征联合命名,既反映了区域性特征(包括区域位置、主要自然地理特征),又较为精炼,无论在理论上还是实践上都是比较成功的。

6) 严格区分区划与类型两者的区别。在区域划分、区域名称的确定以及其他方面都避免了两者的混淆。

7) 明确提出区划与土地类型是相互联系的,自然小区由第一级土地类型所组成。

2. 不足之处　西北温带暖温带荒漠地区将两个温度带并在一个区内是不太合适的。由于温度的差异在西北地区不如水分条件的差异所产生的影响明显,温度条件常被水分条件所掩盖。事实上,两个温度带在生产上的不同表现是很明显的。青藏高原幅宽面积大,南北差异明显,根据温度、水分不同是可以划分不同的自然地区的,将其归并于一个自然地区内有些过于概括,也不利于同全国区划中同级单位的平衡或对应。

第五节　综合自然区划研究动态

一、研究进展

全世界第一个自然区划成书于我国周秦之际的《禹贡》,将当时的中国划分为九州,虽然尚未形成地域分异理论,但关于地域分异朴素认识的存在似乎毋庸置疑。近代自然区划肇始于欧洲。19 世纪初洪堡首创了用等温线表示全球气温分布状况,揭示气温与纬度、海拔的关系及气候与植被分布的关系,由此引致的气候分类在一定程度上奠定了自然区划的基础。道库恰耶夫提出自然地带学说,导致了最初的远不完备的自然区划。霍迈尔(H. G. Hommever)具体提出了大区(land)、区(景观,landschaft)、地区(gegend)和小区(ort)的四级区域名称,真正赋予自然区域以等级意义。

1896 年鲍威尔(J. W. Powell,1834～1902 年)第一个提出了美国的地文区划,把美国分为 16 个地文区,其中有的区还划分了副区。1898 年梅里安(C. H. Merriam,1855～1942 年)划分了美国的生命带和农作物带。1899 年戴维斯(W. M. Davis,1850～1934 年)也发表了自己的美国地文区划。1905 年英国学者赫伯森(A. J. Herbersen,1865～1915 年)首次对全球主要自然区域进行了划分,并开始注意到“主要自然区域”的综合特征与人类活动的影响。到 1914 年,有关美国和北美洲的自然区划图已达到 20 余种之多。同年,乔尔格(W. L. G. Joerg,1885～1952 年)取各家之长提出了新的区划,并对自己所划分的区域正式给予自然区的名称,认为自然区是“地球表面自然条件和谐的部分”,其区划是高度概括的。同年,芬内曼(N. M. Fenneman,1865～1945 年)著文讨论美国地文区划界线,并以怀俄明盆地为界把落基山地分为南北两段。这一年,美国地理学会召开芝加哥会议,期间成立了由芬内曼任主席的一个委员会,专门从事美国地文区划,并于 1916 年出版了 1∶700 万区划图。1915 年,美国地理学会发起人之一,当时任教印第安纳州师范学院的德赖尔(C. R. Dryer,1851～1927 年)提出了美国的自然经济区划,认为识别自然区域的最好方法是衡量每个区域的经济功能。1928 年芬内曼做了美国的地文区划,以地貌为指标划分了区(division)、省(province)和地段(section)三个等级的地文区域。1929 年帕萨格(S. Passarge)对赫伯森的区划方案做了若干修改,这一工作在美国引发了一次关注自然区划的小高潮。

20 世纪 10～40 年代,景观地带(贝尔格,1913)、自然区(Roxbe,1926)、自然地理区划与土地类型(Veatch,1930)、生物气候分类(Koppen,1931)、立地(site)与立地区(site region)(Bourne,1931)、地域地理单位系统(Unstead,1933)、生态系统(Tancley,1935)、生命地带(Holdridge,1947)、水分平衡(Thornthwaite,1948)、温暖指数、寒冷指数和干湿度指数(Kira,1945)等与自然区划有关的许多概念相继出现于科学文献中。这些术语的出现标志着自然区划研究的进展,其中分类学术语作为定量指标迅速应用于部门自然区划,尤其是气候区划和植被区划,如戴斯(Dice,1943)、海尔(Hare,1950)、格里高里耶夫(1961)等的工作。在中国,1938 年涂长望的《柯本、范氏之中国气候区域》问世,1939 年徐尔灏的《柯本分类法之中国气候区》问世。

赫特纳(A. Herttner)以其对自然区划的强烈关注给人们留下了深刻印象。早在 1908 年他就发表了《地表的地理区划》一文,做了一次区划的尝试。其后,又对自然区划原则,不同级别自然区域的划分标志和依据,山地与河流既是区划单元又表现为分界等问题都做了深入的讨论。20 世纪 40～50 年代,奥特伦巴(E.

Otremba)发表《德国自然区划原理》,施米素森(J. Schmithusen,1949)发表《德国自然区划研究和表示的原理》,晚些时候又出版了《德国自然区划手册》(1953),表明德国地理学家空前重视自然区划,布黑和弗勒贝尔的陈旧观念早已被置之脑后。

近30多年来,西方国家的自然区划多以生态区划的形式出现,而真正意义上的生态区划,即具有明确的区划目的、特定的区划指标和多等级单位的生态区划是美国生态学家贝利(Baily,1976)首先提出的。他编制的美国生态区域图包含区域(domain)、区(divisin)、省(province)和地段(section)四个等级。其后十余年间,贝利继续对区划原则、方法和指标进行探讨并多次修改其区划方案。与此同时,奥美尼克(Omernik)曾于1987年、1995年两度提出了自己的美国生态区划,但其区划单位如生态区(ecoregion)和生态亚区(subecoregion)与贝利的单位迥然相异。应该承认,domain、division、province和section等词汇虽有范围广狭之分,但其间并没有公认的从属关系,而ecoregion和subecoregion的从属关系是明确无误的。

加拿大的第一个全国生态区划方案是维金(Wiken)于1982年提出的,区划等级为生态地带(ecozone)、生态省(ecoprvince)、生态区域或生态景观区(ecoregion of ecolandscape region)和生态小区(ecdistrict)。与贝利一样,维金也多次对其区划方案做了修改,并于1996年提出了一个新的六级区划方案,即生态地带、生态区、生态小区、生态地段(ecosection)、生态立地(ecosite)和生态素(ecoelement)。这个方案取消了生态省,其他等级单位与美国生态区划单位也很不相同。同一时期,美、加两国学者还分别进行了美国密歇根州的生态气候区划(1988),加拿大安大略省的生态区划(1989)、阿拉斯加生态区划(1995)、密歇根、明尼苏达和威斯康星生态区划(1995)。1977年加拿大环境合作委员会(CEC)做了北美生态区划,1996年和1998年贝利做了全球陆地与海洋生态区划。

俄国和前苏联的自然区划也开展较早,有关著作和区划方案非常多。早在1851年特拉乌特费捷尔(P. TpayTerrep)就提出了俄国欧洲部分植被区划,划分了地区和州两级。1897年唐菲里耶夫提出了俄国欧洲部分自然地理区划。十年之后,1907年克鲁别尔提出同一范围的自然区划。1913年贝尔格进行了俄国景观地带区划,1915年谢苗诺夫·天山斯基提出俄罗斯和高加索欧洲部分自然区划,按带和地区两级进行区域划分。此后,哈萨克斯坦土壤—植被区划(格里高里耶夫,1944),苏联自然地理历史区划(1947),苏联欧洲部分自然区划(H. A. 宋采夫,1952),中亚细亚自然地理区划(穆尔扎耶夫,1953;马克耶夫,1956),西伯利亚与远东自然地理区划(苏斯洛夫,1954;帕尔姆金,1958)以及乌拉尔地区的多个自然区划相继发表,并在很长一段时间内影响了中国的自然区划工作。

综合自然区划是自然地理学的重大理论研究之一,又是生产建设(特别是广义的农业生产)的重要参考和依据。早在20世纪30年代末黄秉维教授编撰《中国地理》书稿时,就进行了各自然要素的全国性区划。40年代他又发表了《中国之植被区划》及《中国之气候区划》等重要论文。50年代以来,我国各地自然条件和自然资源的综合科学考察普遍展开,各类观测网站的建立比较全面系统地积累了基本科学资料,因而自然地域分异规律、综合自然区划和区域自然地理等方面的研究均有长足的进展。林超等(1954)为了综合性大学地理教学的需要,拟定了全国的综合自然地理区划。50年代初期《中华地理志》拟订《中国自然地理区划(草案)》,于1956年出版(罗开富,1956)。

随着国家建设事业的迅速发展,部署农林牧生产和建设必须因地制宜而不违反自然规律,要求有资参考的自然区划。1956年中国科学院成立自然区划工作委员会,开展了较大规模的自然区划工作。1959年在地貌、气候、水文、潜水、土壤、植被、动物和昆虫8个部门自然区划的基础上,由黄秉维主编完成了《中国综合自然区划》(初稿)。这是当时我国最详尽而系统的全国综合自然区划巨著,迄今仍列为为农、林、牧、水、交通运输及国防等有关部门查询、应用和研究的重要依据,在全国影响巨大,有力地促进了全国及地方自然区划工作的深入开展。20世纪80年代以来,黄秉维分析并指出了1959年方案的不足和问题,如原有区划系统过于繁杂,热量带应更正为温度带等,提出了新的修订方案,并于80年代中期承担了国家自然科学基金项目"中国综合自然区划"的研究工作,出版了《自然地域系统研究》一书。

任美锷等(1961)在区划指标应否统一,对指标数量分析如何评价,区划等级单位的拟订和各级自然区域命名等问题提出了与黄秉维方案不同的见解。侯学煜等(1963)提出了以发展农、林、牧、副、渔为目的的自然区划。该方案目的明确,偏重实用,但在热量带界线划分等方面引起不少争议。赵松乔(1983)为《中国自然地理·总论》一书区域部分的框架设计了一个新方案,并指出最低级区划单位应与土地类型组合结合,并相互衔接。席承藩等(1984)为满足当时规划和指导农业生产的需要而完成的《中国自然区划概要》,重点对自然区的自然特点、农业现状、生产潜力和发展方向等做了论述。侯学煜(1988)根据对生态系统的理解，将全国分为 20 个自然生态区，并重点阐述各自然生态区的大农业发展方针。由任美锷等主编的《中国自然区域及开发整治》，专门论述自然地理区的划分原则、方法与区划方案，并按自然区阐明资源利用与环境整治问题(任美锷等，1992)。

2004 年，我国内地 31 个省、自治区、直辖市和新疆生产建设兵团全部完成了生态功能区划编制工作。在此基础上，综合运用新中国成立以来自然区划、农业区划、气象区划，以及生态系统及其服务功能研究成果，2005 年中国科学院汇总完成了《全国生态功能区划》初稿。之后，原国家环境保护总局会同中国科学院召开专家分析论证会，对《全国生态功能区划》初稿进行了反复修改和完善。2006 年 10 月，《全国生态功能区划》再次征求国务院各有关部门和各省、自治区、直辖市的意见，进一步得到充实与完善。2007 年 7 月原国家环境保护总局与中国科学院又联合主持了专家论证会，对修改完善的《全国生态功能区划》进行了全面系统地评估，并得到了由 16 位院士、专家组成的专家组的充分肯定。全国生态功能区划的范围为我国内地 31 个省级行政单位的陆地，未包括香港特别行政区、澳门特别行政区和台湾省。

《全国生态功能区划》全面分析了不同区域的生态系统特征、生态问题、生态敏感性和生态系统服务功能类型及其空间分布格局，明确了不同区域生态系统的主导服务功能及保护目标，提出了全国生态功能区划方案，是我国首次提出基于生态系统服务功能的生态功能区划思路和区划方法。此方案将全国初步划分为 208 个生态功能区，其中具有生态调节功能的生态功能区 144 个，占国土面积的 76%；提供产品的生态功能区 47 个，占国土面积的 23%；人居保障功能区 17 个，占国土面积的 1%。此外，《中国生态功能区划》还确定了 50 个对保障国家生态安全具有重要意义的区域，涵盖了生物多样性保护、水源涵养、土壤保持、防风固沙、洪水调蓄等重点生态功能，是我国继自然区划、农业区划等工作之后，在生态保护与建设领域的重要基础性工作。

2008 年，郑度主编了《中国生态地理区域系统研究》，利用最近 40 多年积累的大量观测数据和资料，根据地表自然界生物和非生物要素地理相关的比较研究与综合分析，按照地域分异规律，确定中国生态地理区域划分的指标体系和界限，划分不同等级的区域系统，提出中国自然地域系统方案，并探讨了其在全球环境变化研究领域中的应用。在科学上，为全球环境变化的区域响应、环境监测系统的建立、遥感与地理信息技术的应用、生态网络台站的部署、定位试验观测资料的分析提供科学的区域框架；在应用实践上，为自然资源的合理利用、土地生产潜力的提高、土地管理的政策分析、先进农业技术的引进与推广、自然环境的整治和自然保护区的选择以及区域的可持续发展提供必要的科学依据，具有广泛的应用前景。

二、研究趋势与展望

近年来，国内外自然地域系统及区划的研究工作出现了若干新趋势。一方面是继续深入探讨有关的理论方法，构建更为严密完整的自然区划体系，完善、深化对自然环境及其地域分异规律的认识；另一方面，在自然地域系统的研究中必须考虑人为因素的呼声越来越高。人口、资源、环境和发展问题，对自然地域系统及综合自然区划研究提出了更高的要求。今后，综合自然区划的研究趋势主要表现在以下几方面：

1) 在研究的方法论上，进一步强调以自下而上(bottom up)方法为主，以自上而下(top down)方法为辅，在综合指导下分析，在分析基础上综合，把所研究的部分置于整个系统之中，力求与相邻部分的衔接。

2) 从研究方法和技术手段看，定位试验、数据库、系统分析、专家智能、计算模拟、对地观测、空间信息系统等技术的发展为自然地理综合研究提供了技术支撑，系统分析和综合集成的方法将得以更加广泛的应用，可以大大促进综合自然区划的发展并提高到一个新的研究水平。

3) 在研究方向方面，综合自然区划的研究正向着黄秉维先生晚年提倡的综合区划的方向发展。但是，在理论、方法和严密完整理论体系的构建等方面都有待深入。

4) 在实践上，当今世界面临着人口、资源、环境和发展的一系列问题，综合自然区划可以在自然资源的开发利用与保护、退化土地的整治与恢复、景观生态规划与设计、自然灾害的综合防治、人与自然关系的协调和区域可持续发展等领域发挥作用，为国家建设和人类美好未来做出积极的贡献。

参考文献

陈百明. 2003. 中国土地利用与生态特征区划. 北京：气象出版社.

陈传康,伍光和,李昌文.1993.综合自然地理学.北京:高等教育出版社.
侯学煜.1963.为农林牧生产服务的中国综合自然区划.科学通报,7.
黄秉维,郑度,赵名茶等.2000.现代自然地理.北京:科学出版社.
黄秉维.1959.中国综合自然区划(初稿).北京:科学出版社.
景贵和,周人龙,徐樵利.1990.综合自然地理学.北京:高等教育出版社.
刘南威,郭有立.2004.综合自然地理学.第二版.北京:科学出版社.
刘燕华,郑度,葛全胜等.2005.关于开展中国综合区划研究若干问题的认识.地理研究,24(3).
刘胤汉.1982.土地类型与综合自然区划.西安:陕西师范大学出版社.
刘胤汉,岳大鹏.2010.综合自然地理学纲要.北京:科学出版社.
罗开富.1956.中国自然地理区划草案.北京:科学出版社.
蒙吉军.2005.综合自然地理学.北京:北京大学出版社.
邱道持,王力.1993.综合自然地理学.重庆:西南师范大学出版社.
全国农业自然资源调查与农业区划委员会.1984.中国自然区划概要.北京:科学出版社.
全石琳.1988.综合自然地理学导论.开封:河南大学出版社.
任美锷,杨纫章.1961.中国自然区划问题.地理学报,27.
王静爱,左伟.2010.中国地理图集.北京:中国地图出版社.
吴绍洪.1998.综合区划的初步设想:以柴达木盆地为例.地理研究,17(4).
伍光和,蔡运龙.2004.综合自然地理学.北京:高等教育出版社.
席承藩,丘宝剑等.1980.中国自然区划概要.北京:科学出版社.
赵松乔.1983.中国综合自然区划的一个新方案.地理学报,38(1).
赵松乔.1994.综合自然地理学与黄秉维教授的学术思想和卓越贡献.地理研究,13(1).
郑度,欧阳,周成虎.2008.对自然地理区划方法的认识与思考.地理学报,63(6).
郑度.2008.中国生态地理区域系统研究.北京:商务印书馆.

第六章　土地分级与分类

土地是地球表层具有一定空间范围的特殊综合地理系统，是人类赖以生存的物质载体与活动空间，是劳动的主要对象。人类的一切经济社会活动都与土地有直接或间接的联系。土地是“万物之源”、“生存之本”、“财富之母”等说法，表明了土地对人类社会存在的重要性，表达了古往今来人们对土地的深刻认识。

土地除了具有其本身固有的自然属性之外，还具有可供人类发展生产的社会经济特性，自然属性和社会经济属性合称为土地的“二重性”。近百年来，随着世界人口的急剧增加，城镇化和工业化进程的快速推进，土地资源的负载越来越重，衍生出一系列社会、经济、环境问题。当今世界面临的人口、资源、生态环境、粮食安全等几大突出问题，无一不与土地息息相关。土地与人口、土地与生态环境、土地与粮食、土地合理利用与规划管理等已为世界各国广泛重视与关注，同时也成为科学界研究的重要课题。

自古以来，尽管人们对“土地”(land)一词的理解存在某些枝节上的差异，但对其综合认识的主流趋势却是一致的。20 世纪 40 年代后，在科学综合思潮的影响下，逐步形成了一门涉及多学科门类、内容不断丰富、研究手段不断更新的综合性科学——土地科学(land science)，主要研究内容涉及土地自然特征、土地经济属性、土地利用现状、土地综合评价、土地规划与管理等方面。土地分级、分类和土地结构等侧重于土地自然属性和可持续利用方面的研究，是土地科学的基础内容，同时又是综合自然地理学的重要组成部分，具有重要的理论和实践意义。

第一节　土地概念与特征

一、土地概念与含义

“土地”的概念源于劳动人民在利用和改造自然过程中对地理环境的综合认识。周朝齐国学者管仲在《管子校正》中将土地定义为：“地者，万物之本，诸生之根菀也”；公元 121 年许慎著的《说文解字》中将土地解释为：“土者，吐也，吐生万物。”可见，在我国古代，人们通常把土地理解为能够种植和生长作物的陆地表层，即土地是由土壤和岩石堆积而成，而地表上部的空气层、水域(海、湖、江、河)、附着于地上和地下的各种物质和能量则不属于土地的范畴。这种原始的土地概念过于简单与狭窄。人类对土地的认识是一个逐渐深化的过程，随着社会生产力水平的不断提高和科学技术的日臻进步，土地利用范围在不断扩大，土地利用强度在不断增加，土地功能在不断增多，人们在各种生产实践活动中对土地的认识和理解也逐步深化。例如，人们在从事农业生产活动时发现，农作物种植安排不但要考虑土壤特性，还应考虑地貌部位、水热条件、地下水深度、排水状况等因素对作物生长的影响；人们在进行城乡建筑活动中发现，工程建筑不能只注意地质条件，还要考虑地形地貌、水文条件、地方小气候等一系列因素；旅游规划设计工作者发现，旅游景区不仅包括山(地貌)、水(水文)、地质、动植物，人文景观和历史文化等也十分重要。通过不断的实践，人们逐渐认识到要搞好生产和建设不能只注意某一自然要素的特点，而应考虑自然的综合特征，于是人们便从实践中概括出土地是一个自然地理综合体的概念。

尽管科学界对土地是一个自然地理综合体的实质形成了较为一致的认识，但作为科学的土地概念，至今还没有严格的定义，以下是几个具有代表性的观点。

澳大利亚学者克里斯钦和斯图尔特在《综合考察方法论》(1964)中指出：“土地是地表及所有它对人类生存和成就有关的重要特征”，“必须考虑土地是地表的一个立体垂直剖面，从空中环境直到地下的地质层，并包括动植物群体及过去和现在与土地联系的人类活动”。

1972 年，联合国粮农组织(FAO)在荷兰瓦格宁根召开了土地评价专家会议，会议文件《土地与景观的概念及定义》中指出：“土地包括地球特定区域表面及其以上和以下的大气、土壤、植物、水文和基础地质，还包括这一区域范围内过去和目前人类活动的种种结果，以及动物就它们对目前和未来人类利用土地所施加的重要影响。”1976 年，联合国粮农组织发表的《土地评价纲要》中进一步指出：“土地是地表的一个区域，其特点包括该区域垂直向上或向下的生物圈的全部合理稳定的或可预测的周期性属性，包括大气、土壤和下伏地质、生物圈的属性，以及过去和现在人类活动的结果。”

赵松乔等(1980)认为：“土地是一个综合的自然地理概念，是地表某一段包括地质、地貌、气候、水文、土壤、植被等多种自然因素在内的自然综合体，还包括过去和现在人类活动对自然环境的作用在内。”林超(1980)认为：“土地是由其相应的各种自然地理成分(地质、地貌、气候、水文、土壤、植被等)相互联系与作用组成的自然地域综合体，是地球表层历史发展的产物。”李孝芳(1989)指出：“土地是地球表面一定范围内，由岩石、地貌、气候、水文和动植物(包括微生物)等各要素相互联系、相互作用的自然综合体，这个综合体受着人类过去和现在长期活动的影响，是人类生活和生产劳动的空间。”

综上所述，土地的概念可归纳为：土地是地表某一地段具有一定空间范围的自然综合体，由地质、地貌、气候、水文、土壤、植被等相互作用、相互关联的全部自然地理要素构成，同时也包括人类活动对它们作用的后果。其基本含义包括：

1）土地是自然综合体。其综合自然特征主要取决于各组成成分及其相互间作用的整体性质与特点，而不从属于其中任何一个单独的组成要素。

2）土地是陆地表面具有一定水平范围和垂直厚度的地段。在陆地表面，任何一块土地均占据着特定的三维空间，由于土地单位大小有别，其空间尺度也不应完全相同。一般认为，低级土地单位的厚度，大致相当于生物群落的地上和地下部分可以影响到的范围，高一级土地单位的厚度应相应扩大。

3）土地是一种历史自然体，具有发生发展的过程。由于地表水热条件、地貌过程、土壤和动植物群体等一系列生化活动都是随时间延续而变化的，人类活动对土地的影响也与日俱增，土地作为自然综合体表现出不断变化的动态特征。

4）土地除具有自然属性外，还具有社会经济属性。土地是人类生产和生活的场所，是重要的自然资源，除自然属性外，还具有社会经济属性。因此，无论是过去、现在和将来，土地都是人类利用和改造的对象，深受人类活动的影响。

二、土地系统的特征

土地是陆地表面客观的物质能量体系，土地系统具有如下三大基本特征。

(1) *整体性特征*　土地系统由土壤、岩石、生物、水分、热量、大气等要素按照特定的规律组合而成，各组分之间相互作用、相互联系，共同构建了土地系统的整体结构，由于各组分间的物质、能量、信息的交流与转化，整体结构发挥着整体功能，从而使土地系统具有整体性特征。

(2) *开放性与动态性特征*　具有整体性特征的土地系统与外部环境之间有着频繁的物质、能量和信息的交流与交换，开放性特征明显，随着负熵流的不断输入，系统从原来的稳定状态进入新的稳定状态，如此循环，表现出动态性特征。

(3) *层次性和稳定性特征*　组成土地系统的各要素及其相互间的联系具有层次性，低层次要素之间的组合构成低等级的土地系统，高层次要素之间的组合构成高等级的土地系统，越是高等级的土地系统，其层次、结构越复杂，系统抵抗外界环境干扰的能力越强，其稳定性越好。

第二节　土 地 分 级

作为自然综合体的土地是自然地理系统的低级单位，陆地表面就是由不同等级的土地单位镶嵌而成的多级综合系统。要深刻揭示这个多级镶嵌系统的内在规律，就需要充分运用地域分异规律，尤其是小尺度地域分异规律，自上而下或自下而上逐级研究土地单位的结构特点与组合关系，由此便产生了土地分级的概念。

土地分级指土地个体地段的划分与合并，即在地表一定区域内，根据综合自然特征的相对一致性和地域的完整性，逐级划分出不同级别的土地地段，或合并为更高一级的土地单位。

20世纪40年代以来，不少国内外地理学家对土地分级做过研究。他们根据研究区域的实际情况，划分出一些复杂程度不同的土地地段，并给予不同的名称，并运用地域系统研究方法进行科学加工，形成了各种土地分级系统。例如，原苏联景观学派根据景观内部形态结构上的异同，自下而上形成了"相—限区—地方"土地分级系统；澳大利亚及英美国家形成了"立地（土地要素）—土地单元（土地片）—土地系统"土地分级系统；由于国外分级系统各分级单位名称在我国不易被推广采纳，国内学者陈传康、伍光和、蔡运龙等提出了一套较切合定义的"地块—地段—地方"土地分级系统（表 6-1）。由于不同学者对不同等级单位概念的理解不尽相同，因此对具体等级的划分目前尚未取得完全一致的意见，但三级土地分级系统目前已被学术界公认，且不同分级系统中的分级单位大体上可以做横向对比。

表 6-1　各国土地分级系统对比

国　家	等　级　系　统		
	低级单位	中级单位	高级单位
原苏联	相	限　区	地　方
澳大利亚	立　地	土地单元	土地系统
英　国	土地要素	土 地 片	土地系统
中　国	地　块	地　段	地　方

一、土地分级的基本单位

（一）相（立地）

许多地理学家在实践工作中发现，陆地表面存在一些不仅综合自然特征非常一致，而且各自然地理成分特性也较为一致的地段。这些地段若采取相同的经济利用措施，其产出效益也应相同。大多数研究者认为这样的地段就是最简单的自然地域综合体，尽管不同的学者给予不同的名称，如表成形态（P. N. 阿保林）、表成相（Л. С. 拉孟斯基）、小景观（Н. В. 拉林）、单元景观（В. В. 波雷诺夫）、生物地理群落（В. Н. 苏卡乔夫）、"立地"、"土地素"、地理群落等，但其实质都是指最简单的自然地域单位或最低土地分级单位。1946 年，Л. С. 贝尔格建议统一称之为"相"，目前已得到一些国家的学者认同，在全球范围也有一定的影响力。在我国，一般称之为"相"或"立地"。

前苏联地理学家 Н. А. 宋采夫（Солнцев）是这样定义"相"的：相是具有一致自然地理条件的地段，在其整个空间内应当具有相同的岩性、一致的地形，并获得同等数量的水分和热量。在此条件下，在其空间内必然会以一种小气候占优势，只形成一个土种和仅分布着一个生物群落。

А. Г. 伊萨钦科（Исаченко）认为，相位于一个地形单元内，是由相当于各组成成分地域划分的最小分类单位组成，具有表征一致的处境条件（地形剖面位置、相对高度、坡向和坡度）、一致的基岩、一致的小气候和水文状况，由一种生物群落占据，内部形成同一种土壤。

英、澳学者指出，立地范围内具有同一性质的地貌、土壤和植被，它为人类和生物提供了一种一致的环境，在土地利用上具有相似性，其含义基本上与相一致。

以上对相的论述均已涉及相的本质，相的特征可概括为以下四个方面。

1）相是陆地表层最低级、最简单的自然综合体，是土地分级的下限单位。

2）相是由各自然地理组成成分最小基本单位（如地貌面、岩性、土质、小气候、土壤变种、植物群落等）构成，其内部各组分自身具有最一致的性质。

3）相是综合自然特征最为一致的土地地段，在其范围内，土地利用具有相同的适宜性与限制性。

4）作为土地分级的最低级单位，与其他高等级单位相比，相形成的历史最短，抵御外部影响（特别是人类活动影响）的能力最弱，维持自身稳定性的能力最小。

综合以上论述和相的实质，我们可以给予"相"较为明确的定义：相是最低级的土地单位，在同一地貌面上，具有相同的岩性、土质、地下水和排水条件，具有一种小气候、一个土壤变种和一个植被群丛，是自然特征最为一致的土地地段。例如，一个阶地至少由两个相——阶面相和阶坡相所组成；一个小丘的剖面可分出丘顶相、丘坡相和丘麓相（图 6-1）。

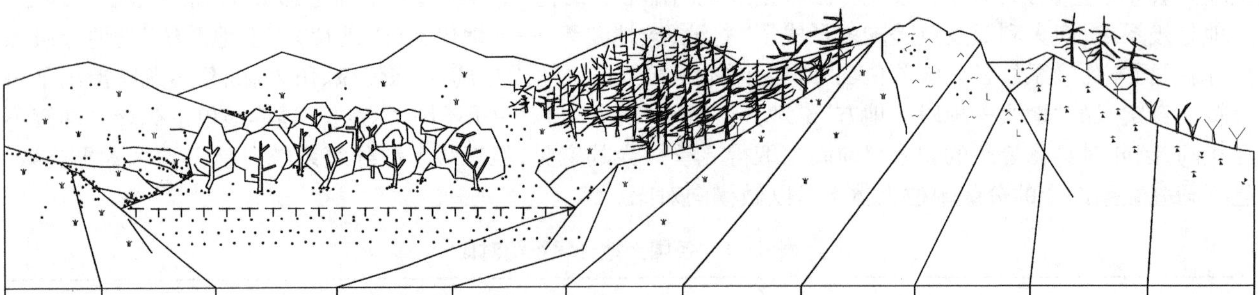

相序	1	2	3	4	5	6	7	8	9	10
地形	沟坡	沟底	沟坡	丘麓	丘坡	丘顶	沟坡	沟坡	丘坡	丘麓
岩性	花岗岩	冲积层	花岗岩	花岗岩	花岗岩	硅化岩	硅化岩	角砾岩	角砾岩	角砾岩
土壤	薄薄砂质土	厚厚壤土	薄薄砂质土	薄薄壤砂土	薄薄砂质土	粗骨土或岩石露头	粗骨土或岩石露头	粗骨土或岩石露头	薄薄砂质土	薄薄砂质土
植被	草丛	阔叶杂木林	草丛	马尾松-芒萁	马尾松-芒萁	裸地	草灌丛	草灌丛	马尾松-芒萁	芒萁

图 6-1　相的基本划分

资料来源：刘南威等(2004)

相虽然是最简单、最低级的土地单位，但由于其组成成分多而复杂，在实践中划分与制图并非一件容易的事。因此，如何在野外识别和划分相，是许多自然地理工作者普遍关注的重要问题。依据前人经验，划分相的关键是寻找简单和可靠的划分标志。为此，必须要解决三个基本问题：① 如何确定各自然地理组成成分的最小基本单位及其野外识别标志；② 在各自然地理组成成分最小基本单位分布区界线不完全吻合的情况下，如何确定相的界线；③ 各自然地理组成成分最小基本单位内可能存在的分异是否可以作为划分相的一种标志。

1. 各组成成分的最小基本单位

(1) *地貌*　国内学者认为，陆地表面是由一系列形状迥异、大小不均、坡度与坡向不尽相同的地貌面组成。所谓地貌面指地形剖面上具有同一坡向和坡度的地貌体。从河谷到分水岭依次可分为河床面、河漫滩面、阶坡面、阶地面、山麓面、谷坡面、山脊面等一系列地貌面(图 4-5)。

相内各组成成分具有最一致的性质，其综合自然特征最为一致，因此，相只能位于一个地貌面中。换句话说，如果其他条件相同，每个地貌面便可视为一个相；如果其他条件不同，就应在每个地貌面内划分几个相。由此可以认为，地貌面是地貌的最小基本单位，是划分相的前提与基础。

(2) *岩性、土质、土壤和植被*　在同一地貌面内，岩性和土质的差异是相分异和相界线确定的重要因素与标志。因为地貌部位、岩性、土质、潜水条件、间接小气候等形成的综合体——处境的差异，将产生不同的“生境”。按此原理，一个处境范围内，只能发育一个土壤变种，定居一个植物群丛。

由此表明，在一个地貌面内，如果岩性、土质一致(岩性相同、土质与风化壳的厚度相同、土质与风化壳的分层相同)，再加上相同的潜水和小气候条件，必然只会分布一个土壤变种和一个植物群丛，那么这块土地可以划为同一个相。因此，地貌面是划分相的前提条件，岩性、土质的异同则是划分相的地表依据。

土壤是自然界的一面“镜子”，植被对自然条件变化的反应较为灵敏，土壤和植被最小基本单位对相的划分有着重要的指示意义，以它们作为划分相的依据是可靠的。但由于目前在野外准确区分两个土壤变种并划分其界线的方法还不够完善，种种原因特别是人类活动造成植物群丛外貌和界线模糊，因此，用它们确定相的界线也非易事。鉴于此，根据地貌面、岩性、土质等构成的多种处境进行相的划分仍是最可靠、最简单的办法。

(3) *水文和气候*　排水条件是相水文组成成分的最小基本单位。排水条件包括潜水埋藏深度和流动性，其对土壤水分状况和营养物质的迁移有较大的影响，决定着土壤水分状况。因此，排水条件可作为划分相的参考标志。

通常认为小气候是气候的最小基本单位。小气候概念并不严格，既可以理解为一定范围内近地层的气候，也可以包括乔木层小气候、树穴小气候、室内小气候等。一般认为小气候是由下垫面性质的差异引起，具有相同表现、近地层（<2 m）的气候。其范围如果与地貌面一致就是一个相，不一致则可划分几个相。目前，绝大部分地区缺乏小气候资料，因此，根据小气候划分相也比较困难。

2. 各组成成分分布区大小与相的关系　相是各自然地理成分最小基本单位的综合体，因此，确定这些最小基本单位及其分布区范围是划分相的基础。由于相的各组成成分既具有相互影响、相互制约的特征，还具有相对的独立性，大多数情况下各组成成分最小基本单位的分布区范围不是完全吻合的。并且，某一成分的分布区内自然特征一致，但由于另一成分出现分异而导致其成分也随之变化，致使各成分分布区不一致。在这种情况下，依然可以采用各组成成分作为相划分的标志，但应按照主导作用的原则分析各组成成分在相分异中的作用，以确保所采用标志的可靠性。

在野外具体划分相及处理各组成分布区是否一致的问题上，应着重注意以下四点。

1）各自然地理成分最小基本单位分布区大小与位置一致，应划分为一个相；不一致则可能细分为几个相。

2）在各自然地理成分最小基本单位分布区不一致的情况下划分相，不能简单地采用各组成成分最小基本单位叠置的办法来确定，而应对分异因素进行相关分析，按一定步骤划分。

3）划分相的一般步骤是首先划分地貌面。在一个地貌面内，其他条件相同可视为一个相；若其他条件不同，则首先考虑岩性、土质的差异划分为几个相；在确保地貌面、岩性、土质一致的情况下，继续考虑其他组成成分的异同进行相的划分。地貌面、岩性、土质是形成处境的主导因素，相同的处境形成相同的“生境”，并制约着土壤的性质与生物的分布，最终形成具有最一致的综合自然特征的土地单位——相。

4）划分相简单、可靠的标志，通常是界线较为明显和组成成分较为稳定的地貌面、岩性、土质，以及对自然环境条件反映较为灵敏、全面的土壤与植被，而水文和小气候一般只作为相边界划分的辅助性指标。

3. 相的内部结构与界线性质　作为地域个体单位，相是陆地表面自然特征最一致的地段。严格地说，相的内部仍存在某个组成成分的个别要素和组分的差异，尽管这种差异不再是地域单位的分异，但其特征对相的性质和边界的确定仍然具有较大的意义。

相内部的明显独立部分称为形态要素，按其形态差别可分为点要素（如植株、植丛、草墩、陷穴、兽穴、巨砾等）、线要素（如侵蚀纹沟和细沟、裂隙、风成波痕、灌渠、田埂等）、面要素（如小群丛、大片基石、田块等）三大类。这些形态要素组成均匀分布（各种相的形态要素均匀分布）、镶嵌分布（两种或两种以上的形态要素镶嵌分布）、斑点状分布（一种形态要素呈斑点状分布于相内）三种相的主要形态结构。

常见的相的界线有以下五种类型。

1）明显边界：界线很清楚，通常是地貌面的交界线，有时是由水文因素决定的边界，如坡折线、坡麓线、坡缘线。

2）锯齿状边界：界线相对明显，但呈锯齿状过渡，如被悬沟切割的阶面相与阶坡相之间的界线。

3）镶嵌边界：彼此之间镶嵌过渡，如两种群丛的要素在边界呈镶嵌过渡。

4）断块边界：因崩塌或陷穴等突发原因使得某一相的断片分布到另一个相内，往往形成这种边界。

5）补缀边界：两个相的过渡地带，因具有一种特殊的小“生境”而出现不属于两个相的植物种类，同时又未形成独立的相，便形成了补缀边界，如小水体边缘的狭窄条带。

研究相的内部形态结构和界线性质对划分相的意义在于：① 形态要素的研究有助于弄清楚它与相的本质差别，从而加以区分。例如，植株、草丛、陷穴等受本身性质的决定，其个体不可能太大，应属于形态要素；而森林、湖泊等不受本身性质的影响，其形体可大可小，不能称之为形态要素，而是相当于相或比相更高级的单位。② 形态结构有时可以当作划分相的主要依据。例如，黄土崖的边缘部位，地貌面与土质条件都一致，按前述相划分的标准可以视为一个相。但这里常出现陷穴这一形态要素，使得陷穴呈斑点状分布，这样就可以把有陷穴分布的范围和没有陷穴分布的范围分别划为两个相。③ 研究相的界线性质有助于在野外确定相。可以根据相的界线种类，分析相分异的主导成分。

（二）限区（土地单元）

限区（土地单元）是一个比相高级、复杂的中级土地分级单位。限区由一系列的相有规律地组合而成，通常相当于一个初级(中等)地貌形态单元,是外貌最清楚的自然综合体,内部物质迁移具有一致性的特点。

前苏联学者 A. Г. 伊萨钦科认为:"限区是主要同单个凸状或凹状中地形形态(初级地貌形态)或同基质一致的平坦河间地段相联系的,并且由水的运动、固体物质的搬运和化学元素的迁移等过程的共同方向联结起来的各个相的综合体。"

澳大利亚学者克里斯钦等给土地单元做了如下的定义:"土地单元是一组相互联系的立地,它们在土地系统内和某一特定的地形有关,在该土地单元出现的地方总是有相同的立地组合,其简单和复杂程度,一部分取决于被研究单元地形的复杂性,另一部分则取决于反映在土壤或植被变化上的发生因素,但不是地形本身的变化。"

可以举出限区的几个典型例子。如果忽略其内部的土种、植被群丛、人类活动等的差别,一个阶地限区至少由一个阶面相和一个阶坡相所组成;一条冲沟是至少包括两个沟坡相和一个沟底相所组成的冲沟限区;一个小山丘是至少由一个丘顶相、两个丘坡相、两个丘麓相所组成的小丘限区等。

综上,限区具备以下六个基本特征。

1) 限区是一系列相互联系的相有规律地组合而成的自然地理综合体,其级别比相高,内部结构比相复杂。

2) 限区内各相之间保持着密切的联系,尽管其内部各相之间存在着一些差异,但仍表现出相对一致的整体综合自然特征,是具有一定特征的自然地段。

3) 限区具有一个初级地貌形态、一个小气候组合、一个相同的排水条件组合、一个土壤变种组合、一个植物群丛组合等。

4) 在限区组成成分中,初级地貌形态是限区分异的主要因素,是野外划分限区的主要标志。

5) 限区的界线分明,且有简单和复杂之分,其简单与复杂程度主要取决于初级地貌形态的特性与复杂性。

6) 在限区范围内,水的运动、固体物质的搬运、化学元素的迁移等具有共同的方向。

地表自然界的情况复杂多样,尽管限区的基本特征明显,要正确、合理划分限区也不容易。初级地貌形态是限区形成的重要因素,但并不是唯一因素,因此,划分限区,除了以地貌形态作依据外,还应综合考虑基质及其差异所导致的排水条件、湿润状况、土壤和植被等的变化。

一般来说,初级地貌形态通常在地表切割显著和阶梯性地貌的情况下,对限区形成的作用最为显著。例如,我国黄土高原的丘陵沟壑区,地表切割显著,可根据地貌形态识别限区;太行山和燕山山前的洪积台地被切割后,表现为土质岗地与岗间地、小残丘与丘间地等正负初级地貌交错分布,每个初级地貌形态可视为一个限区;北京山区河谷中,地貌阶梯性明显,从低到高有不同的初级地貌形态出现,这些地貌形态也都相应形成一个个限区(图 6-2)。在另外一些情况下,地貌形态对限区划分的作用并不如此显著。例如,在切割微弱的平坦分水岭、广阔的平原地区、地表形态单一的河间地段等,其地貌形态基本一致,却可以出现几个不同的限区。显然,在这些情况下其他因素影响着限区的分异,如土壤物理性质与营养特征的变化、松散沉积物下伏基岩深度与性质、潜水埋藏深度与天然排水条件等。

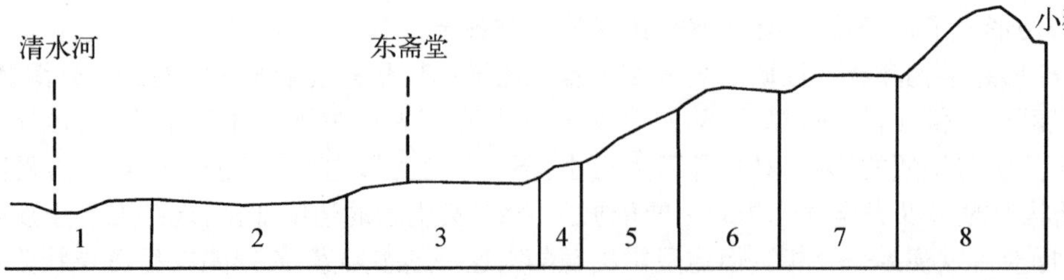

1. 裸露和生长稀疏旱生草本植物的干河床砂砾石滩地限区;2. 滩田化淤沙土滩地限区;3. 分布作物和稀疏果木中度熟化的川地限区;4. 分布作物和稀疏果木中度熟化局部轻度熟化的黄土台地限区;5. 梯田和畦田化的覆盖黄土的砂页岩谷旁山脊限区;6. 分布作物和果木的覆盖黄土的砂页岩平顶山脊限区;7. 局部为耕地鳞片状剥蚀的砂页岩斜降山脊限区;8. 旱中生和半旱生植被的鳞片状剥蚀的中性喷出岩残丘限区

图 6-2 北京斋堂附近的限区划分示意图

资料来源:程伟民等(1990)

根据所处的发展阶段不同,又可将限区分为雏形限区(环节)、简单限区和复杂限区三个层次。其中,雏形限区是相与限区之间的过渡单位,复杂限区是限区和更高一级土地单位(地方或土地系统)之间的过渡单位。

(三) 地方(土地系统)

地方是由相互联系的一组或几组限区有规律地组合而成,是土地分级的高级单位。每一个地方都有自己的一套限区,相当于特别复杂的初级地貌形态单元组合,其内部结构复杂,具有复区的特点,内部无统一的物质迁移方向。

地方通常表现为几种初级地貌形态单元在其范围内重复出现或彼此叠置分布。例如,若干连续分布的山谷地、山麓地、山坡地和岭脊地限区组合成一个地方;具有沙丘(坨子)和沙丘间凹地(甸子)两种限区重复分布的一个沙丘带可划分为一个地方。

A. Г. 伊萨钦科认为,"地方应该理解为在地貌面上具有明显独特性的彼此共轭的限区综合体"。

H. A. 宋采夫指出,"地方是一定限区有规律的结合",并认为"地方形成的原因在于一个景观范围内地质地貌基础发生了某些变化,从而使得在每一个这种地质地貌基础变形上的全部限区获取了自己的特征"。

林超将地方概括为,"是一定限区有规律的结合,是各个限区彼此交替重复出现或复域分布的地域,或者是面积较大的限区因遭受切割而复杂化的地域"。

澳大利亚学者认为,"土地系统是在地理和地貌上有相互关系的土地单元的集合,在这个集合中,地貌、土壤、植被重复出现"。

综合以上观点,地方可以归纳为以下四个特点。

1) 地方是地域上保持一定联系的各限区构成的、具有明显独特性的自然地域综合体,是土地分级中级别最高、复杂化程度最大的土地单位。

2) 地方内部具有复区(复域)特点,这是其与相和限区的重要差别。

3) 地方范围内,水的运动、固体物质的搬运、化学元素的迁移等物质运动过程无共同的方向,这是其与限区的重要差别。

4) 地方相当于一个中等地貌形态综合体,并与一个地方气候、水文复区、土壤复区、植被复区相联系。

地貌形态和新构造运动决定着限区组合的特点,使每一个地方都具有自己独特的结构格局,对地方空间的划分起着主导作用。

二、土地分级单位间的相互关系与特征

土地个体地段划分为相、限区、地方三个分级单位,随着级别的提高,各级土地单位的综合自然特征一致性逐步减弱,内部复杂程度逐渐增强(表 6-2)。

表 6-2　土地分级单位自然要素比较

土地级	地　形	气　候	水　文	土　壤	植　被
相	地貌面	小气候	土壤水性质相同	变　种	群　丛
限区	初级地貌	小气候组合	排水、潜水条件相同	变种组合	群丛组合
地方	初级地貌组合	地方气候	小流域	复　区	复　区

资料来源:陈传康等

相是最小的土地分级单位,通过相组合成限区,限区与限区又组合为地方。地方是最高土地分级单位,假如把地域上连接在一起的、综合自然特征较为一致的几个地方进行组合,则还可以得出更为高级的个体单位——自然地理区,即狭义的景观(图 6-3)。事实上,景观已超出土地分级的范畴,属于区域分级单位,即自然区划单位,因此把土地分级单位和区域分级单位合称为地域分级单位或地域个体单位。

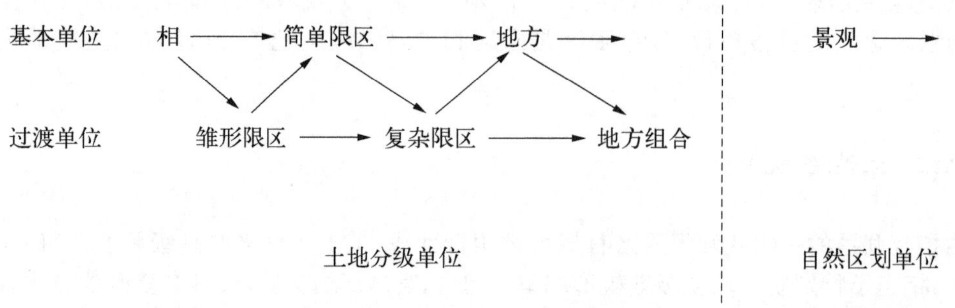

图 6-3 土地分级单位之间的相互关系

资料来源：蒙吉军(2005)，并做一定修改

综合以上分析可以看出，土地分级单位具有以下三个特点。

1）高级土地单位是由不同的低级土地单位有规律地组合而成。

2）不同的土地单位有地域连接关系才能进行组合，地域联系是其组合的依据。

3）土地单位级别越高，其内部所包含的低级单位越多，复杂程度越大。

第三节 土 地 分 类

土地分级单位都是土地个体单位。由于自然界情况十分复杂，一个区域内土地个体单位数目繁多，一般不可能对它们进行逐个研究，而是按其性质的共同性或相似性做不同程度的概括与归并，得出级别高低不同的土地分类单位。这些类型单位都是土地个体单位形态特征的抽象概括，其级别越低，分类标志共性或相似性越多，级别越高则共性或相似性越少。

对土地进行分类研究是土地类型学的主要任务和重要研究课题，不仅能够帮助人们了解土地的数量、质量、空间布局，认识土地利用中存在的问题，指出未来利用方向和改造途径，而且有助于扩大综合自然地理学的研究领域，丰富和完善其理论体系。

由于对土地分类问题持有不同的观点，目前，国内外学者在土地分类方法上还存在一定的分歧，但目前公认的分类有多系列土地分类系统和单系列土地分类系统。

一、多系列土地分类系统

前苏联景观区域学派和我国以陈传康等为代表的综合自然地理学者，主张在土地分级的基础上进行土地分类。他们认为，土地分级单位是多级的，而土地分类是对每一级土地单位的共性或相似性的概括与归并，因此，土地分类系统应是多系列的。对研究对象进行分类是科学研究的一种常用方法，生物学上对生物个体进行种、属、科、目、纲等类型归并为大家熟知，土地个体单位类型的划分可借鉴这种方法。以相为例，可以把性质相似的某些相归并为“相种”，再把性质相似的“相种”归并为“相属”，性质相似的“相属”又可以归并为“相科”。依此类推，性质相似的限区和地方也可以进行同样的归并(图 6-4)。应该指出，这里借用生物学上的种、属、科等术语，仅仅是为了确保土地分类系统的统一性和层次性，而在土地分类系统表、土地类型图的制作等实际操作过程中，“种”、“属”、“科”的名称一般都可省略。

综上，多系列土地分类系统单位具有以下四个特点。

1）每一等级的个体单位都可以划分出相应等级的类型系列。

2）分类系统等级越高，它所表现出来的共性或相似性就越低，属性就越简单。

3）土地个体单位是具体的、客观存在的，并具有地域上的连续完整性，而类型单位则是个体单位抽象的类型概括，在空间上具有不连续分布的特征。

4）越是高级的个体单位，其内部结构越复杂，相似性越少。因此，只有在等级较低的土地分级单位中进行分类研究才有意义，等级较高的区域分级单位一般不做类型研究。

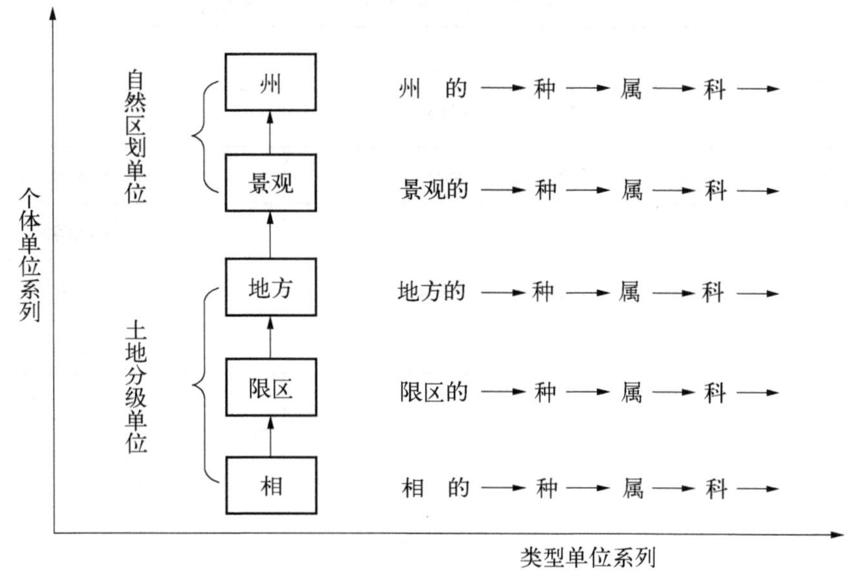

图 6－4　个体单位与类型单位的相互关系

资料来源：A. Г. 伊萨钦科，并做一定修改

（一）相的分类

相是最低的土地分级单位，是地表自然界中自然特征最一致的地段，相当于各自然地理成分的最小基本单位，地貌面、岩性、土质、潜水条件、土壤变种、植物群丛等都可以作为相的分类标志。

相抵御外部干扰的能力比其他土地单位小，常常因受到人类活动的影响而发生变化。根据人类活动影响的强弱，多数学者把相分为三大类。

1）原生相(original facies)：指天然条件下形成的相。

2）衍生相(derived facies)：指受人类活动或自然灾害影响，使原生相某些组成成分发生变化，而主导成分未发生变化，当外部影响消除后，又表现出力图恢复原生相的趋势。

3）人源相(human facies)：又称文化相，指受人类经济活动的影响，原生相的岩源基础发生了改变，致使其综合自然特征与原生相相差甚远。

相分类最稳定、最普遍的标志是处境，地貌面、岩性、土质和潜水条件是构成处境的重要因素，其中以地貌面作用尤为显著。基于此，地貌面的高度、坡向、坡度等数量指标，岩性或土质的机械组成、厚度、分层等特征，潜水埋藏深度与排水条件等，就成为相分类的主要标志与指标。相的各分类级别的划分标志如下。

1）相种：地貌面、岩性或土质、土壤变种、植被群丛等都相同的一些相。

2）相属：同一地貌面上相种的合并。

3）相科：在地形剖面上有一定的联系，特别是水文和外动力条件具有共同特性的相属的合并。

土地分类系统的构建通常采用顺序法和两列指标网格法。

顺序法是按科、属、种的顺序直接列出分类系统。一般用拉丁数序Ⅰ、Ⅱ、Ⅲ……表示科；用英文字母 a、b、c……表示属；用阿拉伯数字 1、2、3……表示种；$Ⅰ_{a1}$、$Ⅱ_{a2}$、$Ⅲ_{a3}$……表示其分类系统。表 6－3 为采用顺序法建立的广东鼎湖山沟床河床相分类系统。

两列指标网格法是纵横两列交叉构成一个坐标网络，其纵列坐标表示地貌类型，自下而上按部位从低到高排列出各种地貌面；横向坐标表示土壤植被组合类型，从左向右按由湿生到旱生的顺序排列；纵横交叉构成若干网格，每个网格代表一种土地类型(图 6－5)。实际上，由于自然综合体各要素的内在联系，土地类型只集中出现在 AB 连线及两侧附近。如在低洼的沟谷地，不会发育旱生的土壤和植被。相反，在高凸分水岭上，也不会发育湿生土壤和植被。

表 6-3 广东鼎湖山沟床河床相分类系统

相科	相属	相种
标志：地形	标志：水文结构	标志：水文要素和地形要素
沟床河床Ⅰ	常流水沟床河床 a	缓流沟床河床 1
沟床河床Ⅰ	常流水沟床河床 a	急流沟床河床 2
		瀑布沟床河床 3
		水潭沟床河床 4
	暂时流水沟床河床 b	间歇缓流沟床河床 1
		间歇急流沟床河床 2
		跌水沟床河床 3

资料来源：蒙吉军(2005)。

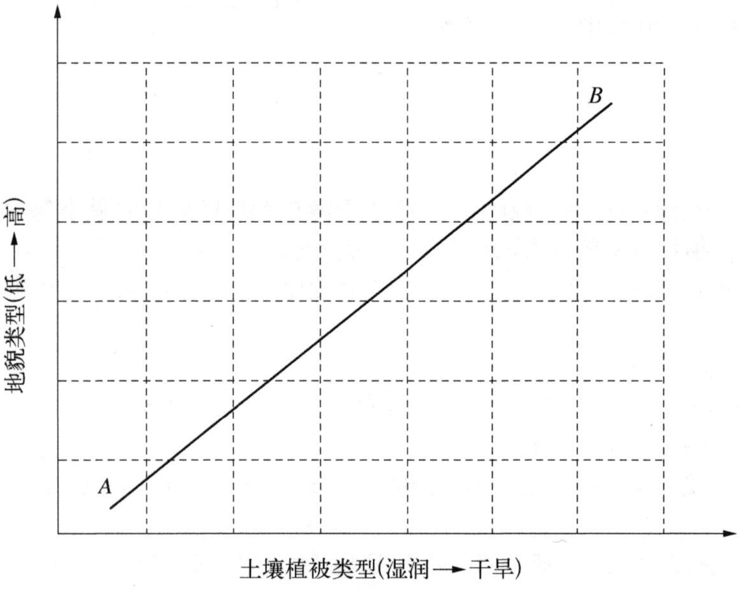

图 6-5 两列指标网格法示意图

资料来源：程伟民等(1990)

顺序法和两列指标网格法各有优缺点。顺序法能清楚地表示各分类级别及各类型在分类上的从属关系，清晰简单，便于阅读，但不利于了解各类型划分的主要标志和组成土地单位各成分的特征及其相互关系。两列指标网格法的优缺点则正好相反。

（二）限区的分类

限区是中级土地分级单位，相当于初级地貌形态范围内相的组合，物质运动具有共同的方向。限区的分类需注意以下三点。

1）研究地表的切割状况和起伏规律，特别注意正负地貌的分布情况，在此基础上再进行限区分类。

2）由于限区的不同发展阶段其综合自然特征有明显的差别，因此限区分类还需要考虑其不同的发展阶段。

3）强调限区分类从分析地貌切割和起伏入手，考虑限区不同发展阶段的同时，还要综合考虑其他标志和指标。

限区各分类级别的划分标志如下。

1）限区种：同一初级地貌形态中具有相同土壤和植被的各具体限区的总和。

2）限区属：以初级地貌形态为分类依据，对各限区岩性母质或水文特征的概括。

3）限区科：代表各个相同水文条件的初级地貌形态类型的自然特征，是各限区属的特征概括。

在北京门头沟斋堂地区冲沟限区的分类系统(表 6-4)中，限区种是代表同一初级地貌形态中具有相同基质的各具体限区的总和；限区属是以初级地貌形态为分类依据，对各限区种特征的概括；限区科是初级地貌形态相同的各限区属特征的概括。

表 6-4 北京门头沟斋堂地区冲沟限区分类表

限区科	限区属	限区种
冲沟	大冲沟	沟底梯田化的黄土质大冲沟 沟底梯田化的石碴质大冲沟 未进行农业利用的砂页岩大冲沟
	小冲沟	沟底梯田化的黄土质小冲沟 砂页岩沟坡的黄土质小冲沟 沟底梯田化的石碴质小冲沟 未进行农业利用的砂页岩小冲沟

资料来源：刘南威等(2004)。

（三）地方的分类

地方分类是根据各地方的相似性概括出分类级别不同的单位。地方各分类级别的划分标志如下。

1）地方种：中等地貌形态、岩性、土质、土壤、植被组合等自然特征相同的地方的合并。

2）地方属：同一地貌类型或土壤植被特征相同的地方种的合并。

3）地方科：具有相同中等地貌组合的若干地方属的合并。

表 6-5 是延边自治州台地地方分类系统。

表 6-5 延边自治州台地地方分类

地方科	地方属	地方种
标志：地形	标志：土类	标志：积温
台地	白浆土台地	温和白浆土台地 温凉白浆土台地 温和白浆土玄武岩台地
	暗棕壤台地	温凉暗棕壤台地 温冷暗棕壤台地

资料来源：蒙吉军(2005)。

以上相、限区、地方等不同土地分级单位的分类，同一土地分级单位的不同级别的类型，涉及空间范围和要求的精度不同。一般的土地类型研究是根据具体的任务要求和制图比例尺的大小，确定某一分级单位作为分类和制图的基本单元。一般情况下，当制图比例尺大于 1∶1 万时，以相作为分类和制图的基本单元；当制图比例尺为 1∶1 万～1∶20 万时，以限区作为分类和制图的基本单元；当制图比例尺为 1∶20 万～1∶100 万时，则以地方作为分类和制图的基本单元。

土地分类研究还牵涉到各具体类型的命名问题，关于土地类型命名的方法大致有三种。

1）采用当地习用的名称：如北京地区的活山（水土流失严重的山地）、死山（基岩裸露的山地）、软山（覆盖有疏松堆积物的山地）、深山（海拔较高的丘陵、山地）、浅山（海拔较低的丘陵、山地）；黄土高原地区的川地、塬地、墚地、峁地、墕地；珠江三角洲地区的沙田、垌田、塅田、坑田等。这类命名通俗、简练、形象，便于群众使用，但也会出现同质异名或同名异质等现象，有一定的局限性。

2）特征成分组合命名：以植被、土壤、地貌等决定土地特征的主要成分名称相结合进行土地类型命名。如针叶林漂灰土山地、灰褐色森林土针阔叶混交林低山地、黄红壤山坡地等。这种命名直观简单，能较好地反映土地的特征，但名称冗长，不便于非专业人员使用。

3）地名命名：英、澳等国家多采用这种方法对土地分类系统进行命名。如澳大利亚的纳珀比土地系统和沃伯顿土地系统，纳珀比和沃伯顿均为地名，两地的土地类型系统很典型，故以地名命名。这种方法命名虽给人以具体的区域性单位的感觉，但由于土地类型单位在地域上可以重复出现，仍属于类型单位。

二、单系列土地分类系统

多系列土地分类系统强调土地个体单位是多级的，土地分类也应是多系列的。这一思想渊源于前苏联的景观区域学派，我国学者陈传康教授尤为推崇。

受前苏联景观类型学派观点及植被、土壤分类方法的影响，我国另外一部分学者主张采用单系列的土地分类系统。1985 年，中国科学院地理研究所主持制定的《中国 1∶100 万土地类型图制图规范及分类系统》基本反映了这一思想，该系统是我国土地分类研究的一次具有开创性意义的总结。

该系统把全国土地类型从高到低分为土地纲、土地类、土地型三个级别，按照水热条件的地域组合状况将全国土地划分为 12 个高级类型(土地纲)；每个土地纲划分出不同的第一级土地类型(土地类)；每个土地类下面又细划为不同的第二级土地类型(土地型)(表 6-6)。

表 6-6　我国 1∶100 万土地类型分类系统

编码	土地纲	土地类
A	湿润赤道带	A_1 岛礁
B	湿润热带	B_1 岛礁；B_2 滩涂；B_3 低湿河湖洼地；B_4 海积平地；B_5 冲积平地；B_6 沟谷河川与平坝地；B_7 台阶地；B_8 丘陵地(相对高差＜200 m)；B_9 低山地(海拔 500～1 000 m，相对高差＞200 m)；B_{10}中山地(海拔 1 000～2 500 m)
C	湿润南亚热带	C_1 滩涂(潮间带)；C_2 低湿河湖洼地；C_3 海积平地；C_4 冲积平地；C_5 沟谷河川与平坝地；C_6 岗台地；C_7 丘陵地；C_8 低山地；C_9 中山地
D	湿润中亚热带	D_1 滩涂；D_2 低湿河湖洼地；D_3 海积平地；D_4 冲积平地；D_5 河川沟谷与平坝地；D_6 岗台地；D_7 丘陵地；D_8 低山地；D_9 中山地(海拔 900～1 000 m 以上)；D_{10}高山地；D_{11}极高山地
E	湿润北亚热带	E_1 滩涂；E_2 低湿河湖洼地；E_3 海积平地；E_4 冲积平地；E_5 沟谷河川地；E_6 岗台地；E_7 丘陵地；E_8 低山地；E_9 中山地；E_{10}高山地
F	湿润半湿润暖温带	F_1 滩涂地；F_2 低湿河湖洼地；F_3 海积平地；F_4 冲积平地；F_5 冲积洪积倾斜平地；F_6 沙地；F_7 沟谷河川地；F_8 岗台地；F_9 丘陵地(海拔＜400 m，相对高度 50～200 m)；F_{10}低山地(海拔 400～1 000 m，相对高度 200～500 m)；F_{11}中山地；F_{12}高山地
G	湿润半湿润温带	G_1 低湿河湖洼地；G_2 盐碱低平地；G_3 草甸低平地；G_4 冲积平地；G_5 冲积高平地；G_6 漫岗地；G_7 沟谷地；G_8 丘陵地；G_9 低山地；G_{10}熔岩高原；G_{11}中山地；G_{12}高山地
H	湿润寒温带	H_1 低湿洼地；H_2 低平地；H_3 针叶林灰化土低山地
I	黄土高原	I_1 黄土冲积平地；I_2 黄土川地；I_3 黄土沟谷地；I_4 黄土台地；I_5 黄土塬地；I_6 黄土梁地；I_7 黄土峁地；I_8 黄土涧地；I_9 石质丘岗地；I_{10}黄土丘陵地；I_{11}低山地；I_{12}中山地
J	半干旱温带草原	J_1 低湿滩地；J_2 盐碱滩地；J_3 沟谷地；J_4 干滩地；J_5 沙地；J_6 平地；J_7 岗坡地；J_8 丘陵地；J_9 低山地；J_{10}中山地
K	干旱温带暖温带荒漠	K_1 滩地；K_2 绿洲；K_3 土质平地；K_4 戈壁；K_5 沙漠；K_6 低山丘陵地；K_7 中山地；K_8 高山地；K_9 极高山地
L	青藏高原	L_1 河湖滩地及低湿地；L_2 平谷地；L_3 平地；L_4 台地；L_5 低中山地；L_6 高山地；L_7 极高山地

各级土地类型单位的划分标准如下。

1) 土地纲：主要划分指标包括≥10℃积温、干燥度、无霜期、熟制(青藏高原和黄土高原主要依据是地貌条件)。

2) 土地类：以引起土地类型分异的大、中地貌类型为依据(山区以垂直地带为依据)。

3) 土地型：以引起次一级土地类型分异的植被亚型或群系组、土壤亚类为依据。

单系列土地分类系统凝聚了国内许多地理学者的心血，符合我国疆域辽阔、自然条件复杂、土地类型多样的基本国情；方法简便，操作易行，便于人们在生产实践中掌握和应用。该分类方法基本上是成功的，但还存在一些值得商榷的地方。单系列分类系统随着低级类型单位的逐级合并，高级类型单位的个体特征逐渐明显，最终与自然区划单位重合。也就是说，单系列土地分类系统既包括土地类型单位（土地类、土地型），又包括区划单位（土地纲），这实际上是把两种不同性质的事物混淆了，理论上不够严密。由于其不能像多系列土地分类系统那样根据制图比例尺的变化而相应变换上图单元，在进行小比例尺制图时，单系列土地分类系统不可避免地会遇到类似于生物学或土壤学上的复区分类和复区制图的麻烦。

第四节　土 地 结 构

人类总是在一定区域范围内同时利用各种土地，为达到土地利用综合效益最优化，除了因地制宜地按照土地的各种自然特性和生产潜力确定合理的土地利用方式外，还必须根据各种土地之间的相互关系，建立起具有一定物质能量联系的土地利用组合。土地的各自然属性以及各种土地之间的相互关系称之为土地结构。

一、土地结构的类别

随着对土地研究的不断深入与发展，国内学者对土地结构问题的看法不断更新。综合其观点，土地结构主要包括土地要素组成结构、土地空间结构、土地数量结构和土地演替结构等四方面的内容。

1. 土地要素组成结构　土地要素组成结构指构成土地的各要素之间的相互关系及其对土地分类和各类土地综合特征的影响，既可反映各要素的综合性，又可表现出各要素之间的不平衡性。因此，对土地要素组成结构做全面分析可以把握土地类型的综合特征，对其主导因素分析可以明确土地利用中的关键问题。显然，土地要素组成结构分析对土地分门别类研究和确定适用于各类土地的土地利用方式与改良措施都是十分重要的。

2. 土地空间结构　土地空间结构指某个区域内各类土地的空间位置及彼此间组合而形成的一定格局。土地空间结构往往具有明显的地域差异。平原地区，地形地貌较为一致，水文特征相似，土地空间结构一般不甚明显；丘陵山区，由于受地形与水系切割的影响，土地空间结构则比较鲜明。对土地空间结构进行分类研究，并探讨其地域分布规律，将有助于进一步揭示小尺度的地域分异规律，是综合自然地理学研究的重点内容之一。

3. 土地数量结构　土地数量结构指某个区域内包含哪些土地类型，它们的面积（绝对面积和相对面积）比是多少，其实质为土地类型质与量的对比关系。例如，日常生活中人们常提到某个地区土地为“七山二水一分田”，这就是该地区土地质和量的对比关系，其中山、水、田是土地类型的“质”，而七、二、一是土地类型的“量”。对土地数量结构分析常用的统计方法有多度、频度、面积比、重要值、复杂度和区位指数等。多度、频度是合理确定适宜于该土地类型利用方式的依据；面积比是决定是否在该类土地上建立商品生产基地和确定土地适度经营规模的依据；重要值、区位指数是确定区域土地利用专门化方向的依据；复杂度是确定区域土地利用方式多样化的重要指标。由此可见，土地数量结构分析对区域土地利用方向的确定与利用方式选取至关重要。

4. 土地演替结构　由于土地和周边环境之间不断地进行物质、能量的转换与交流，同时也不断受到人类活动的影响，各种土地都会发生特有的随时间演替的过程。物质能量的交换或人为干扰的强度在不同的地段上会存在着差别，因此，同种土地的演替可能不同步，在一定的区域内就会同时存在处于同一时间演替过程中不同阶段的土地类型，如果把它们按照演替的时间顺序联系起来，就会呈现出土地演替过程，这种同一时间演替过程中不同阶段的土地类型的组合关系就是土地的演替结构。土地演替结构的研究，有助于土地动态变化的预测，有利于持续、合理、健康的土地利用方式的确定，从而促进土地进入良性循环，防止土地破坏和退化。

二、土地结构研究的应用

土地结构研究对农业生产具有重要的实际意义。从自然地理学的角度来看，一个地区的大农业生产构成（包括农业、林业、牧业、副业、渔业等）主要取决于该地区的水热条件和土地结构。

水热条件决定了区域大农业生产构成的基本方向，而土地结构则使大农业生产构成方向更加细化和具体化。一定的水热条件下有其最适宜发展的作物组合,最适宜饲养的牲畜种类及其品种组合,据此可大致确定区域农业专门化生产的发展方向。然而,相同的水热条件下可能存在多种土地类型,不同的土地类型又适宜于不同的农业生产门类,区域大农业经营要考虑其综合发展。因此,将水热条件和土地结构两者结合起来,就可以更好地决定一个地区大农业生产的构成方向,这个方向可以是较为集中的专门化方向,可以是多样化的发展方向,还可以是具有一定专门化的综合发展方向,具体构成方向取决于当地土地类型组合结构的特征。例如,洞庭湖平原地区,土地结构较为单一,平原、水域面积占区内土地总面积的比重达60%,成为湖南省粮、麻、油、水产等较为集中的农业专门化发展地区;湘西山地、丘陵地区,地貌起伏变化较大,土地结构复杂,不易形成单一优势,却具有结构优势,这里农业生产发展应为具有一定专门化的综合发展方向。

土地结构对区域大农业各种内部构成也产生影响。主要是对大农业内部的土地利用方式构成、农作物和牧畜种类构成、农田水利措施和田间工程构成、农业机械配套构成等产生影响。农业生产要求因地制宜地利用不同的土地类型,因此,各种土地类型都有与其相适应的最合适的大农业内部构成方向。例如,适宜种植业的土地类型面积比例大时,种植业在大农业生产构成中的比重就大,而适宜不同种植业的土地类型其农业利用方式存在差别,不同的种植业发展对农田水利措施要求也不尽相同;适宜牧业发展的土地类型多且分布面积大时,牧业在农业生产构成中的比重就大,而不同的宜牧土地类型适于放牧不同的牧畜。

一个地区的大农业构成方向非常重要,决定着该地区的农业生产战略部署。在考虑区域水热条件的基础上,根据区域土地结构的实际,合理安排当地农业发展方向,并采取相适应的土地利用、改造和保护措施,将获取农业经济发展与自然环境保护的双赢。例如,陕西北部的黄土丘陵沟壑区属森林草原带,该地区土地呈现"一川二沟三坡四峁梁"的结构特点。从水热条件看,农林牧业发展均有条件,也各有限制因素。从土地结构上看,"川"地中只有阶地和河漫滩阶地宜农,但所占比例小;"沟"地可部分耕作用于发展农业,但不能无限扩大农耕,且须进行田间工程措施建设以防止水土流失;"坡"地和"峁梁"地目前水土流失已较为严重,如继续扩大开垦耕种,必然会加剧水土流失。从土地结构和土地利用现状来看,该区土地适用于农业生产的土地类型少,适用于牧草种植和植树造林的坡丘地多。因此,该地区大农业发展应以牧业为主,走农林牧综合发展之路。

土地利用方式的构成属于大农业内部的构成,各种土地类型有机结合利用有益于土地利用方式的合理构成,有利于农林牧渔综合发展。例如,为获取较好的农业经济效益,珠江三角洲地区的群众对当地的水网洼地进行相应的地貌改造和土地整理,形成了"基田"和"池塘"两种土地类型重复出现的土地组合结构,建立了农渔业良性互动的农业生态系统。又如,吉林龙井县的果树农场,部分改变了原有的针阔叶混交林生态系统,在350 m以上的丘陵顶部发展针阔叶混交林,250～350 m的坡地上种植苹果,250 m以下的台地为旱地,水源条件较好的河谷平地耕种水稻。充分考虑丘陵顶部、坡地、台地、河谷平原等土地类型的不同属性及它们之间的组合结构,优化了土地利用方式构成,提高了土地生态系统的综合生产能力。

总而言之,土地结构对确定区域大农业总体构成方向和内部构成意义重大,使由水热条件决定的大农业生产结构更加具体化。

参考文献

毕德宝. 2006. 土地经济学. 第五版. 北京:北京大学出版社.
陈传康,伍光和,李昌文. 1993. 综合自然地理学. 北京:高等教育出版社.
程伟民,谢炳庚. 1990. 综合自然地理学. 长沙:湖南师范大学出版社.
葛京凤. 2005. 综合自然地理学. 北京:中国环境科学出版社.
景贵和. 1990. 综合自然地理学. 北京:高等教育出版社.
刘黎明. 2004. 土地资源学. 第四版. 北京:中国农业大学出版社.
刘南威,郭有立. 2004. 综合自然地理学. 北京:科学技术出版社.
蒙吉军. 2005. 土地评价与管理. 北京:科学出版社.
蒙吉军. 2005. 综合自然地理学. 北京:北京大学出版社.
倪绍祥. 1999. 土地类型与土地评价概论. 第二版. 北京:高等教育出版社.
伍光和,蔡运龙. 2004. 综合自然地理学. 第二版. 北京:高等教育出版社.
伍光和,田连恕,胡双熙等. 2000. 自然地理学. 第三版. 北京:高等教育出版社.
中国1:100万土地类型图编辑委员会. 1986. 中国土地类型研究. 北京:科学出版社.

第七章　土 地 评 价

第一节　土地评价概述

土地评价也称为土地资源评价。土地资源通常被认为是当前或可预见的将来供人类利用的土地，它是一个综合自然-经济地理概念，具有自然属性和社会属性的双重性质。对人类生活来说，土地是基础，也是最广泛、最重要的自然资源。

在综合自然地理学中，土地类型和土地评价是两种实践性很强的研究方向。土地类型的划分是土地资源评价的基础，而土地评价又是土地类型研究方向的进一步深化，两者相辅相成。

土地评价，一般是针对某种特殊目的的土地利用而进行的土地性能评价，也就是为农业、林业、牧业、道路工程、城市建设或其他开发目的而进行的。因此，土地评价的实质是从农、林、牧业等生产对土地的要求出发，全面衡量土地资源本身的条件和特点，以便科学的确定各类土地对农、林、牧业利用的适宜程度、限制因素及其强度。土地评价的目的是为了充分合理地利用土地资源，以便既能生产更多的物质财富又能保持良好的自然环境，因此，土地评价不仅关注各种土地类型的数量，而且日益重视土地的质量。自从可持续思想在各个领域得到普遍认可以来，土地评价的重心也转移到了土地利用的可持续性上。

一、土地评价概念

目前，国内外学者给出的土地评价的定义主要有四种。

1) 土地评价是特定目的下，对土地生产力高低的鉴定、评定或估价(林增杰等，1984)。这里的“土地生产力”指土地生物生产能力，仅反映土地评价研究的部分内容。

2) 土地评价是估计土地用于不同目的的潜力的过程(Dent et al. ，1980)。文中的“潜力”没有做出解释，可从两方面理解：一是指“最大能力”(意同生产潜力中的潜力)；二是指“利用的可能性”(意同美国土地潜力分类系统中的潜力)，但容易产生歧义。

3) 土地评价是当土地用于特定目的时对土地性状进行估计的过程(FAO，1976)。这一定义抓住了土地评价的主要内容，但仍未能揭示出土地评价的基本目的。

4) 土地评价是评估土地生产力和适宜性的过程(傅伯杰，1989)，提及了各种目的土地评价的过程和土地等级的划分依据，但不够全面。

综上所述，对于土地评价概念的表述应包含三方面的内容：① 关键是“评”，即要评定土地的优劣等级，这是土地评价的基本目的；② 土地评价的核心内容是土地质量，土地的等级应依据土地质量的利用潜力、适宜状况或利用效益来评定；③ 土地的优劣、土地质量的利用潜力、适宜状况或利用效益都是相对某一特定的利用方式而言的。基于此，土地评价的概念可以表述为：通过土地质量对于特定用途的利用潜力、适宜状况或利用效益的评价来确定土地等级的过程。这一定义，首先强调“土地质量”，这是土地评价的核心内容。土地评价的实质是按照一定利用方式的要求来诊断土地质量，以实现评价的基本目的，这几乎是土地评价唯一有效的研究途径。其次，强调“利用潜力”，包括农用土地的潜在生产能力和非农用地的潜在承载力两方面的含义。这使得该定义适合于各种目的的土地评价。再次，强调“特定用途”，因为离开特定用途奢谈土地的优劣等级是毫无意义的。

二、我国土地评价进展

我国对土地分等定级评价的工作有悠久的历史。2 000 多年前的《管子 · 地员篇》中，根据土地农林业生产性能的优劣而分为“上土”、“中土”和“下土”三等，每等又分六类，每类分为六种，这实际上是对土地进行等级评价。新中国成立以来,由于农林牧业发展的需要,我国先后开展了不同规模的土地资源调查和评价工作,使我国土地评价理论和实践得到迅速发展,大致可以分为如下三个阶段。

1. 第一阶段:20世纪50年代中期至70年代中期 该阶段的土地评价,始于1951年的查田定产工作的开展。其后,在全国第二次土壤普查所制定的暂行技术规程中,划分出了土地生产力分级标准。此阶段的评价,多属于单项的、针对性较强的区域土地评价,理论体系上的总结不足。中国土地资源评价基本上还是参照美国土地潜力分类系统和联合国的土地评价纲要,结合各地实际情况而进行的,基本上属于定性研究。

2. 第二阶段:20世纪70年代后期至80年代中期 该时期,我国一些学者如林超、吴传钧、赵松乔、李孝芳和石玉林等,将欧美和澳大利亚的土地评价理论和方法介绍进来,有力地推动了我国土地评价研究的进一步开展。20世纪80年代以后,数理统计方法开始应用于土地资源评价,使土地资源的评价水平得到了提高。1984年,国家测绘局开始组建国土基础信息系统。之后,随着遥感和地理信息系统技术的广泛应用,土地评价方法也不断发展和创新。此阶段的特点是:① 地区性评价与全国性研究相结合;② 由单项研究逐步转为全面、综合评价;③ 初步形成了具有中国特色的土地评价理论与方法体系;④ 遥感与地理信息系统技术在土地评价调查与制图中得到了比较广泛的应用。

3. 第三阶段:20世纪80年代后期以来 由于我国人均土地资源、特别是耕地资源的日益紧缺,粮食供给和安全保障始终面临着巨大的挑战。因此,1978～1994年农业部开展了全国第二次土壤普查,对全国的土壤资源特别是耕地资源和后备宜耕资源进行了详细的、大比例尺的调查与评价,提出了符合我国特点的耕地土壤肥力的评价因素和指标体系,对全面认识我国耕地资源的生产潜力、适应性和限制性起到决定性作用。另一方面,随着1986年原国家土地管理局的成立,加强了土地生产潜力和人口承载力的进一步研究。全国各省区、县开展了土地利用总体规划工作,使得土地评价研究从一般性理论和方法的研究,逐步过渡到针对中、小区域范围内的实践应用,土地评价研究领域进一步拓宽,使更多的注意力集中于城市估价以及旅游用地评价等各个方面。在土地评价的方法上,我国从20世纪80年代后期开始,逐渐组建了土地资源信息系统,许多评价方法如层次分析法、模糊数学法、灰色关联分析法、物元分析法、神经网络模型、生态指数法等,都取得了很大的发展。随着GIS技术的应用和评价方法的不断完善,不但提高了评价精度,也促进了评价结果的推广应用,同时也减少了土地评价工作中所需的人力、物力、财力。随着信息技术的发展,特别是因特网技术的普及,"数字土地"应运而生。

总之,该阶段土地评价从过去偏重土地的自然评价逐步转向自然、经济综合评价,提高了成果的实用性。另外,由于计算方法以及遥感、地理信息系统等高新技术在土地评价中的应用,明显地增强了土地评价的定量性、先进性和动态预测性。中国土地评价研究也渐趋进入国际轨道。

三、土地评价类型

目前,土地评价类型的划分众说纷纭。由于不同的划分标准,土地评价也可分为多种类型。

1. 根据评价目的划分 以评价目的为标准,土地评价可分为种植业用地评价、林业用地评价、牧业用地评价、工矿业用地评价、交通用地评价、城市工商和建设用地评价、旅游业用地评价等类型。各类又可依据更具体的评价目的做进一步的划分。

2. 根据评价研究的核心内容划分 以评价研究的核心内容——土地质量所包含的三方面的内容为标准,土地评价可分为土地适宜性评价、土地利用潜力评价和土地利用效益评价三种类型。

(1) *土地适宜性评价* 根据在一定状况下土地质量对于特定利用类型的适宜程度来评定土地的等级。通常又有多宜性评价和单宜性评价之分。多宜性评价把土地看成是适合多种用途的实体,评价结果反映土地对于多种用途的优劣等级。单宜性评价强调土地的主宜性,评价结果只表现土地对某一种用途的适宜等级。

(2) *土地利用潜力评价* 根据一定条件下土地质量的利用潜力来评定土地的等级。对农用地而言,是根据一定管理状况下土地质量在光、热、水、土等不同层次上表现出的生产潜力来评定土地等级。对非农用地而言,是依据一定管理状况下土地质量所表现出的承载能力或最大容量来评定土地等级。土地适宜性评价和土地利用潜力评价的最大区别在于:前者的基本特征是土地质量对特定利用方式之要求的满足程度,重视土地利用方式对土地质量的要求;后者强调"一定管理状况下的土地质量"这一前提,只要土地质量提高到某一标准，对应地就有一定的利用潜力。

(3) **土地效益评价**　依据特定利用方式下土地质量所表现出的综合(经济、生态、社会)效益来评定土地的等级。其中，土地经济评价是依据土地在等量劳动耗费条件下的产出效果来确定土地的等级。

3. 根据评价方法划分　以评价的方法为标准，土地评价也可分为四种两两对应的类型，绝对的和相对的(实验法和参数法)土地评价、定性的和定量的土地评价。

(1) **绝对的(实验法)土地评价**　直接通过某种利用方式的实验来评定土地的等级。从理论上讲，实验法评价的结果可推广到自然环境相同的地块上。

(2) **相对的(参数法)土地评价**　间接通过土地质量因子的诊断来比较土地对于特定用途的优劣。这是土地评价的主要方法。

(3) **定性的土地评价**　在划分各参评因子的等级时，对各级指标进行定性的描述，后经综合分析确定土地的等级。定性的土地评价一般只考虑土地的自然属性，其成果的使用寿命较长。

(4) **定量的土地评价**　首先要求对各参评因子的等级划分指标进行量化，然后经数学处理确定土地的等级。定量土地评价的优点是可以在不同土地利用方式的等级之间进行比较。

4. 根据评价对象的时段特征划分　以评价对象的时段特征为标准，土地评价分为当前的土地评价和规划年(潜在)的土地评价两种类型。前者以当前(评价时)经营管理水平下的土地为评价对象，后者以未来(一般是规划年)经改良后的土地为评价对象。

通常，人们所做的土地评价同时属于上述 4 种划分方法中的若干类型。一般以当前状况下的、定性和定量相结合的农用地适宜性评价和潜力评价居多。

第二节　土地适宜性评价

土地适宜性评价就是通过对土地自然因素和社会因素的综合评定，阐明土地属性所具有的生产能力，判断其对某种利用方式是否适宜以及适宜程度如何，从而做出等级评定的过程。

一、土地适宜性评价的依据

土地评价主要是评定土地对人类开发利用的适宜类别和适宜程度，因此土地适宜性评价的主要依据是土地的适宜性和限制性。所谓土地资源的适宜性指在一定的条件下土地类型对某种经济利用的适宜程度。土地的适宜性可分为多宜性、双宜性、单宜性和不宜性四种。多宜性指土地同时适宜于多种生产；双宜性指土地只适宜于农牧、农林或林牧两种用途；单宜性指土地只适宜于农、林、牧一种用途；不宜性指土地在现有技术条件下，还不能有任何的用途。一般来说，质量好的土地对农、林、牧的适宜性广，质量差的土地可能暂时对农、林、牧(双宜)或只宜林或宜牧(单宜)。特别差的土地可能暂时对农、林、牧利用都不适宜。因此，按土地适宜于某种用途的程度，可分为最适宜、中等适宜和勉强适宜等几种。

质量好、最适宜的农地与宜农地，适种农作物广泛，特别适宜于经济作物和蔬菜的种植，产量高，质量好。质量中等、一般适宜的农地与宜农地，对农作物有一定的限制性，特别是对经济作物和蔬菜的发展有很大的限制，产量不高或质量不好。质量差、临界适宜的农地与宜农地，对农作物限制性增大，特别是优良的粮食作物受到很大的限制，仅适用于耐瘠薄、抗旱性强的农作物，产量低，质量差。

质量好、最适宜的林地与宜林地，适种林种广泛，特别适宜于经济林木和优良树种的发展，产材量高，木质好。质量中等、一般适宜的林地与宜林地，对树种有一定的限制性，特别是对经济林木和优良树种的发展有很大的限制，产材量不高或木质不好。质量差、临界适宜的林地与宜林地，对树种的限制性更强，尤其是优良树种受到很大的限制，仅适用于耐瘠薄、抗旱性强的少数树种，木材产量低，木质差。

质量好、最适宜的牧草地与宜牧地，最适宜多种牲畜饲草生长，草丛茂盛，营养丰富，适口性好，产草量高。质量中等、一般适宜的牧草地与宜牧地，仅适宜于某种牲畜饲草生长，草质中等，产草量不高，或草质虽好，但产草量低，或产草量虽高，但草质差。质量差、临界适宜的牧草地与宜牧地，优质牧草很少，产草量很低。草场退化，载畜能力小，牲畜种类受到很大的限制。

土地限制性指土地存在的某种不利因素对土地的某种用途的限制程度。按限制因素的可变程度，可分为难以改变的因素(稳定的限制因素)和容易改变的因素(不稳定的限制因素)。在进行土地评价时,应注意这两项限制因素的分析,特别是要抓住对土地质量影响较大的稳定性因素,它是决定土地质量高低的重要依据,会直接影响到土地资源生产能力的提高及其对农、林、牧各业的适宜程度。

二、土地适宜性评价的系统

土地适宜性评价系统是一个多等级的土地评价体系,一般的土地评价等级系统是对土地适宜类别、适宜程度、限制类别和限制程度的反映,即高等级的评价单位表示适宜性类别,中等级的评价单位表示适宜性程度,而低等级的评价单位则反映限制性类别和限制程度量的差别。评价系统等级的多寡主要以评价目的和要求的详略为转变。

目前国际上影响最大、使用最广泛的土地适宜性评价方案是 1976 年联合国粮农组织正式公布的《土地评价纲要》。该纲要是各类土地适宜性评价的提纲式指南。次之的土地适宜性评价方案是《中国 1∶100 万土地资源图分类系统》。

(一) 联合国粮农组织(FAO)土地评价纲要

联合国粮农组织的《土地评价纲要》(1976 年)是建立在土地适宜性评价基础上的评价体系,强调土地对某种土地利用方式的适宜性,重视自然条件、社会条件、经济条件三个方面对某种土地利用方式的综合影响。根据评价目标,采用逐级递降的四级分类法。

1. 土地适宜性纲 反映土地适宜性的种类,表示土地对于所考虑的用途是否适宜的定性评价。它只有"适宜的"和"不适宜的"两个纲。适宜纲(S)类土地在持续利用于所考虑的用途时,能产生明显的经济效益,并且没有破坏土地资源的危险。不适宜纲(N)类土地不能持续利用于所考虑的用途。其原因有:恶劣的自然条件强烈限制了土地利用的可能性(如高山寒漠、石质陡坡等);土地经利用后会引起严重的土地资源退化与环境恶化(如土壤侵蚀、沙漠化等);土地利用在经济上得不偿失;无利可图等。

2. 土地适宜性级 反映土地适宜性的程度,是在适宜纲内按照适宜性程度从高到低递减的顺序编列分类的,用连续阿拉伯数字来表示。土地适宜性级的数目依据生产需要与土地适宜性差异来确定,通常约有 3～5 级。如果分为 3 级,它们各自的名称与含义可归纳如下。

(1) *高度适宜级*(S_1) 土地可持续利用于某种用途而不受到重大的限制,或受到的限制很小,不会显著地降低产量或收益,也不需要增加额外的投资和费用。

(2) *中度适宜级*(S_2) 土地在持续利用于某指定用途时,受到中等程度的限制,因而产量与收益减少,投资与费用增加,但仍然有利可图,只是获利明显低于 S_1 级。

(3) *勉强(或临界)适宜级*(S_3) 土地在持续利用于某指定用途时,受到严重的限制,因而产量与收益明显减少,需增加必要的投资,收支仅仅勉强达到平衡。

可见,土地适宜性程度的差别仍决定于投入(资金、劳力、肥料和动力等)与收益(作物、畜产品或木材)之间的平衡关系,而这种平衡关系在不同的生产目的或用途上是不一致的。例如,某块土地因其生产的作物价值明显超过耕种费用而被列为"高度适宜级"。但当它作为林地时,则因其所产木材之价值仅稍稍超过所花成本费用而只能被列为"勉强适宜级"。显然,随着技术的进步和社会经济条件的变化,这种平衡关系将会发生相应变化。所以,土地适宜级的划分界限也需随此调整。

在"不适宜纲"内通常也可分作两种适宜级,即暂时不适宜级和永久不适宜级。暂时不适宜级指所受到的严重限制在将来是可以克服或改造的,但在目前的技术水平和成本核算下,还不能有效的持续利用。在相当时间之后,社会经济因素的改变和进步,将有可能把这类"暂时不适宜级"土地从"不适宜纲"提高到"适宜纲"内。永久不适宜级土地则是受到强烈的限制而无任何有效地持续利用的可能性,一般是由难以克服或改造的自然限制性因素所决定的,具有永久性。

3. 土地适宜性亚级 反映限制性因素的种类,如土壤水分亏缺、土壤侵蚀危险及土壤盐渍化等。它显示土地适宜级内因限制性因素种类的不同而表现在土地经营管理方面或所需要的技术措施方面的明显差别。

4. 土地适宜性单元 在土地适宜性亚级内部进一步划分的评价单元。土地适宜性单元虽然具有相同的适宜性程度和相似的限制性因素种类，但不同单元的土地，在它们的生产特点或经营条件方面都存在着一定差异。

（二）中国1∶100万土地资源图分类系统

1978年，中国科学院自然资源综合考察委员会受原国家科学技术委员会的委托，组织编制全国1∶100万土地资源图。该图的编制目的是为国家计划发展委员会和科学技术委员会等领导部门提供我国土地资源概括的质量和数量，以及各类土地资源的结构和分布情况，为国土整治、林业区划、水利规划和畜牧业的发展提供参考和依据。其分类系统采取"土地潜力区—土地适宜类—土地质量等—土地限制型—土地资源单位"五级分类制。

1. 土地潜力区　根据水热条件的区域差异，将全国划分为华南区、四川盆地—长江中下游区、云贵高原区、华北—辽南区、黄土高原区、东北区、内蒙半干旱区、西北干旱区和青藏高原区等九个土地潜力区。它反映了各区之间生产潜力的差异，即同一区内的土地大致有着相近的生产能力，包括适宜的农作物、牧草与林木的种类、组成、熟制和产量，以及土地利用的主要方向和主要措施。

2. 土地适宜类　是在土地潜力区内根据土地对农、林、牧业生产的适宜来划分的，反映了土地的主要适宜性和多种适宜性。据此共分为宜农土地类、宜林土地类、宜牧土地类、宜农宜牧土地类、宜农宜林土地类、宜林宜牧土地类、宜农宜林宜牧土地类及不宜农林牧土地类八个土地适宜类。

3. 土地质量等　在土地适宜类内，按照土地对农林牧三方面的适宜程度和生产潜力的高低，划分为一等宜农土地、二等宜农土地、三等宜农土地、一等宜牧土地、二等宜牧土地、三等宜牧土地、一等宜林土地、二等宜林土地、三等宜林土地。对多宜的土地适宜类，则按其对农林牧三者各自的质量等予以排列组合表示。

4. 土地限制型　在土地质量等范围内，按其限制因素及其强度来划分土地限制型。同一限制型的土地有相同的主要限制因素和相似的改造措施。同一质量等内的不同土地限制型，只反映限制因素的不同与改造措施的差别，并无质量等级上的差别。土地限制型共分为无限制、水文与排水条件限制、土壤盐碱化限制、有效土层厚度限制、土壤质地限制、基岩裸露限制、地形坡度限制、土壤侵蚀限制、水分限制与温度限制等十个限制型。

5. 土地资源单位　这是土地资源最低一级分类单位，表明土地的自然类型或利用类型，是由一组具有较为一致的植被、土壤及中等地形或经营管理与改造措施较相同的土地所构成。

三、土地适宜性评价方法

土地适宜性评价是以不同土地利用为目的，利用相关的自然、经济、社会和技术数据，对土地进行评价的过程。它是特殊目的的土地评价，即揭示了土地的生产潜力，也反映出针对某种利用形式的土地适宜性程度及改良利用的可能性。土地适宜性评价的主要内容有参评因子的确定、评价单元的产生、评价方法的选择、评价系统的建立、评价指标的确定等。

（一）参评因素的选择和指标的拟定

土地适宜性评价主要以土地的自然属性对土地利用潜力或土地适宜性影响的大小为评价尺度，同时也考虑社会经济因素的影响。构成土地自然特征的因素，包括地形、气候、土壤、植被、水文和地质等。土地的经济因素包括产量(产值)、生产管理水平、交通条件、地理位置等。各因素又包括了许多因子，这些因子不是孤立的单独存在，而是相互联系和相互作用，促使土地系统内部物质和能量不断转化，因而使土地保持着一定的生产潜力。参评因素的选择和指标的分级是科学评价土地的前提。在评价过程中，首先要全面分析各因素及其因子对生物生长的影响和作用，选择起主导限制作用的因素和因子；其次还要考虑某些限制因素和因子的稳定性，要考虑现有生产水平和技术装备条件下，选择的因子可测定性要强。参评因素的选取，也要根据不同地区自然经济条件、不同的评价内容来确定。一般来说，综合评价比单项评价的针对性要强，也就是说综合性评价需要选择的参评因素比单项评价要多。在选取了参评因素之后，还必须确定各因素评价指标。由于地域差异的客观存在，不同地区不可能采用完全一致的指标。所以在拟订评价指标时，首先要因地制宜，根据各地区的自然条件和经济特点具体确定；其次要根据各种土地用途对土地质量的要求进行确定；最后根据已有的资料情况确定。

（二）土地适宜性评价的程序

1. 准备阶段 包括确定评价目标，收集已有资料和图件，拟定工作计划。

2. 确定土地适宜种类 根据当地社会经济状况和经济发展要求，提出土地利用方面的意见，拟定土地适宜种类，如宜农、宜林、宜牧等。

3. 选择参评因素、因子，拟定评价因子指标 拟评价的土地适宜类确定之后，需要了解各种土地用途对土地质量的要求，通过分析土地的自然因素和社会经济因素，选择其中最主要的几项作为参评因子，编制参评因子指标表。

4. 划分评价单元 土地评价单元是土地性质相对一致的地段，是土地评价的基础。土地评价单元应根据土地用途对土地的要求来划分，是各参评因子相互作用的产物，可用各评价因子综合叠置而得到最基本的单元，也可采用土地类型作为评价单元。

5. 评定土地等级 将土地利用要求与评价单元实际土地性质进行比较，以评定该土地单元对指定的土地用途的适宜程度，即土地质量等级。

6. 分析评价结果 上述评价仅仅是初步的评价结果，应对其进行社会经济和环境影响分析。要考虑所评价的土地用途或土地利用方式对市场、运输、当地居民生活习惯以及对环境的影响，要对这些土地用途进行投入产出分析，以保证经济上的可行性。

7. 野外校对 为保证评价的可靠性，要将评价结果进行野外校对，即沿一定的路线随机抽样，将评价图上的内容与实地校核，发现问题，找出原因，进行修改。

8. 最终确定评价结果 通过社会经济分析、环境影响分析和野外校核，最后确定每个土地评价单元的土地适宜性等级。

9. 成果整理，清绘土地适宜性评价图 量算面积，整理数据，编写评价报告。

（三）土地适宜性评定方法

国内外常用的土地适宜性评定方法，基本上可分为定性法和定量法两种。

1. 定性法 又称“经验法”、“常规法”。评价人员根据评价目的和当地群众的生产实践经验，通过调查研究和分析评议来选定评价因素并确定分级标准，然后对各评价单元所具有的属性进行对比分析、综合归类和分等定级。

2. 定量法 指在定性评价的基础上，对自然条件和社会经济诸方面的资料进行量化，然后按一定的数学公式计算数量指标，并把计算的结果作为土地评价单元的等级依据，常用的定量方法有参数法、回归分析法、层次分析法、聚类分析法、模糊综合评价法以及多元分析法等。

在土地评价中，定性方法和定量方法常常是结合使用的，这种结合可有两种方法。一种是把评价工作分为两个阶段，第一阶段主要是通过调查，针对预定的土地利用类型进行土地定性评价，第二阶段进行社会经济研究，再完成土地的定量评价。这种方法称为“两段法”。另一种则是同时进行某种土地类型的社会经济和自然条件的分析与评价，因而有可能在较短的时间内提交比较精确的成果。这种方法称为“平行法”。

第三节 土地潜力评价

土地潜力，有人称作“土地利用能力”，指土地在用于农林牧业生产或其他利用方面的潜在能力。土地潜力评价，或称土地潜力分类，主要依据土地的自然性质（土壤、气候和地形等）及其对于土地的某种持久利用的限制程度，就土地在该种利用方面的潜在能力对其作出等级划分。例如，就土地的农业利用而言，潜力评价的任务是依据土壤、气候、地形等要素，对土地的持久农业利用的限制程度，以及由这种限制程度所决定的作物潜在生产力和耕作方式的可选择性，对土地做出等级划分。

一、美国农业部的土地潜力评价系统

世界上最早的土地潜力评价是1930年美国农业部土壤保持局提出来的。当时的主要目的是为了控制土壤侵蚀，因此潜力评价成为控制土壤侵蚀研究项目的一个有机部分。美国农业部的土地潜力评价系统是大农业用地评价中应用最广的系统。它是根据土地对农作物生长的自然限制性因素的强弱程度，将土地分成若干个顺序的类别。在分级中，可耕地的分类是根据土地持续生产一般农作物的潜力与受到的限制划分的；不宜耕作的土地（土地不宜长期持续耕作）分类，除了考虑其生产永久性植物的潜力和限制因素外，还考虑经营不当引起的土壤破坏的危险性来划分。

该潜力评价系统包括三个等级单位，即潜力级、潜力亚级和潜力单元。

（一）潜力级

潜力级是潜力分类中最高的单位，它把所有土地按限制性强度统一划分为八个潜力级，并用罗马数字表示。从Ⅰ级到Ⅷ级，土地在利用时受到的限制逐渐增强，而利用潜力在逐渐减小。其中，Ⅰ～Ⅳ级土地在良好的管理下可生产适宜的农作物，而Ⅴ～Ⅷ级则不能用于耕作（图7－1）。

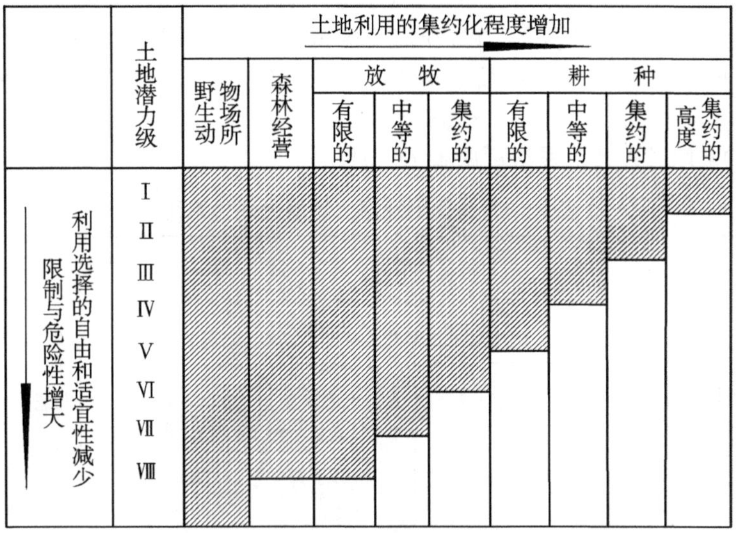

图7－1　美国农业部土壤保持局的潜力等级图

资料来源：景贵和（1986）

Ⅰ级地：土地在利用上几乎没有限制性。适宜种植多种植物，可以安全地种植农作物、牧草、林木或野生植物。该区土地生产能力高，适于精耕细作。当地气候也有利于大多数农作物的生长。

Ⅱ级地：土地利用受到一些限制，因而适种作物的选择范围减小或要求中等程度的水土保持措施。

Ⅲ级地：土地作为农用地时受到严格的限制，致使作物选择有限或要求特殊的水土保持措施，或两者兼有。Ⅲ级地比Ⅱ级地受到更多的限制，耕作时水土保持措施常较难实行和维持。

Ⅳ级地：土地用于栽培农作物时存在着十分严重的限制因素，土地利用的限制性比Ⅲ级地更严格。因此，适宜本级土地的农作物种类很少，其常年产量很低。耕作时要求比较谨慎的管理，水土保持措施也较难实施和维持。

Ⅴ级地：土壤几乎不受侵蚀危害，但因存在难以排除的限制因素，大部分只能作草场、林场或野生动物栖居地。

Ⅵ级地：土地具有严重的限制因素，通常不适宜耕作，大部分限于用作草场（或牧场）、林地或野生动物栖居地。

Ⅶ级地：土地具有很严重的、不可克服的限制因素，以致不宜耕作，作为牧地、林地也极差，但可作野生动物栖居地、分水岭水源涵养林、风景游乐地、休养地。

Ⅷ级地：皆为劣地，岩石、裸山、沙滩、河床冲击物、尾矿地以及近乎不毛之地。其土壤与地形的限制性不可能使它在经营作物、牧草和林木上获利，但用作野生动物栖居地、休养地等仍有一定的价值。

（二）潜力亚级

潜力亚级是在土地潜力级之下，按照土地利用的限制性因素的种类和危害，续分为亚级。同亚级的土地，其土壤与气候等对农业起支配作用的限制性因素是相同的，共分为四个亚级。其中，Ⅰ级地不分亚级。

(1) 侵蚀限制(e)　土壤侵蚀和堆积危害。

(2) 水分过湿限制(w)　土壤排水不良，地下水位高，洪水泛滥危害。

(3) 根系限制(s)　植物根系受限制的危害，包括土层薄、硬盘层、石质、持水量低、肥力低、盐化、碱化等。

(4) 气候限制(c)　影响植物正常生长的气候因素危害，如过冷、干旱、霜雹等。

（三）潜力单元

潜力亚级可续分为潜力单元。一个潜力单元，实际指一组土地，它们对于植物的适宜性和经营管理技术的要求都很相似。同一个潜力单元的土地，在以下几个单位应该一致：① 在相同经营管理条件下，可生产相同的农作物、牧草或林木；② 在种类相同的植被条件下，要求相同的水土保持措施和经营管理方法；③ 具有相近的生产潜力。

美国农业部的这种土地潜力评价系统可用表 7-1 表示。

表 7-1　美国农业部土地潜力评价系统

	级	亚　级	单　元
耕地 非耕地	Ⅰ Ⅱ → Ⅲ Ⅳ Ⅴ Ⅵ Ⅶ Ⅷ	Ⅱ$_{w}$（过湿） Ⅱ$_{e}$（侵蚀）→ Ⅱ$_{s}$（土壤厚度） Ⅱ$_{es}$（侵蚀与土壤厚度）	Ⅱ$_{e1}$ Ⅱ$_{e2}$ Ⅱ$_{e3}$

二、美国林业部土地潜力分类系统

1961 年美国林业部原水土保持局颁布了《土地利用可能性分级》(*Land Capability Classification*)或称为《土地潜力分级》。该体系按照土地利用可能性(land capability)和土地的限制性(land limitation)，将土地分成三个等级。最高级为土地利用可能性级（又称土地潜力级），其次为土地利用可能亚级（又称土地潜力亚级），最低级为土地利用可能性单元（又称土地潜力单位），这个单位是根据土壤制图单位而定的。土地利用可能性级别之间的差异，是根据土壤性质和气候这两个影响土地利用、经营管理和生物产量等因素划分为八级的。这也就是目前我国土壤普查手册中所称的土壤评价的八级分类制，该分类制各级用罗马字表示。Ⅰ～Ⅷ级，土地在利用时受到限制和破坏程度逐级增加。其中，Ⅰ～Ⅳ级土地在良好管理下可生产适宜的作物，如树木或牧草以及农作物；Ⅴ级土地适宜一定的植物，但不宜农作物；Ⅴ和Ⅵ级中，某些土地也能生产水果、种植观赏植物，如果在这些级别的土地上大大加强水土保持措施和高度的经营管理则可栽植大田作物和蔬菜，但在一般情况下，即使高度集约经营也只适于放牧；Ⅶ级土地适于有限的放牧和森林；Ⅷ级土地只适于野生动物活动，若没有重大的改造措施，经营林作物、放牧和造林都是得不偿失的。美国林业部土地潜力分类系统的结构如表 7－2 所示。

表 7－2　美国土地潜力分类系统

	潜力等	潜力亚等	潜力单元	土壤制图单元
耕作	Ⅰ	$Ⅱ_c$(气候)		
	Ⅱ →	$Ⅱ_w$(湿度)		
	Ⅲ	$Ⅱ_s$(土壤)	$Ⅱ_{t-1}$	P土系
	Ⅳ	$Ⅱ_t$(侵蚀) →	$Ⅱ_{t-2}$ →	Q土系
非耕作	Ⅴ	$Ⅱ_{es}$(侵蚀与土壤厚度)	$Ⅱ_{t-3}$	R土系
	Ⅵ	等	等	
	Ⅶ			
	Ⅷ			

我国八级分类制(土壤普查)的土地标准如下。

一级地：土地质量好，在土地利用方面基本没有限制，适用性广，可作农、林、牧业等多种利用。地势平缓，坡度小于 3～5°；土层深厚，有效土层大于 50 cm；质地适中，土壤肥力较高，基本无水蚀和风蚀现象；土壤酸碱度为 6.0～7.5，保肥保水性能好；一年二熟或三熟，旱涝保收，在一般管理措施下，可获良好收成。

二级地：土地质量较好，适宜性较广，在土地利用方面有限制因素但不多，或至少有一个主要限制因素，其强度对种植业有影响，对林、牧业则影响不大；一年二熟或二年三熟。具有下列一项或几项限制：① 土壤质地稍不适合；有轻微侵蚀或有潜在侵蚀威胁；② 降水分配不均，需要灌溉措施；③ 有盐碱化威胁，主要适用于灌溉林业。

三级地：土地质量中等，在土地利用中限制较大，对农作物选择性较强；至少有一个主要限制因素的影响较严重，影响到林业利用；一年二熟、二年三熟或一年一熟。具有下列一项或几项限制：① 土层厚度小于 80 cm 或质地不良；② 坡度较大(＜10°)，有中度侵蚀；③ 排灌设施不完善，有旱涝威胁；④ 保水保肥性差；⑤ 有轻、中度碱盐化，若加以改良，可适宜林业利用。

四级地：土地质量较差，适宜性不好，对农业有很大限制；至少有一个主要限制性因素，严重影响农业利用；一般适于林业、牧业利用。具有下列一项或几项限制：① 土层浅薄，一般有效土层 10～30 cm；② 有障碍层次；③ 质地结构较差；④ 坡度较大，有中度风、水侵蚀；⑤ 中度以上盐碱化或其他障碍因素；⑥ 有洪涝灾害；⑦ 气候条件不良，一年一熟。

五级地：土地质量差，不适于农业，主要用于牧业和林业。具有下列一项或几项限制性：① 土层浅薄，砾石多；② 坡度大于 15°，土壤片状侵蚀重，有沟蚀发生；③ 气候很差，寒冷、干旱、多风；④ 排水不良的沼泽地；⑤ 盐碱现象较重，一般禁止种植业利用。

六级地：只能用于牧业和林业，适宜树种少，发展林、牧业也受到一定限制。有下列一项或几项限制：① 海拔较高，坡度陡(＞25°)；② 土少石块多；③ 强度侵蚀，沟蚀严重；④ 强度盐碱化；⑤ 气候很差。

七级地：仅能短期生长野生牧草，勉强作牧业用，造林困难，限制因素同六级地，但程度严重，改良困难。

八级地：不适宜于生产性利用，限制因素多、强度大，在目前科学技术条件下，尚难于改造，如戈壁、沙漠、冰川等。

三、我国土地生产潜力评价

自 20 世纪 60 年代以来，我国地理工作者积极开展了土地生产潜力的定量研究，如黄秉维、龙斯玉等率先对我国的光合潜力进行分析。1979 年陈明荣在秦岭地区所进行的研究则首次考虑了影响作物光合产物的主要气候因素，对光合潜力进行了温度和水分的订正，提出了气候生产潜力的概念。之后，气候生产潜力的研究在全国普遍开展起来。在这方面开展研究的主要有：我国农业生产潜力的研究(孙惠南等)、我国光温资源与气候生产潜力(邓根云等)、我国气候生产潜力区划的探讨(陈明荣等)、东北及内蒙古东部地区水稻的光温气候潜力(王书裕等)、我国小麦气候生产力的地理分布(龙斯玉等)、我国水稻生产光温潜力的探讨(卢其尧)、黄淮海平原农业生产潜力(赵名茶)等。

在上述研究中，人们把植物、气候、土壤视为一个整体系统，考虑其中各部分的相互作用和诸因子各自及共同对作物生产力形成的影响。其基本思路是把光照作为唯一的考虑因素，而假设其他各种环境均处于最适宜的条件下，即温度完全适宜、水分供应充足而又不过湿、空气中二氧化碳含量正常、土壤的给水性能和养分状况良好、没有灾害发生等。显然这只是一种理想状态，在现实的自然环境中几乎没法找到。在实际产能的形成过程中，还有其他因素限制了光合潜力的发挥。在我国，起这种衰减作用的主要因素是温度和水分，其次是土壤条件。从光合潜力出发，根据当地的温度、水分、土壤等各方面的条件，经过相关分析，进行温度订正后的称为光温生产潜力；进行水分订正后的称为光温水生产潜力(或气候生产潜力)；再进行土壤订正后的称为光温水土生产潜力(或农业生产潜力)。

上述农业生产潜力评价多用于求算大区域内综合的生物生产量，适于大区域或自然地带土地生产潜力的估算，对区域开发和土地的人口承载量研究有重要意义。但以气候和土壤要素为主的潜力评价值，虽然从不同侧面反映了土地的生产潜力，但并没有考虑人类在生产中的投入水平。因此，还不能全面的揭示土地的实际生产潜力。1985 年以后，中国科学院自然资源综合考察委员会接受了国家计委的任务，开展了我国土地资源的人口承载力研究。1988 年，原国家土地管理局开始和联合国粮农组织合作，共同探讨了中国的土地生产潜力和人口承载量问题。

中国土地生产潜力与人口承载量研究于 1989 年正式开始。它是以农业生态区为基础，根据研究区的大小，将地面的土地划分为不同等级的农业生态单元。其工作流程为：计算不同农业生态单元内作物的气候生产潜力，然后进行土壤修正；在此基础上进行耕地(土地利用方式、面积及投入水平)修正，以及按不同区域进行统计，以此来对比不同区域的最大生产潜力、现实生产潜力及其人口承载力，并与现有人口进行对比，以了解不同地区今后的人口承载力。其具体工作步骤如下。

1. 土地资源清查 包括确定所要评价的作物和土地利用方式；进行气候和土壤资源清查；气候图和土壤图叠加生成农业生态单元，作为适宜性评价单元；对每个生态单元扣除非农业用地，得出土地生产力评价的可利用土地，并分为灌溉地和旱地等。

2. 按农业生态区进行农作物的土地适宜性评价 包括确定作物和土地利用方式的生态(气候和土壤)要求；计算作物生物产量和农业气候生产潜力；对农业气候生产潜力进行土壤订正；进行作物和土地利用方式的适宜性评价。

3. 土地生产潜力评定 根据当地适宜作物的种植制度，计算不同投入水平、一定种植制度下的灌溉地与旱地单产，乘以各自面积得出土地总产量；扣除休闲地和土地退化的减产量、收获后损耗，或加上草地、水域的食物产量，得出换算为热量和蛋白质的土地生产潜力。

4. 人口承载潜力评定 包括进行人口预测和营养水平预测；计算现有人口和预测人口的热量、蛋白质需求量，同土地生产潜力做比较，求得人口承载潜力。

第四节　土地经济评价

土地经济评价是在土壤质量评价划分的农业土地基础上，用经济指标来表示土地的质量。通常以基数产量和基数费用的比较来反映土地质量的高低，是一种简单的投入产出分析法。评价的结果为按主要作物编制各经济单位和行政区的土地评价等级图和表。与土地潜力及适宜性评价所不同的是，土地经济评价在参考土地自然属性的基础上，着重研究在等量劳动(包括活劳动和以物质形式)投入或耗费下土地的产出效果。因此，土地资源经济评价分析一般采用投入产出比较、毛利分析法(又称边际效益分析)等方法。其中，毛利分析法只适用于情况较简单(没有长期的贷款或改良工程)的经济适宜性评价。随着城市化进程的加快，农用地大量的被征用，丧失了应有的农业生产经济价值，城镇土地资源的经济评价则逐渐受到更多人的关注。

一、农用地的等级评定

农用地指直接用于农业生产的土地，包括耕地、林地、草地、农田水利用地和养殖水面等。农用地的等级评定主要通过比较土地利用方式的投入与产出来确定适宜性等级和程度。划分和确定经济意义上的农用地等级，实际上是经济生产潜力的评定。以下为几种常用的评价方法。

（一）毛利分析法

土地经济评价中的毛利分析法是联合国粮农组织最先提出的，并在非洲马拉维等国尝试使用，一般结合土地适宜性评价进行。“毛利”指从农民或农业生产单位出售产品的年收入中，扣除生产成本和管理费用而得出的利润(或亏损)。毛利分析不仅要测算毛利，还要计算纯收入和纯利润。但一般不包括长期借贷的利息成本、长期改良工程的成本和收益。所以，这种方法一般只适用于情况比较简单的(如土地改良费用、基本建设费用不大，没有长期贷款)适宜性评价。

毛利分析的结果可反映土地生产力的高低，并可在同一种土地评价单元上比较不同作物或其他农林产品的毛利收入。用单位土地面积上的收益水平确定土地的适宜性和适宜程度，以确定最佳的土地利用方式。

用毛利分析法进行土地经济适宜性分析的主要步骤为：利用自然评价的结果，选择有发展前景的几种土地利用方式；估算变动成本；估算固定成本；估算产值(或产出)；毛利和净收入的换算；进行适宜性评价等。

（二）综合分等定级法

农用地分等定级是根据农用地的自然属性和经济属性，对农用地的质量优劣进行综合评定，并划分等别、级别。2001 年 3 月，国土资源部颁布了《农用地分等定级规程》，对我国的农用地分等定级工作进行了统一规范，组织实施了农用地分等定级评价。这也是我国最新的一次全国规模的土地调查与评价研究活动。

农用地分等定级的对象是行政区内现有农用地和宜农未利用地。农用地分等定级采用“等”和“级”两个层次的工作体系。农用地等别是依据构成土地质量稳定的自然条件和经济条件，在全国范围内进行的农用地质量综合评定，侧重于反映因农用地潜在的(或理论的)区域自然质量、平均利用水平和平均效益水平不同而造成的农用地生产力水平差异。农用地的分等建立在全国统一的标准上。农用地级别是依据构成土地质量的自然因素和社会经济因素，根据地方土地管理工作的需要，在行政区(省或县)内进行的农用地质量综合评定，侧重于反映因农用地现实的(或实际可能的)区域自然质量、利用水平和效益水平不同而造成的农用地生产水平差异。农用地等级体系是建立在县域统一的标准上。

分等是以稳定因素为基本依据的，而土地稳定因素的好坏是土地生产力高低的基础。因此，土地等别所反映的是土地生产力高低的总体趋势。定级是以易变因素作为基本依据来进行评定的，其评定结果表示的是土地具体生产力的高低。

1. 农用地分等定级的评价指标　由于不同地区生态条件、耕作制度不同，各评价指标对农用地质量的影响作用也不同。在总结各地农用地分等定级的实践经验和进行理论分析的基础上，要确定不同地区农用地分等定级评价指标体系的必选评价因素。这些评价因素包括有效土层厚度、表层土壤质地、土体构型、盐渍化程度、土壤污染状况、土壤有机质含量、土壤酸碱度(pH)、障碍层次、排水条件、地形坡度、灌溉保证率、地表岩石露头状况、灌溉水源 13 个因素。除必选因素外，各地可以根据实际情况选择本地区的备选因素。这些因素主要包括水文、土壤、地貌、农业基本建设等方面。在分等工作中，因素选择需满足下述要求：① 对农用地质量有显著影响；② 其性状比较稳定；③ 可以利用已有资料获得数据，如土壤普查资料、土地利用现状资料、地形图、水利资料等。

各地在分等定级工作中，要对给出的评价因素进行验证，剔除一些影响不大的因素。如东北地区，土壤有机质含量、土壤酸碱度(pH)等因素可能对农用地质量影响不大，就可以不将其作为评价指标。另外，根据地方特点，也可以补充一些参选指标。

2. 农用地分等定级的评价方法

(1) *农用地分等方法* 农用地分等方法有因素法和样地法,实际工作中常用因素法。其评价方法与城镇土地的评价方法类似,但有三点区别:① 农用地的生产力主要是自然因素决定的,所以农用地在选择评价指标时,首先考虑自然因素,如土壤、气候、水文等。② 在自然因素相似的情况下,种植制度、作物种类对农用地的生产力或产量具有一定的影响。因此,要根据种植制度、作物种类对评价结果进行修正。③ 经营规模、基础设施、机械等经济因素,也对农用地的生产力或产量具有一定的影响。所以,要根据经济因素对评价结果进行修正。

(2) *农用地分等步骤*

1) 资料收集整理与外业调查。农用地分等涉及自然、经济、社会各方面的因素,需要收集相关资料并进行整理,对不满足工作要求的资料予以剔除。在外业调查时,要把自然质量影响状况、农用地利用状况、农用地经营状况作为主要内容来调查。

2) 确定光温生产潜力。光温(气候)生产潜力指在农业生产条件得到充分保证、其他环境因素均处于最适状态时,在当地实际光、热、水气候资源条件下,农作物群体所能达到的最高产量,即在光温生产潜力基础上进一步考虑降水的限制作用后,所得到的农作物理论产量。土地生产潜力的高低与耕作制度和作物种类有关。在不同耕作制度下,不同的作物单位面积土地吸收并同化太阳辐射能的多少有很大差异。因此,计算耕地的生产潜力,首先要确定基准作物、标准耕作制度和指定作物,然后从《全国各县(市)光温(气候)作物生产潜力指数速查表》中查取光温(气候)生产潜力指数。

3) 划分指标区,确定分等因素,指定分等因素体系及因子权重。指标区是依据主导因素原则和区域分异原则划分的分等因素体系一致的区域。指标区内分等因素选取一般包括水文、土壤、地貌、农田基本建设等。

农用地分等指标体系由分等因素、分值和权重三部分组成。各因素分 3～5 个级别,采用特尔斐法、因素成对比较法、层次分析法等方法,确定影响因素及其权重。同时,制定分等因素指标体系,计算指标分值。因素分值确定建立在因素与农用地质量相关研究的基础上。分值只与农用地质量优劣成正相关,分值体系采用 0～100 分的封闭区间,分值只与分等因素的显著作用区间相对应。

4) 绘制分等因素分值图,划分分等单元。根据分值,编制出分等因子分值图,再以此为依据,综合形成分等因素分值图。分等单元是农用地等级评定和划分的基本空间单位,单元内部土地质量相对均一,单元之间有较大差异。其划分方法主要有叠置法、网格法、多边形法、地块法等。分等单元的划分就是根据因素分值的差异来确定的。

5) 自然等别划分。农用地自然等别是生产力差异的基础,是各自然因素综合的量化。

6) 土地利用系数、经济系数计算及土地等别划分。由于受各地的经济条件和集约化水平不同的制约,使具有同等生产潜力的土地表现出不同的实际生产能力。因此,农用地分等必须考虑当地的现实土地利用水平,即土地利用系数。土地经济系数则是当地指定作物的“产量-成本”指数与区域(省内分区)“产量-成本”指数比值,亦即区域的投入-产出水平,反映了农用地经济效益水平的差异。

7) 农用地等别验证与调整。初步分等结果必须经过校验,校验内容为分等单元划分和边界是否合理、分等因素选取是否准确。

8) 成果整理。农用地分等工作的基础资料、数据成果、电子成果等要及时进行整理、存档。

(3) *农用地定级* 农用地定级的方法主要有修正法和因素法。下面以修正法为例,说明农用地定级过程。

1) 确定修正因素。修正因素指在分等因素之外对农用地级别有显著影响的因素,包括必选因素和参选因素。必选因素主要包括土地区位条件(农贸中心、交通状况等)、耕地便利条件(耕作距离、田间道路、田块形状等)、土地利用状况(土地利用现状、利用方式、经营效益、利用集约度等)。参选因素是根据定级对象的实际情况,除必选因素以外,对农用地级别有重要影响的补选,体现区域内的个性。常用特尔斐法、因素成对比较法、层次分析法等方法,对这些因素进行筛选和补充。

2) 资料整理、量化与外业调查。对修正因素资料、分等中间成果、最终成果以及收集的各种基础资料进行复核、分类和分析论证。外业调查则侧重农用地区位条件、耕作便利程度等修正因素。

3) 划分定级单元。定级单元是定级指数测算的基本空间单位,以农用地分等评价单元图为基础进行划分。要求单元内土地质量相对均一,单元之间有较大差异。单元划分的方法应采用地块法和网格法。

4）计算修正因素系数和单元修正因素质量分。修正系数反映了因素在定级范围内相对变化程度，其分值计算原则为：在单元等指数的基础上，通过系数修正，求得单元修正因素质量分。

5）实地校核与级别界限的最后确定。采用等间距法、数轴法或总分频率曲线法初步划分级别，通过实地校验、调整，最终确定农用地级别。

6）成果编绘、整理。定级成果包括图件、数据、文字报告及相应的电子文档，及时整理存档，为以后的更新工作提供依据。

二、城镇土地分等定级

城镇土地分等定级是通过对影响城镇土地质量的经济、社会、自然等各项因素的综合分析，揭示城镇之间、城镇内部土地质量的差异，运用定量和定性相结合的方法对城镇土地进行分类排队，阐明在一定的科学技术水平和社会经济条件下土地生产能力的高低，评定出土地质量等级，以满足各项工作的需要。它是土地评价的一种类型，也是土地管理的一项基础性工作。城镇土地分等定级的目的是为全面掌握城镇土地质量及利用状况，科学管理和合理利用城镇土地，提高土地利用效率，为国家和各级政府制定各项土地政策和调整措施，为土地估价、土地税费征收和城镇土地利用规划、制订计划提供科学依据。

城镇土地分等定级采用“等”和“级”两个层次的划分体系。土地等反映一定区域范围内各城镇之间土地的地域差异。它将各城镇看作是若干个点，研究整个城镇在社会、经济等条件影响下，从整体表现出的土地差异，土地等的顺序是在各城镇间排列的。土地级反映城镇内部土地的区位条件和利用效益的差异。当独立地对一个城镇进行研究时，城镇土地表现为面状分布形态，由不同的土地类型和利用方式的地块构成。通过对土地级别有重大影响，并能体现土地区位差异的经济、社会、自然条件等定级因素的分析，评价划分出土地级别的高低。

（一）土地定级的主要内容

城镇土地定级的主要内容是依据土地的经济和自然两方面的属性及在社会经济活动中的地位和作用，综合评定土地质量，划分城镇土地级别。包括城镇土地定级准备及外业调查、定级因素整理及定量化、单元分值计算及土地定级评定、编制城镇土地级别图及量算面积等。城镇土地定级的技术方法是采用多因素综合评价法，并用市场资料分析法等进行验证。多因素综合评定方法的基本思路是通过对城镇土地在社会活动中所表现的各种客观特征进行综合考虑，以揭示土地价值及空间分布的差异性。土地不同的级就是依据一定的目的和原则，以土地单元为样本，选择对土地单元发生作用的因素的因子作为鉴定指标，并赋予相应的分值。然后以适当的模式将样本加以合并，即可对土地进行定级。

（二）城镇土地定级的原则

1. 综合分析原则　土地定级应对各种经济社会、自然因素进行综合分析，按差异划分土地级。土地级既要反映土地在经济效益上的差异，也要反映经济、社会、生态等综合效益的差异。

2. 主导因素原则　土地定级根据城镇的影响、土地优劣的因素种类及其作用的差异，重点分析对土地级起控制和主导作用的因素，突出主导因素的影响。

3. 地域分异原则　土地定级应掌握土地区位条件和特性分布与组合规律，并分析由于区位条件不同而形成的地域差异状况，将类似地域划归同一土地级。

4. 级差收益原则　土地定级是划分的土地级对土地收益明显差别的有关行业级差的重要参考依据。

5. 定量与定性结合的原则　土地定级应尽量把定性的、经验性的分析进行量化，以定量计算为主，必要时对某些很难以定量的社会、经济因素采用定性分析，以减少人为任意性，提高土地级别精度。

（三）城镇土地定级的步骤及技术流程图

城镇土地定级的主要思路为：首先从形成土地质量(土地条件)差异的原因入手，找出影响土地质量的因素，包括繁华程度、交通条件、基础设施状况、环境条件、人口状况等。其次，将这些因素指标定量化，换算成不同的分值；根据各因素对土地质量的影响程度和重要性，确定各因素的权重；将各因素作用分值加权求和，得到总分；根据总分高低划分土地级别。然后，在土地级别的基础上测算级差收益、行业及微观区位增减系数，进行收益拟合和级别验证。最后得到土地级别。整个过程包括以下五个步骤。

1. 准备工作和外业调查 准备工作与外业调查主要包括：编写土地定级任务书、组织任务、技术培训、配备必要的设施，同时根据城镇特点广泛调查收集有关资料。

2. 定级因素资料的整理与量化 主要内容为：根据城镇特点，选取对土地定级影响较大的土地自然和社会因素作为划分土地级别的因素；在定级因素资料整理的基础上，依据定级因素与土地质量的相关方法及相关程度，编制各因素分值评定表；依据定级因素与社会、经济活动及人们生活条件的相关程度，确定各因素的相对重要性，即权重值。

3. 定级单元的划分 土地定级单元是所划分出的土地空间单元，其内部土地特性和区位条件相对均一。土地定级单元是各定级因素分值计算的基础，也是评定土地级别的基础空间单元。

4. 土地级别的初步划分与确定 根据划分的定级单元，计算单元内各因素的分值，将各分值加权求和，按总分的分布排列和实际情况，初步划分土地级别。然后，再按数理统计的要求，在选择适当的数学模型的基础上，测算不同的土地级别典型行业的级差收益，以此来验证初步划分的土地级别的合理性。同时，可根据测量结果，并结合实际情况对划分的土地级别进行内部调整。

5. 面积量算以及土地级别图的编制 土地级别界限落实后，通过面积量算，得到各土地级的面积，并通过编制土地级别图，将土地级别的分布状况及地域差异直观的表示出来。

6. 土地定级报告的撰写及成果的验收归档

（四）城镇土地定级的方法

1. 定级因素的作用分计算 采用相对值法和距离递减法，按0～100分封闭区间赋分。因素指标与作用分的关系按正相关设置，即因素条件越好，作用分值越高。

2. 定级单元的划分 采用主导因素判定法、叠置法、动态网格法等进行划分。

3. 定级因素权重值的确定 权重反映定级因素对土地的影响程度。权重值与因素对土地的影响大小呈正比，数值在0～1，各选定因素的权重值之和等于1。权重值的确定方法有特尔斐测定法、因素成对比较法以及层次分析法(AHP法)。

4. 定级单元总分值的计算 定级单元作用分值的计算是根据各定级因素样点的坐标、作用分值、影响半径、递减规律、权重值及对分值计算的要求分别进行计算，从而得到每一格网内(即每一单元)的各定级因素分值。采用因素加权分值求和法计算定级单元总分值。

5. 级别的划分 采用总分数轴法、总分剖面图法等。

参考文献

戴旭. 1982. 关于土地资源评价的几个问题. 资源科学(4).

邓留献. 2000. 农用土地定级估价理论与实践. 北京：中国大地出版社.

傅伯杰. 1989. 土地评价的技术方法. 地域研究与开发，8(4).

傅伯杰. 1991. 土地评价的理论与实践. 北京：中国科学技术出版社.

景贵和. 1986. 土地生态评价与土地生态设计. 地理学报(1).

李孝芳. 1989. 土地资源评价的基本原理和方法. 长沙：湖南科学技术出版社.

林增杰等. 1986. 土地管理的原理与方法. 北京：中国人民大学出版社.

刘胤汉. 1982. 土地类型与综合自然区划. 西安：陕西师范大学出版社.

刘胤汉. 1988. 自然资源学概论. 西安：陕西人民教育出版社.

倪绍祥，陈传康. 1993. 我国土地评价研究的近今进展，地理学报，48(1).

倪绍祥. 1992. 土地类型与土地评价. 北京：高等教育出版社.

倪绍祥. 2009. 土地类型与土地评价概论. 北京：高等教育出版社.

全石琳. 1996. 土地资源学. 开封：河南大学出版社.
严星，林增杰. 2001. 城市地产评估(修订本). 北京：中国人民大学出版社.
张凤荣，王静，陈百明等. 2003. 土地持续利用评价指标体系与方法. 北京：中国农业出版社.
中国1∶100万土地类型图编委会. 1986. 中国土地类型研究. 北京：科学出版社.
周利军. 2006. 土地资源评价方法及与ARCVIEW的耦合研究. 北京林业大学.
周正. 1988. 综合自然地理学文献选编(第一辑). 重庆：西南师范大学出版社.
朱德举. 2002. 土地评价. 北京：中国大地出版社.
D. 登特，A. 扬. 1988. 土壤调查与土地评价. 倪绍祥译. 北京：农业出版社.
FAO. 1976. 土地评价纲要.

第八章 土地利用/土地覆被变化

土地利用/土地覆被变化(land use and land cover change, LUCC)是全球变化的主要原因之一,在过去的20多年里,不同学科的研究者对于LUCC给予了很多关注,围绕LUCC何地发生变化、何时发生变化、如何发生变化和为何发生变化等问题开展了大量的研究。尤其是全球环境变化人文因素计划(International Human Dimensions Programme, IHDP)和国际地圈-生物圈计划(International Geosphere-Biosphere Programme,IGBP)的共同执行计划LUCC以及后续计划GLP(Global Land Project)的实施,极大促进了土地变化科学(land change science, LCS)的诞生和发展,无论在理论和方法方面,还是在实践方面都取得了长足的进展。

随着资源、环境和人口问题的日益突出,LUCC研究已成为全球变化研究的前沿和热点,其对区域水资源、水文过程、干旱、洪涝灾害和社会经济的影响,已成为土地利用/土地覆被变化研究领域的重要课题。

第一节 土地利用/土地覆被变化概述

一、概念

土地利用与土地覆被是两个既有本质区别又有密切联系的重要概念。土地利用往往是社会科学研究者研究的对象,是指人类为获取所需的产品或服务而进行的对土地自然属性的利用目的、方式、手段和意图(Tnrner,1995)。在这种定义中,林地、公园、郊区和农田等都是土地利用的意图和目的,为了获得更好的产量所采用的化肥、除草剂、农药、灌溉等生物化学控制的实践,也是土地利用。FAO则认为“土地利用是由自然条件和人的干预所决定土地的功能”,其实质是对土地功能的利用。土地利用变化是土地覆被变化最直接和最主要的驱动因子。土地覆被则指地球陆地表面和近地表面的自然状态,包括生态群落、土地、地形、地下水以及人文结构,即“它包含了地球陆地表面的自然状态”(Turner,1993)。

人类的土地利用方式多种多样,包括各种方式的耕作、放牧、伐木、聚落与城市、基础设施、自然保护、旅游休闲、军事等。各种土地利用的作用积累起来就在全球尺度上改变了土地覆被,其结果不仅对土地覆被本身至关重要,而且对地方、区域和全球环境的很多方面,包括气候、大气组成、生物多样性、土壤状况、水文水资源、物质循环等,都产生显著影响。一种土地利用类型,如农业,能导致不同的土地覆被类型,种植玉米和小麦则表现出玉米和小麦不同的土地覆被形式,但是土地的利用类型却是一致的,是农业利用;一种土地覆被类型可能包含几种利用类型,如林地,可以用来作为木材,也可以作为娱乐或者野生动物的栖息地。土地利用的变化会导致土地覆被的变化,但是土地覆被变化却未必导致土地利用方式发生变化。

土地覆被变化现象也是形形色色的,可归纳为三种:① 土地覆被的退化,即某种覆被类型虽未改变,但其质量已经降低,如由于过度放牧引起草地退化、伐木引起森林覆被密度降低;② 土地覆被的转换,即某种覆被类型完全改变成另一种类型,如耕地被城市或工业建设占用、林地被全部砍伐并开垦为牧草地或耕地;③ 土地覆被的改良,指某种覆被得到维护、修复、更新,如土壤改良、耕地梯化、草地改良、森林抚育、灌溉系统的建立与完善。三种土地覆被变化中,转换和改良比较容易引起人们的重视,也比较容易监测;而退化却较难观测,因而其记录最不完备。

土地覆被可能是自然变化过程的结果,如气候变化、突发事件如风暴或火山爆发等,然而大多数情况下,土地覆被变化是人类活动的结果。大多数的土地覆被变化的直接原因是人类对产品的需要,这样的土地覆被转变和渐变是满足社会对产品和社会消费的需要。

土地覆被变化既表现为各类型之内的功能复杂性,又表现为各类型之间的结构复杂性,两者都需要从空间格局和时间过程来分析。土地覆被变化并非简单过程,曾经被认为是连续过程的土地覆被变化其实是一种不连续过程,常有一些急剧变化的时期,常被某些突然事件所激发,从而在系统中引起突变。为了全面深入地认识土地覆被变化,应该充分估计其复杂性,并根据复杂性来测度它。例如,同样是森林覆被,但诸如生物量和物种组成之类的属性却会大不一样。同样是林地利用，却可能用作公园，或作为自然保护地，或作为伐木地。耕地类型的利用更趋复杂，可以是水田、旱地、水浇地，可以种植不同的作物，可以有不同的耕作方式，可以施放不同数量的化肥，如此等等。由于土地利用的功能不同，土地覆被演化的方向和进程都会有明显的区别。因此，在测度土地覆被变化的格局时，区分土地利用/土地覆被是至关重要的。简单的土地覆被分类不足以有效地分析其变化，为了认识土地覆被的各种变化，需要了解某土地覆被类型的土地利用功能。

对土地利用与覆被变化的深入研究需要将社会、人文科学和自然科学结合起来，因为隶属自然范畴的土地覆被变化虽然是由土地利用的改变引起的，但土地利用变化的根本原因还是由于人类社会经济驱动力所主宰的(Meyer，1994)。可见，通过社会驱动力系统的联结，土地利用与土地覆被变化形成了一个紧密联系、相互反馈的开放系统。

二、研究背景与意义

20世纪90年代以来，土地利用/土地覆被变化作为全球变化的重要组成部分和主要原因，日益受到国际组织和世界各国的普遍关注，目前已成为国际上全球变化研究的前沿和热点课题，在土地资源的合理利用、开发和保护，以及生态、经济与环境的协调发展等方面起到了重要作用。因而，作为一个研究切入点，许多全球变化的研究者均将LUCC作为研究内容，对人类在全球变化中所起的作用进行研究。

(一) LUCC研究的基本问题和重点领域

LUCC研究的基本目标是提高对全球土地利用/土地覆被变化动态过程的认识，以及对人类活动和全球变化的人类驱动机制研究。因此IGBP和IHDP提出了LUCC研究计划需要面对的基本问题包括：

1) 近300年来土地覆被是如何受人类的影响而发生变化的?

2) 在不同的地区与不同的历史时期内土地覆被的变化主要受哪些人为因素的影响?

3) 在近50～100年来土地利用的变化是怎样影响到土地覆被及其变化的?

4) 对于某一特定的土地利用类型来说，近期内有哪些人为因素或者自然环境要素的变化影响到土地利用的可持续性?

5) 气候与地球生物化学圈层的变化是怎样影响到土地利用/土地覆被及其变化的?

6) 土地利用/土地覆被的变化又是怎样反过来影响着人类的行为的? 土地覆被的变化如何导致或者加剧了某些特定区域的脆弱性?

针对土地利用/土地覆被本身的变化，LUCC研究计划中提出了土地覆被变化、土地利用的动力机制、土地利用/土地覆被变化的区域与全球综合模型三个研究重点。

1. 土地覆被变化——直接观察和诊断模型　土地覆被变化采用实地调查与诊断模型的方法，其主要内容包括土地覆被变化指标体系和热点地区以及关键性区域的研究、自然与社会经济变量的动态监测以及从局部的案例研究到区域与全球过程模拟的研究。通过区域性个例的比较研究，分析影响土地使用者或管理者改变土地利用和管理方式的自然和社会经济方面的主要驱动因子，建立区域性的土地利用/土地覆被变化经验模型。

2. 土地利用动力机制——典型对比分析研究　土地利用动力机制是一种案例比较研究方法，目的在于提高对土地管理中的自然-社会影响因素变化的认识，从而帮助建立区域和全球模型。其主要内容包括土地利用行为与决策、土地利用变化的动态模拟、从局部的案例研究到区域与全球的过程模拟以及土地利用变化的可持续性研究。主要通过遥感图像分析，了解过去几十年内土地覆被的空间变化过程，并将其与驱动因子联系起来，建立解释土地覆被时空变化和推断未来几十年的土地覆被变化的经验型诊断模型。

3. 区域与全球模型——综合评价的框架　区域与全球模型采用综合分析与评价的方法，其主要内容包括对已有区域模型的回顾总结与对比、区域土地利用/土地覆被变化模型建立过程中的关键性技术与问题、土地利用/土地覆被变化及其相关系统的动力机制、发展规划与关键性的环境问题及其影响评价的研究。建立宏观尺度的，包括与土地利用有关的各经济部门在内的土地利用/土地覆被变化动态模型，根据驱动因子的变化来推断土地覆被变化未来(50～100年)的变化趋势,为制定相应对策和全球环境变化服务。

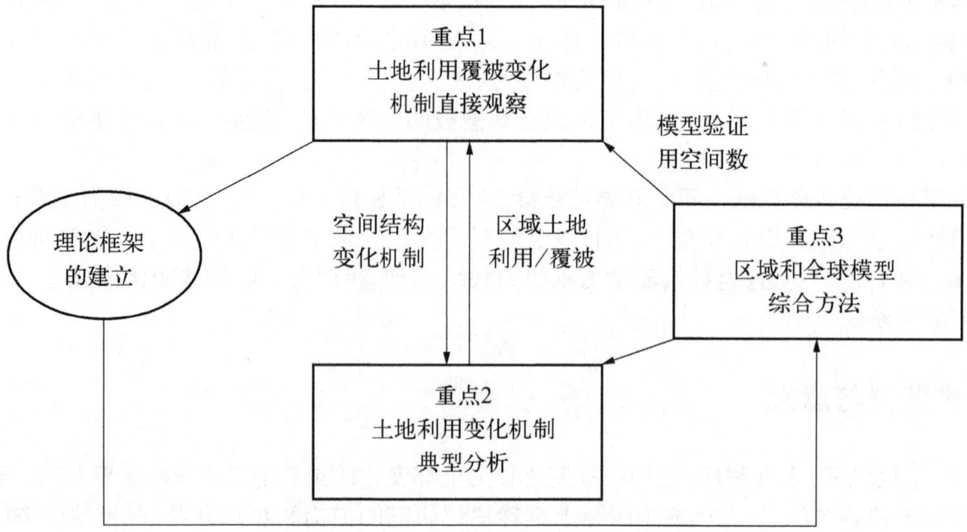

图8-1 LUCC科学计划的结构框架

资料来源:IGBP和IHDP报告(1995)

在具体研究中,需要综合研究的内容有数据和分类研究、尺度动态研究等,前者包括建立一套土地利用/土地覆被变化的分类体系、土地利用和土地覆被变化分类成图和建立社会经济数据库及测量标准;后者力图认识各种不同尺度下的LUCC研究过程以及研究中的不同尺度分析,排除进行LUCC综合认识的主要障碍。该项研究试图确定指导LUCC努力的主要规范,从而提高三个研究重点的整体性。

土地利用/土地覆被变化的机制对解释土地覆被的时空变化和建立土地覆被变化的预测模型起关键作用,是LUCC研究的焦点。

(二) LUCC与全球环境变化及可持续发展

LUCC研究还关注土地利用/土地覆被变化与全球环境变化及可持续发展的关系,研究内容包括以下三项。

1. 土地覆被变化对全球环境变化的影响 主要回答土地利用如何通过改变土地覆被影响全球环境变化。全球环境变化包括系统性变化和累积性变化两个层次的变化。前者指真正全球意义上的变化,如气候波动和碳循环等;后者指区域性的变化,但其累积效果影响到全球性的环境现象,如植被破坏、生物多样性的损失及土壤侵蚀等。土地覆被变化对系统性全球环境变化的影响研究,其内容主要包括土地退化、生物多样性、流域水平衡、水质和水环境、河流泥沙及海洋生态系统等方面的影响。

2. 全球环境变化对土地覆被变化的影响 研究其他方面的环境变化,主要是气候变化对土地利用/土地覆被的影响,以及土地利用/土地覆被对可能的环境变化的敏感性。气候变化对土地利用/土地覆被的影响包括通过气温和降水的波动造成的直接影响及通过干旱、洪水、土地退化产生的间接影响。各种土地利用方式对气候波动的敏感性差异很大,如旱作农业就比灌溉农业脆弱得多。这方面研究主要通过各种环境条件假设的模型模拟进行。

3. 土地利用/土地覆被变化与可持续发展 由于陆地和海洋生态系统的土地、水、食物及纤维等资源的丰缺都会受到土地利用/土地覆被变化直接或间接的影响,因此世界环境和发展大会所提出的许多可持续发展问题均与土地利用/土地覆被变化有关。这方面的研究主要着眼于:① 协调各经济部门对土地的利用,保护那些对人类未来发展至关重要的土地利用方式和土地覆被类型,如耕地和湿地的保护;② 探索有利于生态和环境的土地利用方式,如免耕和少耕农业、生态农业及复合农林业;③ 现状土地利用方式的可持续性及其调控,如河北平原地下水位下降的主要原因是耕作制度的变化,这就涉及土地利用方式本身的可持续性。

三、国内外研究进展

随着全球环境变化研究的不断深入，各国科学家越来越感到人类活动对环境变化影响的严重性，国际上与全球变化有关的各个科学组织和各类科学计划纷纷将土地利用与土地覆被变化研究作为研究的重点。例如，1995 年国际地圈-生物圈计划和全球环境变化人文因素计划共同制定了土地利用/土地覆被变化研究计划。随后，美国、日本等国也纷纷制定自己的土地利用/土地覆被变化研究计划。这些计划有力地推动了全球和区域土地利用与土地覆被变化研究的纵深发展，并逐渐呈现出三个重要趋向，即地理信息技术的应用、遥感数据的应用以及强调对区域自然要素和经济社会要素的综合研究。1999 年，IGBP 和 IHDP 在《土地利用/土地覆被变化研究实施策略》中又将土地利用过程、土地利用与土地覆被变化的人类响应、综合的全球和区域模型作为其今后研究的主题；国际应用系统分析研究所（IIASA）也将 LUCC 的经济社会驱动力、反馈机制和作用方式作为 LUCC 研究计划的三大目标。目前，LUCC 研究的范围进一步扩展，研究内容也进一步深化，特别在"应用 RS、GIS 技术开展土地利用/土地覆被变化监测、评价与制图，农村与农业土地利用/土地覆被变化分析，城市土地利用/土地覆被变化分析，土地利用/土地覆被变化动力学，土地利用/土地覆被变化与生态环境"等方面成功地开展了一些具体工作，并取得了许多重要进展。

表 8-1　关于土地利用/土地覆被变化认识的进展

过　　去	现　　在
关注的地区不集中	多聚集于变化剧烈的"热点"地区
仅关注土地覆被转换，且多集中于热带雨林类型	扩大到土地覆被退化和改良，关注所有的土地覆被类型
认为变化历史简单，且是单向连续的	认识到变化受几千年人类复杂活动的影响，处于一种不断变迁的状态，是可逆的
多归因于人口增长、农业的扩展	认识到人们对经济机会和政策变化的响应及生物-自然、社会-经济突发事件的影响也不容忽视；压力和机会更为常见的响应是土地利用的集约化和多样化
根据同质空间来研究	认识到空间具有高度异质性
多认为变化是地方性的	认识到变化可被遥远的城市中心影响，随强烈的本土化和全球化相互作用而被增强或削弱
多关注对碳循环的影响	也关注对人类健康、生物多样性、日照反射率、甲烷排放等的影响

大量的 LUCC 研究工作主要包括监测（detection）、解释（explanation）和效应（impact）。其中，LUCC 的监测主要包括土地利用/覆被类型分类、测量及制图与统计；LUCC 的解释研究则通过采用各种模型和分析方法，对区域或全球性的社会、经济因子进行筛选，分析造成土地利用和土地覆被变化的动力和阻力因子及其作用机制；LUCC 的效应主要包括资源、环境和生态效应。在过去 10 年的 LUCC 研究过程中，国内外专家集中在 LUCC 的监测和解释两个方面开展工作，其中在监测方面成果突出。

（一）LUCC 的监测

相对土地利用变化评价而言，土地覆被变化的定量评价进展要缓慢得多。目前最常用的评价方法是根据土地覆被类型变化进行评价，对于同一土地覆被类型质量变化则缺乏有效的探测。基于 MSS 和 TM 多波段影响计算的 AVDI 指数可以较好的反映地面土地覆被类型的植被覆盖度，但对诸如土地退化程度等其他重要参数则没有理想的反映。因此 LUCC 项目组强调，如何更好地评价土地覆被变化速度是新时期土地覆被变化研究的优先方向。

土地覆被遥感分类方法目前利用数据统计理论方法结合人工解译被公认为是在多尺度内进行遥感分类的主要方法，这种方法具有算法成熟、充分利用人机交互和影响的特点。然而其用时长，对参与解译分析人员的依赖性强，很大程度上不具备重复性等局限影响了快速、准确、客观地获取大面积土地覆被信息。分类体系的研究是 LUCC 计划制定之初就考虑到的重点内容，近年来各个国家、组织、研究团体乃至个人都根据自己面对的研究对象、问题和区域特点提出了各自的土地利用/土地覆被体系。多案例比较研究需要在规范的单个案例研究基础上进行，其中采用具有可比性的土地利用/土地覆被体系是其基本要求，但不顾区域环境和研究方法的差异勉强追求统一的分类体系也未必是合理的选择。

（二）LUCC 的解释

LUCC 的解释研究主要针对土地利用/土地覆被变化的驱动力和动态机制展开。由于研究背景、研究区域和研究方法各不相同，人们提出的人类驱动力方案也不尽相同。卡斯帕(Kasper)指出："在环境典型带中，土地利用/土地覆被动态变化中，人类方面的驱动力因素主要有人口、技术水平、富裕程度、政治经济结构、信任与态度。"艾里奇(Ehrlich)指出，人口、富裕程度和技术是研究人类驱动力的主要方面。IHDP 计划指出，影响土地利用的驱动因素可以分为直接因素和间接因素。直接因素包括对土地产品的需求、对土地的投入、城市化程度、土地利用的集约化程度、土地权属、土地利用政策以及对土地资源保护的态度等；间接因素包括人口变化、技术发展、经济增长、政治与经济政策、富裕程度和价值取向六个方面，它们通过直接因素作用于土地利用。特纳(Turner)指出，人类驱动力应包括人口、收入、技术、政治、经济状况和文化。在以上多种驱动因素中，人口、经济水平和技术被公认为是人类驱动力的三个主要方面。当然区域尺度上土地利用/土地覆被变化不仅仅受到当地人类社会和经济技术因素的驱动，在许多地区土地利用/土地覆被变化更主要的驱动力来自具有全球或更大区域影响的因子，地方因子只是改变了大尺度因子的作用强度而已。

由于问题的复杂性，LUCC 作用机制和过程的分析通常以模型研究为基础，通过模型研究认识和分析人类驱动力—土地利用/土地覆被变化—全球变化—区域响应—环境反馈之间的相互关系，并对未来发展趋势做出相应的预测和情景分析。长期以来，人们从不同的目的出发，构造了许多有关 LUCC 的模型，尤以引入人文因子的驱动模型居多。其目的一是对土地利用/土地覆被的变化过程及其驱动力等进行科学解释；二是预测未来一段时间内土地利用变化趋势；三是为可持续发展提供基础资料和理论依据。模型主要有：土地利用动态变化模型(土地资源数量变化模型、土地资源生态背景质量变化模型、土地利用程度变化模型、土地利用变化区域差异模型、土地利用空间变化模型、土地需求量预测模型)；回归模型；马尔科夫模型；系统动力学模型；三维紊乱闭合模型等。LUCC 模型尽管在问题分析和决策支持中取得很大发展，由于 LUCC 问题的复杂性和数据的不完备，离 LUCC 计划对模型提出的要求还有很大距离。在很长时期内基于不完备的数据研究复杂的 LUCC 问题依旧是模型研究的基本局面，因此模型研究的重点应该是如何在模型中更好的实现对问题的理解。

（三）LUCC 的效应

近年来，由于 LUCC 过程的区域差异很大、生态建设往往通过改变土地利用方式实现、LUCC 的区域环境效应评估与国家可持续发展战略决策关系密切而重大等原因，LUCC 在区域尺度上的环境效应研究逐渐得到了学术界的重视。事实上，从 20 世纪 90 年代末期开始，IGBP 开始讨论的第二个发展战略就把全球变化研究与可持续发展问题相联系，如水资源、土地退化、环境污染、贫困以及区域自然环境和社会在全球变化压力下的脆弱性等。

LUCC 对环境影响是多方面的，生物多样性安全以及与之紧密相关的食物资源安全、水资源安全和土地资源安全等均与土地利用/土地覆被强度和格局密切相关。土地利用/土地覆被是影响土地质量、生物地球化学循环、区域气候特征、水资源以及自然灾害发生的重要影响因素。土地利用/土地覆被状况通过对下垫面性质，如地表反射率、粗糙度、植被叶面积指数等的变化，导致温度、湿度、风和降水等发生变化，因此它是引起局地与区域气候变化的重要因素。随着土地开发利用范围的扩大与强度的增加，会造成对水资源需求量的急剧增加，有研究表明，一个流域内部的各种土地利用/土地覆被类型比例的变化是造成河流水质发生变化的主要原因。

四、研究热点问题

（一）土地利用/覆被变化的动力学机制

主要是对城乡作用机制、区域土地利用与土地覆被变化过程中的水资源约束机制以及全球粮食生产与粮食安全的研究。建立用于分析人文和自然因素在区域土地利用/土地覆被变化的参数体系，揭示特定自然条件下，自然与人文因素在土地利用/覆被变化过程中的驱动力与阻力机制，以及土地利用/土地覆被变化研究的区域分异规律。在此基础上，加深理解不同区域在不同体制及经济发展水平作用下的土地利用/土地覆被变化的区域规律，以及客观区分土地利用/土地覆被变化中自然与人文因素作用的份额，并通过调整土地利用格局，寻求区域可持续发展的土地资源高效利用途径。

（二）土地利用/土地覆被类型与区域问题的研究

由于不同区域有着不同的自然和人文因素的组合，相应地对 LUCC 的影响也就不同，LUCC 研究区域类型的选择是其研究的关键。目前，LUCC 研究在许多热点地区、关键地区以及生态脆弱区开展了不同尺度的案例研究。

我国的 LUCC 研究主要集中于两类地区。一类是热点地区，研究者多选择那些人文因素高度复合的地区，如深圳市、北京市、长江三角洲等。另一类是脆弱区。随着人口的增长、经济的发展和资源的耗竭，各种各样的脆弱区不断出现，研究者多选择生态环境脆弱区进行 LUCC 研究，如中国东北样带及地处干旱、半干旱过渡带的榆林地区等。

（三）区域或全球性空间统计模型研究

建立基于自然单元、人文单元和信息单元相叠加的土地利用/土地覆被变化动态模拟模型，准确厘定模型的动态速率参数，在整合目前已有的土地利用/土地覆被变化空间动力学模型和复杂统计模型基础上，发展可进行时空预测的土地利用/土地覆被变化多尺度模型体系，以便能更准确地模拟土地利用与土地覆被变化的速率、空间类型、过程、未来的发展趋势和变化的主要动因。

（四）区域生态系统对气候和土地利用变化响应的集成分析

建立基于过程的区域生态系统与基于经验知识的土地利用决策的集成耦合模型，准确辨识模型的通量速率参数，并实现其正确的由低向高一级尺度转换。分析不同气候条件、不同土地利用决策双重作用下典型区域生态系统响应以及生态系统状态和过程的改变对未来土地利用决策所带来的可能影响，为全球变化条件下区域可持续发展和区域资源的优化利用设计提供理论支持。

（五）土地利用/覆被变化与区域可持续发展模式

主要包括土地利用/土地覆被类型与结构的持续性、土地利用方式与方法的可持续性、土地利用/土地覆被变化过程的可持续性以及实现可持续土地利用的对策与途径等。

建立基于生态安全条件下的区域土地资源优化开发利用与保护模式，揭示土地利用变化与生态安全相互作用机制，构造典型区域土地可持续利用结构与优化模式，通过建立区域生态-生产范式，实现生态安全条件下的土地资源高效利用，在此基础上，进一步提出区域可持续发展的土地资源开发对策。

第二节　土地利用/土地覆被变化主要研究内容

一、现状监测

LUCC 监测指 LUCC 信息的获取，主要包括数据的获取和分类体系的建立。

LUCC 研究计划中提出了进行多空间尺度的土地利用/土地覆被变化研究，将低空间分辨率和高空间分辨率的卫星遥感信息相结合进行全球尺度和区域尺度的研究，在全球范围进行 1～2 km 分辨率的土地覆被变化制图，对区域的精确研究则采用陆地卫星数据等高空间分辨率资料进行。随着遥感技术的快速发展，全球各个尺度上的土地利用/土地覆被数据库都得到了充实，基于卫星遥感的LUCC信息获取方面的进展表现在以下三个方面。

1. 全球对地观测体系的建立 随着一系列大型国际遥感计划的实施，如美国宇航局(NASA)对地观测计划(EOS)、日本/美国的热带降雨量测计划(TRMM)、欧洲空间局(ESA)的极轨平台计划(POEM)等以及相关地球表面观测站点的建立，全天候、多层次的全球对地观测体系已经初步建立，这为当前的LUCC研究提供了坚实的信息获取基础。

2. 理论与方法取得进展 土地覆被不再仅仅被看作是单一的土地和植被类型，而是土地类型及其所具有的一系列自然属性和特征的综合体。利用卫星在生长季节内获得的多时相数据，依据地表覆被的动态过程将图像像元划分为不同的土地覆被单元——季节性土地覆被单元，根据土地覆被单元的类型和一系列属性特征，用户可根据应用需要将季节性单元调整和归并至所需土地利用/土地覆被系统中。

3. 成功地开展了一些具体工作 应用卫星图像进行土地利用/土地覆被变化的动态监测，目前主要在两种区域尺度范围开展：① 全球和洲际尺度，以应用气象卫星NOAA/AVHRR数据进行监测为主；② 区域(亚洲际或更小区域)尺度，所选用的遥感信息源以高空间分辨率的卫星数据Landsat/MSS和Landsat/TM为主。目前人们可以采用航片、IKONOS、SPOT、TM/MSS、中巴资源卫星、MODIS、NOAA/AVHRR和风云卫星提供的地面分辨率从一米到几千米的数据进行不同尺度和空间范围的LUCC监测。

二、驱动力研究

(一) 驱动力影响因素

土地利用变化的驱动力既有内在因素，也有外在因素，既有自然驱动力，也有社会驱动力。气候、土壤、水文被认为是主要的自然驱动力。社会驱动力因素可分为直接因素和间接因素，直接因素包括对土地产品的需求、对土地的投入、城市化程度、土地利用的集约化程度、土地权属、土地利用政策及土地资源保护的态度等；间接因素包括人口变化、技术发展、经济增长、政治与经济政策、富裕程度和价值取向六方面，它们通过直接因素作用于土地利用。一般而言，某一区域的土地利用结构是该区自然因素和社会经济因素共同作用的结果，这些因素对土地利用变化的作用方式和作用强度各有不同。

1. 自然因素 自然因素(气候、土壤、水文、地质地貌等)是影响区域土地利用结构的最基本要素，在某种程度上具有一定的主导作用。自然因素包括气候、地质、地貌、土壤、水文、植被等因素，其中气候、土壤、水文被认为是主要驱动力因素。环境本身的变化也是土地利用/土地覆被变化的自然驱动因素之一，作为短时期、小区域内的典型环境变化的自然灾害对土地利用/土地覆被的影响也很明显。

(1) 气候 气候条件对土地利用有制约作用，主要表现在其对农作物、牧草和林木种类选择及其分布、组合、耕作制度和产量的影响上。

(2) 地形、地质地貌 地质、地貌直接影响土地利用类型的分布，地形通过对气温、降水及山体坡度等的作用而影响土地利用类型和分布。

(3) 水文 水文因素对土地利用类型的数量和质量有着深远的影响，在较长的时间尺度或大的空间尺度上，对土地利用/土地覆被变化显著而深远的影响是不容忽视的。但在较短时段内，对土地利用/土地覆被变化的影响并不直观明显。

(4) 自然灾害 自然灾害会引起人类活动和土地利用条件的异常变化，直接或间接地影响土地的利用方式和利用程度。自然灾害频繁发生不仅影响农牧业生产的发展，而且导致土地利用/覆被发生变化，加重了生态环境恶化。

2. 社会经济因素 包括人口变化、技术发展、经济增长、政治政策、价值取向和富裕程度等间接因素和对土地产品的需求、对土地的投入、城市化程度、土地利用的集约化程度、土地权属、土地利用政策、对土地资源保护的态度等直接因素。社会、经济、政策、技术等人文因素作用的强度、合理与否对土地利用的时空变化具有决定性的影响。

(1) 人口 土地利用变化是人地相互作用的表现，是人类活动作用于自然资源和环境的一种最为显著的表现形式。在土地利用的人文驱动力中，人口是一个非常重要的因素，也是最具活力的土地利用变化的驱动力之一。人口对土地利用的影响,主要体现在人口对土地利用空间分异及时间变化的影响上。随着人口数量的增加,人地关系紧张带来的社会系统压力必然进一步驱动区域土地利用发生剧烈变化,如供人类生活和居住的城镇聚落用地以及与之配套的交通用地增加,从而引起供人类生活、生存所需的耕地资源数量不断减少。为了获得更好的生活条件,人们对土地的开发利用程度不断加强,各土地类型之间不断发生变化,人口的增加,加大了城市对市政基础设施建设的需求,加剧了耕地向其他非耕地土地利用类型(尤其是城镇建设用地)的转变。另外,人口受教育程度的提高及民族、职业结构和人口密度等的变化也是土地利用变化的重要原因。

(2) **技术** 技术的发展水平和应用程度直接影响着土地利用的深度和广度,可以通过提高土地的生产力,缓解人口增长对农业用地的压力,从而使耕地、林地减少和其他用地增多得以实现,土地利用程度得以提高,从而影响土地利用/土地覆被变化。

(3) **经济发展** 经济发展速度的高增长是影响土地利用类型变化的主导因素,经济发展水平高的地区,城市的规模不断扩大,用地量就会增加。伴随着经济发展,工矿企业和交通等建设用地不断增加,必然会挤占大量的耕地。

(4) **政策** 政策因素在城市化所引发的土地利用变化中起着不可低估的作用。国家宏观政策对土地利用变化及土地资源的可持续利用产生重大影响,引导着社会的经济生产活动,进而影响土地利用的方式和强度。在市场经济的调控和影响下,土地利用也有所变化,开发区热、房地产热等使各项建设占用耕地的规模有较大增长,乱占滥用土地现象十分突出;耕地总量动态平衡政策的制定对土地利用结构的影响较大。

(5) **价值与观念** 人类的知识、价值观、对自然的态度、行为规范、婚姻与生育观念、生产方式、宗教信仰、生活习惯等,决定或强烈影响着人类如何利用土地。

土地利用/土地覆被变化的驱动力对土地利用的作用是一个十分复杂的过程。一种驱动力可以同时作用于各种土地利用类型,但其对于不同土地类型的作用程度和作用方式存在着一定的区别。例如,人口增长可能对耕地、林地、工矿用地、交通用地、居住用地和各种配套服务设施用地的变化都有影响,然而其对居住用地的影响要比交通用地的影响更直接一些,因为居住用地扩大主要是人口增长带来的住房需求增加造成的,而交通用地的变化更多的是受经济发展的影响。另一方面,某种土地利用类型的变化并不是单个驱动力作用的结果,而是多种驱动力的共同影响,且这些驱动力有的相互作用,有的相互抵消。有时一种驱动力可能先是促进土地利用变化,随后又抑制变化,或者相反。例如,人口增长增加了粮食需求,因而要求扩大耕地面积,但人口增长也会带来居住、交通等其他用地的增加,而这些用地的增加最终又会侵占耕地,最终导致耕地的减少。

(二) 驱动力研究的方法

由于土地利用/土地覆被变化本身的不确定性和其驱动因子的复杂性,采取适当的方法对 LUCC 驱动力进行研究是确保其结果准确、有说服力的关键。

1. 定性分析法 定性分析指通过对研究客体概念、特点及其相关因素的分析对土地利用/土地覆被变化的驱动力进行定性描述。较早期的土地利用/覆被变化及其驱动力的分析多采用这种方法。目前,定性分析法已成为驱动力研究的基础,成为人类逻辑思维直接作用于土地这一研究客体的表达方式。

2. 统计分析法 统计分析法主要是从土地利用/土地覆被变化与所确定的影响因子数值间的统计关系来筛选确定它的主导驱动因子。其优点在于能够使复杂问题简单化,易于抓住复杂系统中矛盾的主要方面。因此,在土地利用/土地覆被变化驱动力研究,特别是大量典型地区的案例研究中得以广泛应用。但不难看出,是否能够准确、全面的选择参与统计分析的指标是该方法能否成功应用的关键。

3. 系统分析法 系统分析法指在研究土地利用/土地覆被变化的驱动力时应用系统论的理论和方法,把各个驱动因素看成一个完整的系统探讨其整体与部分、结构与功能的关系。其优势在于有效地克服了单因子分析的假定性,与土地这一巨系统的复杂性相适应。

4. 模型化方法 定量化和模型化是整个土地利用/土地覆被变化驱动力研究的趋势。应用该方法进行驱动力研究指通过对土地利用/土地覆被变化驱动因子与变化过程之间的简化、拟合、验证等,达到去伪存真的目的,实现对驱动因子的筛选、驱动过程的模拟和对未来过程的预测。但目前,土地利用/土地覆被变化本身的复杂性、跨学科研究、数据的定量化和标准化以及建模方法复杂等问题制约了定量模型研究的发展。

（三）驱动力研究中存在的问题

1. 数据问题 获取准确有效的数据是进行土地利用/覆被变化的基础。目前，全球性数据的质量和数量从土地覆被、土地利用到人类驱动力的研究都难以满足建立综合 LUCC 模型的需求。随着遥感等对地观测技术的发展，土地利用和土地覆被数据的质量和数量将会逐步有所改善，但目前人类驱动力数据获取的途径仍是以各国统计部门所提供的数据为主，缺乏可靠的全球性对比数据。数据及其标准化问题仍是其驱动力研究发展亟待解决的重要问题。

2. 尺度转换问题 尺度包括时间和空间，时空尺度决定着土地利用/土地覆被变化驱动力研究的角度及方法，如在短时间尺度的研究中，自然因素可能由于没有发生显著变化而未成为考虑的对象，但在长时间尺度上，自然因素往往需要考虑。到目前为止，各国各地区科学家已在不同尺度上开展了很多研究工作，但不同时空尺度的土地利用/土地覆被变化驱动力只能解释相对应时空尺度上的土地利用/土地覆被变化状况。对土地利用/土地覆被变化动力学的更深层次的认识，往往需要综合不同尺度层次的不同水平的观测和解释结果才能达到。因此，如何实现大小尺度的嵌套、查清其相互关系是下一步研究的重点之一。

3. 跨学科研究问题 土地利用/土地覆被变化驱动力研究涉及自然、社会、经济等领域，不同领域的科学家从不同的角度用不同的方法进行各自的研究。然而，土地利用/土地覆被变化驱动力综合模型的建立需要方方面面的知识和思路，必须实现自然科学家和社会科学家实质性的合作，但目前成功合作的实例还不多见，制约了土地利用/土地覆被变化驱动力综合研究的发展。

4. 人类驱动因素的定量化问题 土地利用/土地覆被变化受自然和人类活动的双重影响，在一个不太长的时期内，人类活动对其影响远远大于自然因素。但与自然因素相比，人类活动对土地利用/土地覆被变化的影响因素难以定量化，如政策的变化、个人的土地利用行为、市场状况等，给其综合定量驱动模型的建立设置了障碍。目前，虽然科学家们已开始关注这一问题的研究，但这方面的研究明显滞后，成为制约土地利用/土地覆被变化及其驱动力研究的重要因素。

三、环境效应研究

任何土地利用/土地覆被的变化都与一定的环境后果相联系。LUCC 的生态环境效应可从大气、土壤、水文、生物多样性等方面论述。

（一）对区域气候及大气质量的影响

1. 对区域气候的影响 研究表明，土地利用/土地覆被变化对气候的影响，主要通过两个途径：① 由于下垫面性质的改变，即由于地表反射率、粗糙度、植被叶面积以及植被覆盖比例的变化引起温度、湿度、风速以及降水发生变化，由此引起局地与区域气候变化；② 由于化石燃料燃烧以及土地利用/土地覆被变化等人类活动使得大气中温室气体的含量增多，由此产生的温室效应使得全球气候变暖而且变幅加大。

地表及其覆盖的植被决定着太阳辐射在地表的分配，这种分配形成了不同尺度上气候系统的边界环境。土地表面性质发生变化时引起能量的重新分配，从而影响气候的变化。例如，森林向牧场的转变增加了地表反照率，增加了植被盖度，在小范围内使温度增加、湿度下降，而这些反过来又能影响森林再生的潜力。通过对亚马孙森林的研究表明，区域森林的消失将对气候有严重的影响，因为热带雨林在水分循环中占有很重要的作用。同时，森林的开采将严重地减少当地的降水量，使温度升高。

土地利用/土地覆被变化改变了地表反射率，从而影响温度和湿度的变化。总的来说，基于人类利用方向的土地利用变化倾向于增加反射率，使得更多的能量返回到大气中，对流层温度增加，大气的稳定性增强并减少对流雨。通过地表能量平衡的途径，即人类对土地经营方式的不断变化会引起下垫面物理性质的改变。从此点出发，国外 R. A. Pielke 、R. Avissar、T. R. Oke 等学者探讨由于地表反射率、粗糙度、植被叶面积以及植被覆盖比例的变化，引起大气中温度、湿度、风速以及降水发生的变化，由此引起局地气候发生变化。

例如,西非沙化的主要原因是人类破坏植被引起土壤侵蚀和地表水的减少。城市的热岛效应是居民地扩展对局地气候影响的最好例证。城市的规模及其扩展与热岛效应有密切的关系,对全球温度升高有极大的影响。另外在美国洛杉矶山脉地区的研究表明,一个地区土地利用/土地覆被变化还会对毗邻地区的气候产生影响,在美国大平原地区人类活动所引起的土地利用/土地覆被变化,使得洛杉矶山脉夏日温度有逐渐变低的趋势。

土地利用/土地覆被变化对气候的影响还在于土地表面是温室气体和痕量气体(如 CO_2、CH_4、N_2O 等)的重要来源。据估计,1850～1985 年大气中 CO_2 增加量的 35%是由于土地利用变化(水稻种植、城市化过程、森林退化、生物量的燃烧等)引起的,其中森林退化占据主导地位。P. A. Maston, P. M. Vitousek, I. Y. Fung 等学者从土地利用变化与大气中 CH_4 和 N_2O 浓度变化的视角入手,指出土地利用变化是导致大气中 CH_4 和 N_2O 浓度增加的最主要原因,由此产生的温室效应使得全球气候变暖而且变幅加大。许多研究表明,土地利用/土地覆被变化改变了区域大气性质及过程。由人类活动而影响的大气中微量气体可分为相对活跃的和不活跃的,或者说短命的和长命的两类。许多对全球气候变化有影响的温室气体是主要的长命气体成分,这些气体都会因土地覆被的变化而变化。

森林消失、土壤碳的氧化、化石燃料的燃烧等都使大气中 CO_2 浓度增加。前工业时期,土地利用变化对全球大气 CO_2 含量增加起着重要作用,其作用仅次于化石燃料的燃烧,如森林向农业用地的转变以及森林的采伐都向大气中释放了大量的碳。目前大气中 CO_2 含量比前工业时期增长了大约 25%,土地覆被变化释放的 CO_2 的量约为化石燃料燃烧释放量的 30%。

土地利用变化是大气中 CH_4 和 N_2O 浓度增加的最主要原因,如农业的扩张(水稻种植)、城市化过程、森林的退化、稻田、生物的燃烧、牲畜等是 CH_4 的直接来源。湿地是 CH_4 的最大来源,其释放 CH_4 量占大气中 CH_4 总释放量的 20%,为 115×10^{12} g/a,其中水稻释放量估计可达 110×10^{12} g/a。草地也是 CH_4 的重要来源,主要通过动物粪便释放,全球动物粪便排放的 CH_4 量大约占已知人为 CH_4 排放总量的 5.5%～8%。森林的砍伐和焚烧也导致 CH_4 的增加。从 1975 年以来,大气中 CH_4 的浓度增加一倍多,主要是由于人类工农业活动共同作用的结果。近年来 N_2O 增加的速度较慢,其增长的原因现在并不能完全肯定,很可能主要与热带的土地利用/土地覆被变化(大片森林的砍伐)和北半球中纬度地区农业活动(人类活动影响)有关。在所有的 N_2O 来源中,土地利用/土地覆被变化占到 80%。土地利用/土地覆被变化导致土壤特性变化会影响 N_2O 的释放量,如巴西从草地释放的 N_2O 是从未受干扰的森林土壤释放量的 5 倍。但有些研究并不认为热带草原地区的 N_2O 释放量比森林土壤多。

2. 对大气质量的影响　活跃气体主要包括 CO、NO_2、非甲烷的碳氢化合物及对流层的烟雾(由于能吸收太阳入射辐射而对全球有重要的意义)等,与土地利用/土地覆被有关的生物燃烧及与工业新陈代谢相伴随的化石燃料的燃烧是这些微量气体的主要来源。土地利用/土地覆被变化可以改变对大气中气体的含量和组成影响大气质量。如上面所提到的对 N_2O 的影响,N_2O 可以破坏臭氧层而引起地表辐射的增强。同样土地利用/土地覆被变化对 CH_4 有重要影响,而 CO 的最大来源是 CH_4 的氧化,据估计 60%的 CO 来源于土地利用/土地覆被变化。城市化和工业的发展还影响对流层光化学烟雾的组成成分,光化学烟雾通过分散和吸收太阳辐射而改变地表受到的辐射量。有关光化学烟雾浓度和光温度增加的证据还不多,但一些工业地区其浓度确实增加了,而且有证据表明其浓度的增加不仅局限于当地源区域。土地利用/土地覆被变化引起的硫释放量还不确定,但估计不超过硫所有来源的 5%。SO_2 主要来自化石燃料的燃烧,在 SO_2 浓度高的地区还可能引起酸雨。酸雨是世界公认的环境灾害之一,不仅对建筑物和植被造成直接的破坏,还对土壤和水体形成污染。目前我国的酸雨问题十分严重,我国的华南、西南等地区已成为世界三大酸雨区之一。

(二) 对土壤的影响

1. 对土壤有关生态过程的影响

(1) 能量交换　太阳辐射流到地面以及地面将其反射到外层空间依靠土壤覆盖层的吸收和反射特性;当缺乏覆盖层时,依靠土壤本身的性质。土壤系统同外界进行能量交换的数量和质量是多种多样的,但对于特定的土地利用/土地覆被类型还是有规律可循的。

(2) 水交换　所有的降水都将降落于地表同土壤相互作用,土地利用/土地覆被变化可以改变降水在地表的分配，如城市化过程中地表径流增加和下渗减少。

(3) 侵蚀与堆积　侵蚀与堆积是地表矿质元素在分配过程的两个方面。在土壤过程发育中，它们自然影响着地表形态，但人类活动而引起的土地利用/土地覆被变化大大影响了它们发生的速率和空间分布。

(4) 生物循环和作物生产　相对于土壤形成的时间尺度，植物和动物生命都比较短暂，动植物遗体的腐烂给土壤增加了肥力，使土壤又生长出更多的植物，并为更多动物提供了食物。土地利用/土地覆被变化可以加速或延缓这种循环。

土壤中微生物种类的多样性与地表植被群落的生产力和多样性呈正相关，并随着植被群落存在的年限而增加。土地利用变化能够直接改变地表的覆被状况，通过改变地表植被群落的类型和组成，影响土壤中微生物的种类和数量。

2. 对土壤养分的影响　近年来，国际上土地利用/土地覆被变化对土壤影响的研究，主要体现在农业化对土壤影响的研究上。研究表明，土地利用/土地覆被变化对土壤的影响，首先表现在对土壤养分平衡的影响上。根据联合国粮农组织在非洲多个国家所做的研究，1982～1984 年农业生产活动对土壤养分平衡带来了极大的影响，平均每公顷损失 22 kg 的氮、2.6 kg 的磷以及 15 kg 的钾，个别国家的情况更加严重，使得土壤养分日渐衰竭。而且随着耕作制度、肥料(包括化肥与有机肥)的施用、农田管理等农业生产经营方式的改变，土壤有机质的含量也会发生很大的变化。

其次，土地利用/土地覆被的变化还导致土壤的理化性质发生了很大的改变。世界范围内，不合理的土地利用方式(如森林的砍伐、矿山开采、陡坡开荒等)导致土壤的理化性质发生了很大的改变。在农业生产中随着机械化程度的不断提高、化肥施用量的不断加大，使得土壤板结现象日趋严重，土壤的酸性日趋增强。在 Rothamsted 进行的 142 年历史的 Park Grass 实验中发现土壤 pH 的最高值达到了 3.7，土壤酸性的增强使得土壤的性质发生了很大的改变。20 世纪 90 年代，世界范围内由于土地覆被变化而引起的土壤损失和退化以及沉积物运输已经极大地增长了。有研究估计，世界由于生产用地而盐碱化的土地面积约有100×10^4 km^2。

土地利用方式和土地覆被类型的空间组合影响着土壤养分的迁移规律，不同的土地单元对营养成分的滞留和转化有不同的作用，氮、磷等重要营养成分在景观中的转化途径也不同。氮的循环在河边林地中(89%)远远高于耕地(8%)，磷也有类似的调查结果，80%∶41%；同时发现氮和磷转化的途径不同。地下水是林地、农地之间氮、磷的主要转化途径，也是林地氮流失的主要渠道，地表径流则是磷转化的主要渠道。

土壤营养成分的迁移在很大程度上依赖于土地利用格局及其变化。由于土壤特别是森林地区的土壤是全球碳循环中主要的碳汇，土地利用/土地覆被变化特别是森林砍伐与农业活动使得固定在土壤中的碳素大量遗失。据研究，耕作活动会带来土壤表层 30 cm 范围内小于 20%或者低于 1.5 kg/cm^2 的碳素损失。另外，还发现农业活动会导致土壤中发生脱氮作用，N_2O、N_2 会被发散至大气之中。据在美国科罗拉多玉米带上的研究表明，由于脱氮作用造成的土壤氮素损失，一般低于向土壤所施氮肥总量的 2.5%，且以 N_2O 所占比重最大，可占到其中的 70%左右。

3. 造成的土壤侵蚀和土地沙化　农业活动使得土壤可蚀性增强，此外，人类不合理的土地利用方式如森林砍伐、陡坡开荒、矿山开采、过度放牧等还造成了不同程度的土壤侵蚀和土地沙化现象。发生在 20 世纪 30 年代的美国大平原地区的黑风暴事件即是由于在当时大平原地区广泛的农业化所导致的环境退化造成的。同时研究表明，土地利用方式的改进可以使土壤侵蚀得到减缓和控制。据在美国红河谷地区的研究结果，农田防护林带的发展、耕作制度与农业技术的改进使得该地区在 1948～1994 年期间飘尘的产生量逐渐减小，土壤受到的风蚀得到了有效控制。

(三) 对水文的影响

土地利用/土地覆被变化对水文(地表水和地下水)的影响表现在对水质和水量的影响上。随着土地开发利用范围的扩大与强度的增加，会造成对水资源需求量的急剧增加，使得全世界许多地方出现了水资源危机。

1. 对水分循环的影响　土地利用结构变化引起了水文生态过程的变化。林地、草地、灌溉用地、建设用地等用地类型数量结构与空间结构的变化都会对水的蒸发、降水、地表径流产生影响。例如，流域内大面积的森林破坏，会使汛期流量增加，枯水期流量减少，径流极值发生了明显变化，影响水循环、水平衡及洪水的发生频率，进而影响对地下水的补给，产生多种水文效应。城市化过程中树木和植被的减少降低了蒸发和截流，增加了河流的沉积量；工业用地、住宅用地、道路等不透水用地的建设降低了地表的渗透和地下水位，增加了地表径流量，相应地加剧了潜在洪水的威胁。

(1) *森林变化的影响* 森林的砍伐影响反射率、树冠的截流、地表的粗糙度，这些同水分和能量平衡有重要联系。从森林转变为短季的种植作物可以节约大量的水分，因为根系发达的树木消耗大量的地下水和土壤水，在集水区种植大量的牧草代替森林已成为提高集水区水量的广泛使用方法。美国Tennessee山区的研究表明，由于种植树木减少了这个区域水量的50%，减少了洪水和土壤侵蚀的危险。

(2) *草地变化的影响* 草地对水分的影响取决于对草地的管理。不适当的管理和过度放牧将引起植被的减少和土壤的板结，使得地下水的供应减少，这会严重地影响靠地下水补给的河流水量。严重的后果可能对区域气候产生影响，如增加地表反射率、减少对流、减少降水、增加大气流的沉降，使区域气候变得干旱。

(3) *耕种的影响(包括灌溉和农业集水)* 大面积的灌溉实践对水分循环有重要的影响。在有些实行灌溉农业的国家，80%～90%的水分通过灌溉消耗了。在大多数干旱地区，每公顷灌溉作物需要消费10 000 t的水分，由于无用的灌溉引起许多问题，盐化和土壤水渍大约占了所有灌溉区的30%。灌溉的结果在一定程度上增加了地表大气中的水分，提高了湿度，降低反射率和日温，有助于降雨的形成。但有些研究表明河流流域灌溉土地的降水并没有显著增加。

(4) *聚居地和其他非农业土地利用影响* 20世纪以来世界人口和城市数量大大增加，城市集中了居民、商业区，还伴随有工厂等大量工业设施，这些要求更多的水分；城市化过程中树木和植被的减少降低了蒸发和截流，增加了河流的沉积量；房屋、街道的建设降低了地表的渗透和地下水位，增加了地表径流量和下游潜在洪水的威胁。

2. 引起的水资源短缺 进入20世纪，由于农业的扩张和工业的发展，全世界用水量剧增。其中，农业用水增加了7倍，工业用水增加了20倍。水资源短缺不仅严重影响居民的日常生活，威胁工农业生产，还造成河水断流、海水入侵等严重的生态环境问题。20世纪90年代来，黄河年年断流，而且断流时间增长，一个重要的原因就是用水量增加。我国的大环渤海地区由于水资源紧缺，地下水超采，地面下沉，造成沿海地区的海水入侵。山东莱州湾地区是大渤海区海水入侵的最严重地区，70年代以来，莱州湾地区的莱州、广饶等地相继发现地下淡水受到海水和苦咸水的侵染；80年代末更趋严重；进入90年代，海水入侵的速度和面积都有扩大的趋势。

3. 对水质的影响 由于人类耕作(特别是化学肥料和杀虫剂的使用)和定居(城市污水)引起的土地覆被的变化已造成了世界性的水污染。研究表明，在一流域内部的各种土地利用/土地覆被类型比例的变化是造成河流水质发生变化的主要原因。很明显，不同的土地利用/土地覆被形式，像林地、农田和城镇会对水质产生不同的影响，不管是地表水还是地下水都是如此。在对密歇根州西南部的Rouge河流域的研究中，人们发现土地利用形式的改变，特别是工业化的发展，使得大量的重金属和有机化学物质排入地下，这不仅造成了对浅含水层的污染，而且还对Rouge河的水质产生了很恶劣的影响。此外，在对于土地利用/土地覆被类型的空间布局是否会对水质产生影响的研究上，现在国际上仍在进行着探讨。一些研究者认为，在流域内部靠近河流处的土地利用类型对河流水质的影响要显著于流域上部的土地利用类型。但是另外的一些研究者则认为，在大流域里因为水文环境的多样性使得流域上部的土地利用类型与靠近河流处的土地利用类型在对河流水质的影响上，它们的重要性是一样的，此外，在土地利用/土地覆被类型空间布局对水质所产生的影响程度大小上，也是有着多种的说法。

4. 对湿地的影响 湿地从面积、数量和分布上来说都是世界上重要的资源，也是世界水循环的重要组成部分。农业在历史上是影响湿地的重要因素，尤其是在淡水流域和河口地区；农业生产的一系列活动，如围海造田、道路和排水设施的修建直接导致湿地数量的减少，现代农业使用的大量杀虫剂和化肥对湿地造成严重的污染，使得湿地质量下降。城市化也是湿地损失的主要原因，城市化过程中产生的污染物如沉积物、需氧物质、营养物质、重金属、细菌和病毒等通过点源污染或非点源污染途径进入湿地，使湿地水质量下降、威胁原有物种的生存。此外，水分循环的改变、造林、工业发展及人类的某些运动(如灭蚊运动)都导致湿地的损失。目前世界湿地面积已大大减少。据估计，自20世纪以来，地球上已消失了将近一半的湿地。我国从50年代开始的较长时间里，由于片面强调以粮为纲，大量地进行围湖造田、围垦造田，也破坏了大面积的湿地生态系统。

另外，土地利用/土地覆被变化对水文的影响还可以体现在对河道、湖泊天然形状的改变上。中国洞庭湖地区由于围湖造田以及湖泊淤积使得洞庭湖湖泊面积日益缩小，同时湖泊形状也变得支离破碎。

（四）对生物多样性的影响

土地利用/土地覆被变化对生物多样性的巨大影响超过了其他任何全球变化成分，它与其他许多全球变化因子相互作用，共同影响着生物多样性。

土地利用/土地覆被类型的变化所造成的景观的破碎化、物种的灭绝与引进以及养分与水汽通道的改变，使得大面积上的植物群落的组成发生很大的变化，同时使得自然群落的发展演替过程受到极大的干扰和破坏。土地利用类型转变后，可以适应新生环境的物种将继续生存下去，迁移能力强的物种将迁徙到附近适宜生境中，而迁移能力弱又未能适应新生环境的物种将在局地灭绝。另外，新生境的建立也会吸引新物种的侵入。例如，在欧洲农业区的研究表明，随着中欧与北欧农业区生产集约性的加强以及长期使用的耕作方式的改变，该地的生物多样性在不断降低。在对欧洲5个国家7个研究区域的鸟类物种丰度与地理位置、土地覆被状况相互关系的研究表明，候鸟种数和调查区域林地面积与数量相关性很高，在欧洲集约化程度很高的农业区域，由于其间大多数的林地嵌块体面积小而分散，鸟类没有足够的空间以满足其需要，造成鸟类种数十分贫乏。

同时，土地利用/土地覆被变化的强度不同也会对生物群落的生物多样性产生影响。由于土地利用改变了地球原有下垫面的性质，生物原有的栖息地大面积减少或受到严重污染与破坏，再加上生态环境恶化等原因，致使全球生物多样性急剧下降。土地利用/土地覆被变化对生物多样性的巨大影响超过了其他任何全球变化成分，并且这种影响会保持几十年。目前，全球1/3～1/2的陆地表面已经被人类活动所改变，一些重要的生态系统变成斑块，产生了许多交错带，引起了生物多样性的变化，有的生态系统实际上已经消失，大量的物种灭绝。在哥斯达黎加东北部的大西洋低地的研究证明，对热带雨林控制之下的择伐不会对植物群落的生物多样性产生较大的影响，而且在砍伐处树种的恢复程度要好于未发生砍伐的地方。当然，如果变化强度很大时，情况就不同了。在墨西哥Chiapas地区的中央高原的研究表明，当原始湿润的栎属树种组成的森林被干燥的针叶林取代以后，林下植物的种数减少了一半。

第三节　土地利用/土地覆被变化主要研究方法

土地利用/土地覆被变化主要采用定性与定量相结合、宏观与微观相结合的研究方法。定性方法主要以定性描述为主；定量研究方法在内容上比较丰富，用定量的方法研究土地利用/覆被变化及相关问题是现今的一大热点。目前，主要的研究方法包括定性定量相结合、宏观与微观相结合、“3S”技术集成等。

一、定性定量相结合

当前LUCC研究方法主要是以数据采集、模型建立和分析预测为主。数据采集方面，目前主要利用“3S”技术集成的手段获取LUCC数据。模型建立方面，目前人们已从不同的目的出发，构建了许多有关LUCC的模型。其目的，一是对土地利用/土地覆被变化过程及主要动因进行科学解释，二是预测土地利用未来变化趋势，三是为可持续发展提供基础资料和理论依据。建立模型是深入了解土地利用/覆被变化成因、过程及预测未来发展变化趋势的重要方法，从不同角度构建模型，对土地利用/覆被变化的研究能起到重要的作用。

定性的研究方法是建立定量研究模型的基础，在定性的研究方法中，经常用到的是概念模型，如土地利用变化驱动力概念诊断模型，用于土地利用变化预测的Delphi模型。

在定量的研究方法中，框架模型主要有土地利用/覆被变化模拟与解释模型、描述模型、预测模型。模拟与解释模型又包括统计模型(回归模型、典型相关分析模型)、系统动力学仿真模型、细胞自动机模型。例如，何春阳、史培军等利用系统动力学(system dynamics, SD)的原理和方法，发展了区域土地利用情景变化SD模型，利用该模型模拟了中国北方13省未来50年不同社会经济情景下的区域土地利用结构变化；王兆礼、陈晓宏等在深圳市土地利用变化驱动力系统分析中建立了GM(1,6)模型，利用该模型预测深圳市建设用地的增长规模。描述模型包括土地资源数量变化模型、土地资源生态背景质量变化模型、土地利用/覆被程度变化模型、土地利用/覆被变化区域差异模型和土地利用/覆被空间变化模型。预测模型包括时间序列预测模型、灰色预测模型、马尔科夫预测模型、系统动力学预测模型、规划预测模型，其中灰色预测模型和马尔科夫预测模型是比较常用的两种模型。例如，波士顿大学地理系的 Ramond J. Dezzani 通过建立一个基于时空框架的马尔科夫模型来衡量波士顿城市土地利用变化率。

二、宏观与微观相结合

土地利用/土地覆被变化研究尺度可分为宏观和微观两种尺度。

在宏观研究中，大致可分为植被模型和可引入社会驱动力的土地利用/土地覆被变化模型。植被模型又包括气候相关法的自然植被模型、采用物种统计法和生长模型法的 GAP 模型等。引入社会驱动力的土地利用/土地覆被变化模型则可以细分为人口增长与土地生产力的关系模型、世界模型、引入社会驱动因子的综合土地利用模型、世界粮食与农业系统全球模型、空间平衡模型、人地系统动力学理论模型、森林与林业领域最优化模型、IMAGE 2.0 模型和 Century 生态模型等。

微观模型包括日本学派的数量模型与经济学模型、中国科学院区域气候模型与长白山森林生态系统的"林窗"模型 NEWCOP、CLUE 土地利用变化及其影响模型、SOLUS 土地利用可持续发展预测模型、SEM 空间平衡模型和 Prototyping 模型等。

三、"3S"技术集成应用

RS、GIS 和 GPS 在土地利用/土地覆被变化研究中已经成为数据获取和数据处理的主要技术手段，并得到了广泛应用。

由于土地利用与土地覆被变化研究要揭示变化的过程和机制。因此，首先要具有能动态地反映变化过程的信息及其处理方法。而遥感技术在这方面大有用武之地，因此得到广泛应用。可利用遥感技术多时相、多光谱的特征提取土地利用与覆被变化信息。目前，主要运用遥感手段监测土地利用动态变化，但由于遥感图像本身的误差、判读标准和判读经验的差异可能存在解译的误差，对于区域界限的划定，需要借助 GPS 进行野外踏勘。对于多源遥感技术提供的海量时空数据，需要利用 GIS 技术强大的空间数据处理功能，为数据的综合处理、动态存取、集成管理和制图提供技术支持。利用先进技术，采用土地利用转移矩阵法、网格制图法等方法，可查明某一地区一定时段内的土地利用/覆被变化现状、格局及发展趋势。因此，运用"3S"技术相结合的手段研究土地利用/土地覆被动态变化越来越普及。

第四节　土地利用/土地覆被变化研究趋势

一、大范围、长期的土地利用/土地覆被变化研究

目前，针对小范围、中短期的土地利用变化及其驱动机制的研究较多，除了分析其土地利用结构变化，确定驱动因子外，还通过各种数理统计方法和相关土地模型对各驱动因子及其与土地利用变化之间的关系进行分析，但对大范围、长期的土地利用/土地覆被变化研究相对较少。

二、土地利用/土地覆被变化研究新方法

我国关于土地利用变化驱动力的研究起步于 20 世纪 90 年代，起步时间较晚，因此无论是从研究的深度和广度，还是研究的地区和时点等各方面都有着进行深一步研究的空间。可以说，我国以往的研究主要集中于土地利用的面积、类型及空间格局的变化，对其驱动力研究近年来虽然有所加强，但在探讨变化时也主要是借助定性描述和统计学的一些指标，分析变化的驱动力研究方法不够完备。综合我国现有的研究方法，主要以统计分析为主，辅以系统动力学、元胞自动机方法、马尔科夫模型等方法模型，虽然统计分析中的相关分

析、主成分分析及系统动力学方法能较为清晰的反映出土地利用变化的主要社会经济驱动所在，但随着科学技术的不断发展、学科研究的不断交叉融合，如何将自然学科和社会学科相结合，探讨新的研究方法，实现这方面的跨学科研究应该是当今研究的重点所在。

参考文献

巢俊杰．2008．常州市土地利用变化及其政策影响研究．南京师范大学硕士学位论文．
陈莹，许有鹏，尹义星．2009．基于土地利用/覆被情景分析的长期水文效应研究——以西苕溪流域为例．自然资源学报，24(2)．
冯异星．2008．遥感与 GIS 支持下的土地利用动态变化研究．内蒙古大学．
上官杨平．2008．上海市土地利用变化及其环境影响研究．上海师范大学．
史培军，宫鹏，李小兵等．2000．土地利用/覆被变化研究的方法与实践．北京：科学出版社．
史培军，江源，王静爱等．2004．土地利用/覆盖变化与生态安全响应机制．北京：科学出版社．
苏瑞红．2008．河北省土地利用/覆被变化及其驱动因子研究．河北师范大学．
唐华俊，吴文斌，杨鹏等．2009．土地利用/土地覆被变化(LUCC)模型研究进展．地理学报，64(6)．
郑艳．2008．县域土地利用变化及驱动机制研究．福建师范大学硕士学位论文．

第九章　人类与自然地理系统

人类是自然地理系统发展到一定阶段的产物。远在地球上出现人类之前，自然地理系统就已遵循其自身的客观运行规律历经了漫长的演化阶段。相对于自然地理系统的发展历程，人类历史虽然短暂，但由于人类所具有的不同于地球上其他任何生物物种的主观能动性及其逐渐形成、发展起来的创造力和破坏力，自然地理系统的后期发展轨迹受到了越来越强烈的人为干预。人类历史实际上是一部关于人类社会与自然地理系统相互作用的辩证发展史，这其中既充满了“征服自然”的自信与喜悦，也不乏“人地冲突”的失败与教训。所幸人类已逐渐意识到自然地理系统对于人类生存与发展的基础、限制和促进作用，开始认真审视人类在其历史长河中修饰自然地理系统举动的是非功过，并在积极勾画未来与自然地理系统协调发展的宏伟蓝图。

第一节　人类与自然地理系统相互作用的阶段性特征

人类自诞生以来，就与其赖以生存的自然地理系统发生着相互作用。随着科学技术的进步和人口的不断增加，这种相互作用的深度和广度都渐次发生了相应变化。据此，可在时间轴上将人类与自然地理系统相互作用的过程大致划分为4个阶段(表9-1)。

表9-1　人类与自然地理系统相互作用各阶段的特征

比较项目	“依附”自然阶段	“顺应”自然阶段	“征服”自然阶段	与自然“共生”阶段
空间尺度	个体、群体	村落、区域、国家	国家、洲际	洲际、全球
自然观	敬畏、崇拜	模仿、学习	改造、征服	调节、适应
主导产业	采集、狩猎	农业	工业	信息业等第三产业
主要技术	原始技术(基于旧石器、木器等工具)	农业技术(基于新石器、青铜器、铁器、犁等工具及耕作制等)	工业技术(基于机器、电器等及社会化生产方式)	信息技术、清洁技术等高新技术
主要能源	薪柴	原始水力、风力	煤、石油等化石能源	替代能源、清洁能源等新能源
主要资源	天然生物资源(主要为野果和野生动物)	农业资源(主要为耕地、淡水等可再生资源)	工业资源(主要为矿物等不可再生资源)、人力资源、资本资源	智力资源、信息资源、可再生资源
资源利用方式	依赖天然生物资源	大规模开发农业资源	掠夺性开发不可再生资源	可持续利用资源
人口增长	极高出生率、极高死亡率、极低自然增长率	高出生率、高死亡率、低自然增长率	高出生率、较低死亡率、高自然增长率	低出生率、低死亡率、低自然增长率(或零增长)
主要人地关系问题	食物短缺	自然灾害、土壤侵蚀、生态破坏	全球性危机(人口、粮食、资源、能源、环境)	人地协调发展

资料来源：黄鼎成等(1997)，有较大改动。

一、“依附”自然阶段

该阶段是时间跨度约三百万年的旧石器时代，对应于人类历史中采集狩猎这一阶段，也可称为农业前阶段。

在这个阶段中，人类开始有目的、有意识地制造最原始的工具，并通过劳动完成了从古猿到古人的飞跃。原始人类利用石头、木头和动物骨头等材料制作最简陋的生产工具，并以此开展采集、狩猎及制作衣服等生产活动。他们只能初级地利用自然界现成的资源，其衣食住行极其简单，但求能果腹蔽体而已。他们的食物供给直接来自所采集的野果和捕获的动物，而无法对食物的自然生产过程做任何干预；衣服的原料则直接取自植物的纤维、动物的皮毛和羽毛。在热带地区，女人的采集活动可提供60%～80%的食物；在寒冷的近极地地区，由于植物的种类和数量极少，食物则主要来源于男人的狩猎和捕鱼。人们通常以小群聚居的方式蜗居于洞穴，并根据食物供给状况（如植物生长量和动物迁徙性）的变化而改变栖息地。

在人与自然界的关系方面，“自然界起初是作为一个完全异己的、有无限威力和不可限制的力量与人对立的，人们同它的关系完全像动物同它的关系一样，人们就像牲畜一样服从它的权力，因而这是对自然界的一种纯粹动物式的意识（自然宗教）”（《马克思恩格斯选集》第1卷）。原始人类要生存就必须依附自然、适应自然。随着原始人类生理的进化和群体的发展，其适应环境的能力在不断提高，其中尤以火的发现和使用意义最为深远，堪称人类发展史上的一个技术里程碑。考古研究显示，距今约170万年前的中国元谋人已会使用火；非洲维多利亚湖附近发现的古代炉灶，其制作年代距今已有约140万年；而距今约50万年的北京猿人则已懂得保存天然火种。得益于对火的使用，人类增加了获取食物和改善生活环境的能力，并通过食用“熟食”促进了自身大脑的进化，这是人类使自己“异于”自然界的开始。但即便如此，由于采集狩猎这种生产方式的效率极其低下，对自然界所造成的影响极其有限，所产生的一些局部变化也仍能为自然大环境所同化。面对强大而深不可测的自然界，原始人类充满了崇拜、敬畏之心，战战兢兢而不敢不依附，因而这阶段的人仍然是“自然界中的人”。

二、“顺应”自然阶段

历史长河缓缓流淌，人类的劳动工具在不断改进和发展。距今约1万年前，人类历史迎来了以石刀、石斧、石锛、石铲、石犁等新石器工具为标志的新石器时代，由此掀开了农业阶段的序幕。

农业阶段之初为原始农业阶段，此时人类因生产力的提高已能捕获数量超过眼前需求的动物，并由此尝试对野生动物进行驯化和养殖，以备日后不时之需，此即畜牧业的开始。人类还从野生植物的天然生长过程获得启发，尝试模仿自然界将野生植物的果实加以播种而任其自然生长，待其成熟时再收获果实，此即种植业的开始。之后人类发明了先放火烧荒再播种的“火耕”方法；紧接着又学会了先以石斧、石锛等工具将树砍倒，待其晒干后再放火烧荒和播种的“刀耕火种”方法；再往后随着耕作活动中石铲、石犁、木耒等工具的加入，又出现了农史上以“整地技术”为标志的“粗耕农业”。原始农业阶段的土地生产力很低，此时的农业还只是农业的雏形，西方文献称之为生计农业（subsistence agriculture）。

真正意义上的农业是因畜力的使用和金属犁的发明而出现的，原始农业阶段因此让位于传统农业阶段。此时人类已能通过掌控被驯化的动物牵引犁耙来翻耕土地，从而大大提高了耕作效率和作物产量；这种先进的耕作方式也被引入对草原土壤的开垦，由此进一步扩大了耕种面积；干旱地区的农民学会了挖掘水渠和引水灌溉，灌溉农业的发展进一步提高了作物产量。随着人类农业活动收获的增加，在扣除了必要的消费后出现了较多的剩余农产品，可以储存起来以应不时之需或用于交换，甚至催生出手工业。农民生活逐渐变得稳定，永久性的村庄逐渐增多，而剩余农产品的交换则萌发了商品经济，集市买卖的兴旺又促进了城市化，一些自然条件和区位条件较好的村庄吸纳了越来越多的人口，遂逐步发展成小镇和城市。

在人与自然界的关系方面，农业阶段较之采集狩猎阶段有了本质上的改变。人类不再只是向自然界索取现成的生活资料，不再只是单纯地依附于自然界，他们开始发挥自己的主观能动性，学会利用水力、风力等能源和耕地、淡水等可再生资源，有目的、有意识地进行生产，以获得所需要的生活资料。由于农业阶段生产的大多为初级产品或仅经初级手工加工的产品，故其所产生的废物依然可被自然界同化。此时的人类还不能制造化肥和农药，也尚未发明现代化的农业机械，对自然灾害的肆虐仍然束手无策，对自然界只能听天由命而无法不顺从。尽管农业生产对植被会有所破坏，对土地的不合理使用也会造成土壤侵蚀，但总体而言还不会根本性地破坏天然生态系统的结构，因而这阶段的人是“顺应自然的人”。

三、“征服”自然阶段

18世纪中叶发生的工业革命导致大规模的机器工业逐渐取代了小规模、作坊式的手工业，人类社会开始从农业阶段过渡到工业化阶段。社会生产力得益于科学的进步而大大提高，工业文明逐渐影响到人类生产和生活的方方面面：农业生产中的犁、耙、镰刀等工具逐渐被拖拉机、收割机等所取代，作物品种不断得到改良，化肥、农药被大规模施用，水利工程日益增多，田间管理措施不断加强，农业生产效率得到大幅度提高；农业生产效率的提高大大缩减了农业从业人数，一批批农村人口迁入城市，城市化水平不断提高；人类的食物越来越丰富，火车、汽车、轮船等先进的交通工具取代了马车和帆船，商品流通和贸易快速发展，人口数量也随生活水平的提高而剧增。

工业化阶段对自然环境的负面影响要比农业阶段大得多：农业、制造业、交通运输业等都需以金属或非金属矿物资源为原料制造机器，并需消耗大量的化石能源来驱动机器，而地球上的这些资源是有限而不可再生的，其耗竭只是时间问题，绝难满足人类的无止境需求；土地资源、水资源、生物资源虽为可再生资源，但在无节制的使用下也会发生退化，甚至丧失其再生机能；自然资源在被工业生产利用后所产生的废气、废水、废渣等废弃物被大量排放到环境中(这其中包括很多分解极其缓慢的人工合成物质)，当排放量超过环境容量时，自然环境将无法同化这些废弃物而出现环境污染，并严重影响到人类的生境、活动和健康……

在人与自然界的关系方面，人类因抗争自然能力的大幅度提高油然而生了一种征服自然和战胜自然的错觉。有人曾对哥伦比亚号航天飞机的宇航员说："多亏了你们，我们现在再一次感到自己像巨人一样。"正是这种"巨人感"的自我意识和主观意志论的极度膨胀，使许多决策者忽视甚至无视人类对自然环境和自然资源的依赖性，对技术应用采取实用主义态度，从而将人类引入了生态困境的深重危机之中。这个阶段经济的高速发展其实是以牺牲人类良好的生存环境为代价换来的。正如恩格斯所说："我们不要过于得意我们对自然界的胜利。对于我们的每一次胜利，自然界都报复了我们。每一次的这种胜利，第一步我们确实达到预期的结果，但第二步和第三步却有了完全不同的意想不到的结果，常常正好把第一个结果的意义又取消了。美索不达米亚、希腊、小亚细亚以及其他各地的居民，为了得到耕地把森林都砍完了，但是他们却梦想不到这些地方今天竟因此成为荒芜不毛之地，因为他们把森林砍完之后，水分集聚和储存的中心也不存在了……因此我们必须时刻记住：我们统治自然界，绝不像征服者统治异民族一样……相反地，我们同我们的肉、血、脑袋一起是属于自然界，存在于自然界中；我们对自然界的整个支配，仅仅是因为我们胜于其他一切动物，能够认识和正确运用自然规律而已"(1957)。恩格斯的此番告诫已过去久矣，随着社会的发展和科学技术的进步，人类对自然界及其运行规律的认识会有所加深；然而遗憾的是，人类对自然界的认识往往总是远远落后于对它的破坏。人类发展是否能进入一个更为理想和科学的阶段呢？

四、与自然"共生"阶段

此阶段也称后工业化阶段。20世纪后半叶以来，以信息技术、生物技术、新材料技术、新能源技术、空间技术和海洋技术等为主要内容的新技术革命的产生与发展，使人类迈入了信息时代。新技术的发展与应用促进了社会生产力的飞跃式发展，产业结构发生了重大调整，人类的物质生活水平大为改善，生活方式也随之大为改变。

信息时代中的各种新技术对自然环境的影响依然是一把双刃剑，其正效应表现在：新能源、替代能源、智力资源和信息资源等有助于减少对不可更新资源的依赖；高新技术、清洁技术和清洁能源等有助于提高劳动生产率和资源利用率，有助于解决工业生产过程产生的环境污染问题；信息技术有助于提高环境管理系统、环境监测系统和污染控制系统的功能及环境保护工作的效率。其负效应表现在：发达国家可能将传统污染型工业转移到发展中国家，从而造成污染物的转移和扩散；发达国家可能利用智能电子武器和生化武器发动战争，破坏生态环境，如海湾地区的生态环境在海湾战争中遭到的极大破坏；新技术、新材料的应用和生产可能产生新的环境污染，如报废的电子产品或元器件形成的垃圾等；新技术带来的产业结构调整虽可促进旅游、服务行业规模的扩大与发展，但由此却可能产生更多的生活型环境污染。新技术革命对人类自身及环境的压力与破坏是隐性的，有些问题目前还难以预测其利弊。

在对待人与自然界关系的认识方面，信息时代的浪潮冲击着传统观念，全球视野增强了人类的"地球村"意识并带来了思维方式的相应改变。通过上一阶段的教训，人们认识到单靠科技手段和工业文明的思维定式去修补环境是不可能从根本上解决环境问题的，必须在各个层次上调控人类的社会行为和改变支配人类社会行为的思想。地球是人类的家园，由于人类对长时间大范围的自然地理系统缺乏调控能力，故只有遵循自然规律，方能与自然界一起共同创造出一个"共生"的理想环境。只有一个地球，人类必须改变单纯发展经济的模式，走可持续发展之路。

第二节 自然地理系统对人类生存与社会发展的影响

地球生物的生存条件是极其苛刻的，太阳温度太低不行，太高也不行；地球与太阳的距离太近不行，太远也不行；地球转慢了不行，转快了也不行；地壳厚了不行，海水深了也不行。一切的一切都必须恰到好处，在诸多条件的千变万化中，任何一个条件只要差了一丁点，生物都无法生存。由此可见，地球上出现原始生命这种事件是概率极小的事件。同时现也已证明，在距地球 40 万亿千米的范围以内没有生命。

人类赖以生存的自然地理系统位于地球表层，其适合高等生物生存要求的架构也只是在地球长达 46 亿年的演化进程中最近一个短暂片段(新生代第三纪晚期)才形成的。自然地理系统是一个与外界不断进行着物质和能量交换的开放系统，而太阳辐射能是其中最主要的能量来源和运行动力，它推动了地球表层的几乎全部自然地理过程，使自然地理系统得以形成和有序发展。地表以近似球面的形态接受太阳辐射能，导致全球气温的水平分布总体呈现从太阳直射的纬度分别向南、北两个方向递减之势，形成自然地理环境的纬度地带性分异。地球以其适中的体积和质量所产生的引力吸引周围的气体，形成了一个具有一定质量和厚度的大气圈，由此保住了水圈并促进了生物圈的形成。大气圈削弱了来自宇宙陨石的灾害性侵袭，使其在到达地表之前能被基本上烧毁，从而有效地保护了自然地理系统的整体安全。距地面 20～25 km 的臭氧层阻挡了约 99%的太阳紫外光线，从而有效地保护了生物圈的安全。大气圈中的电离层使世界的现代通讯成为可能。地球自转和公转产生了一定周期的昼夜交替与季节交替，由此形成了与这种周期性节律相适应的生物种群。坚硬的岩石圈使来自地幔的岩浆不能大量或无规则地涌出地表，使全球性的火山活动大多仅局限于板块的交界处。所有这些因素共同为人类的生存与发展缔造了一个较为适宜的立地基础。

从时间维看，自然地理系统的发展史远较人类发展史长，故自然地理系统是人类的摇篮，对人类的影响体现在作为人类生存的基础和影响人类社会发展两个方面。

一、自然地理系统对人类生存的基础作用

（一）人类是自然地理系统演化的产物

人类是自然地理系统演化到一定阶段(新生代第四纪)的产物，人类的进化与自然地理环境密切相关。人类从早期的蒙昧时代起就开始猜测自身的起源问题，然而直至科学技术突飞猛进发展的现代，对这个问题的详尽解释仍在相关的探索之中。目前，根据多数科学家的看法，一幅描绘人类诞生时的粗略图景已大致展现出来了。

大约在距今二三千万年前，地球生命链条中出现了古猿。当时全球气候温暖湿润，广阔的热带森林里栖息繁衍着成群结伙、衣食无忧的“树栖”性森林古猿。这种“伊甸园”般的图景延续了很长一段时间，直至自然地理环境发生了巨大的变化。距今约 400 万～800 万年前，寒冷的冰河期突然降临，地球变得越来越干冷，森林古猿先前生活的热带森林范围逐渐收缩，许多地方被半干旱气候条件下的草原所取代。于是在森林与草原的交界地区，森林古猿分化出一支“地栖”性草原古猿。这种分化是森林古猿对自然地理环境剧烈变化的一种无奈但却是明智的选择。为了生存，草原古猿不得不改变先前的生活方式，开始时借助天然“工具”，试着在地面上直立行走，利用前肢去抓取物体，并且不得不以动物为食。这样一来，便引起身体器官功能的改变，某些器官的功能逐渐发达起来，特别是大脑变得越来越发达了。正是自然地理环境的改变，草原古猿才得以按照与森林古猿不同的方向去发展，逐渐进化成类人猿。在求生存的斗争中，类人猿大大地发展了自己，它们学会直立行走与手脚分工，并在脑容量不断增大的过程中萌生了语言，更关键的是它们已不再满足于仅仅使用天然“工具”，而要制作更为有效的工具。距今两三百万年前，地球上第一把石质工具被打制出来了，标志着人类这一地球上迄今为止最高级的生物物种的诞生。

（二）自然地理系统与人体之间紧密的物质联系

人类是自然地理环境的产物，是生物的生命活动与其他自然地理过程相互作用并经长期演化和选择的结果。人类从自然地理系统中获取维持生命活动所必需的能量及由各种化学元素组成的物质，并通过新陈

代谢与周围环境不断进行能量和物质交换，人体也因此而与周围环境构成了一个有机统一的整体，并在物质组成上保持着动态平衡的关系。地球化学家们分析了地壳岩石和人体血液中的 60 多种化学元素含量，发现两者间存在很高的相关性(图 9－1)，由此充分证明了人体与自然地理系统之间的紧密联系和统一。

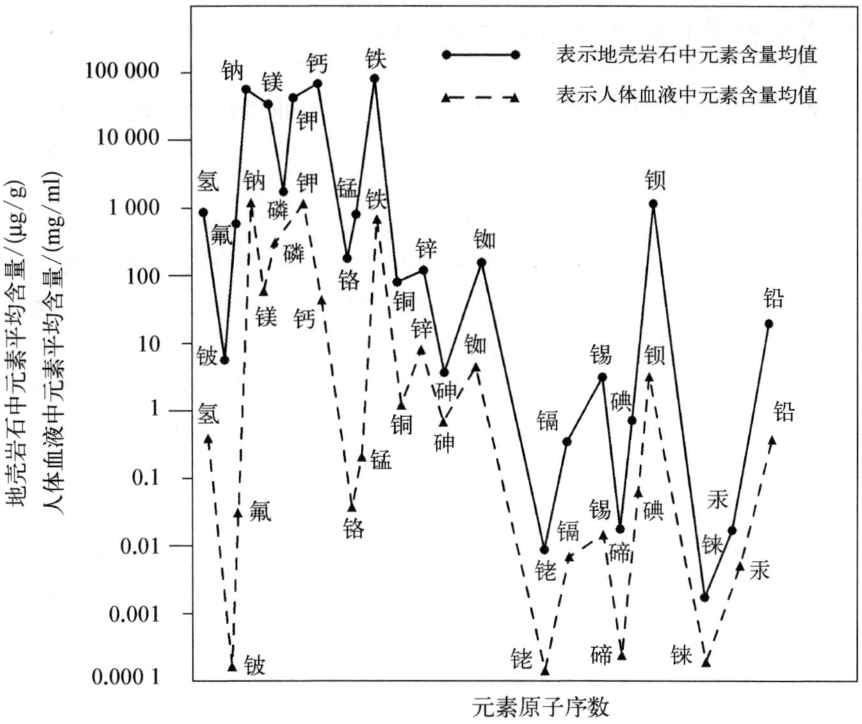

图 9－1　人体血液和地壳中元素含量的相关性

资料来源：夏伟生(1966)，原作者为汉密尔顿

环境中的地球化学元素构成了人体的物质基础，并提供了人体生命活动所需的主要营养物质，在人的生长、发育、衰老、疾病和死亡中起着至关重要的作用。这些化学元素依照生命活动的需要而分布于人体的各个部位，并维持着机体与环境之间的平衡。由于地球化学元素的地域分布并不均匀，有些地方富集，有些地方贫乏，故当人们对某些元素摄入过多或过少时，其机体与环境之间的平衡即被打破，由此可能导致生物地球化学性地方病的发生。如碘过量地区可能出现高碘性甲状腺肿，而缺碘地区则多现甲状腺肿和克汀病；氟过量地区斑釉齿和氟骨症的发病率往往较高，而缺氟地区则往往多现龋齿和老年骨质疏松等症。环境中钴、铜、镍、硼、钼、铅、砷、硒、锌等化学元素的含量与生物地球化学性地方病之间的关联已被医学科学家所密切关注，人类健康与自然地理系统之间的关系越来越被各国政府和人民所重视。

二、自然地理系统对人类社会发展的影响

自然地理系统是非均一的有序客体，其空间排布存在明显的地域分异，并深刻地影响到人类的各种活动乃至社会发展。由于自然条件、自然灾害、自然资源等基本状况往往直接或间接地决定着生产条件，故这些基本状况的地域分异也必然会导致人类活动出现地域差异。自然地理环境优越将有利于人类活动的开展及人类社会的发展，如在地理位置适中、地势平坦、风调雨顺、水丰土沃、自然资源丰富的地区，人口密度往往较大；而在自然地理环境恶劣、自然资源贫乏的地区，则大多人烟稀少。自然地理环境与人类活动的这种关联性在人类发展的早期阶段表现得尤为突出，甚至影响到人类文明的兴衰和社会发展的进程。

(一) 世界古代文明形成的自然地理背景

从全球看，古文明于公元前 3 000 年分别在尼罗河、幼发拉底河-底格里斯河、印度河和黄河之滨相继兴

起。这些大河的中下游地处亚热带,气候暖热生长季较长;地势平坦、土质疏松而便于开垦;河水水量丰沛而便于灌溉与生活取用,洪水泛滥带来的大量淤泥使两岸的土壤变得十分肥沃。这些有利的自然条件为灌溉农业的发展乃至社会的发展提供了必要的物质基础,造就了全球屈指可数的几个灿烂的古文明。

(二) 华夏文明及中国封建社会形成的自然地理背景

从中国看,华夏文明的发祥地之所以出现在中原,其原因也首推黄河带来的土质肥沃、结构疏松的黄土淤泥。这种耕作优势加上季风气候雨热同期的优势,使黄河中下游地区较早地开展了农业生产活动,并先于长江中下游地区而成为中国古代的中心地区。

中国封建社会延续了两千多年,其时间之长使世界上任何其他国家都无法望其项背。而在中国封建社会的发展进程中,自然地理环境对经济、政治、文化均产生了相当大的影响。中国封建王朝的立国之本是农业,而中国的农业又以小农经济为主,这是华夏祖先对中国东部自然条件的一种适应。地球上与中国处于同纬度的其他地区,因受副热带高气压和干热气流的影响,大多为干旱的荒漠。由于中国地处欧亚大陆东部并紧邻太平洋,由海陆热力性质差异形成的独特的季风气候为中国东部大部分地区带来较丰沛的降水。这种水分条件,加上适中的热量状况和肥沃的冲积平原,构成了发展种植业的理想基础。我们的祖先经长期生产实践,充分利用黄、淮、海平原的自然条件发展农业,建立起灿烂辉煌的华夏文化。

中国封建社会选择小农经济为主要的生产方式和经济基础,其主要原因在于季风气候极端的不稳定性。每年季风影响的迟早、强弱变化是造成中国旱、涝灾害频繁的根本原因。灾害频繁决定了中国的农业只可能是小农经济。因为以户为单位的小农经济虽极易受到外界的冲击,但具有极强的再生能力。灾害频繁还使小农经济对储藏极为重视,这当然不利于扩大再生产和发展商品经济。

在对外联系方面,中国东临风大浪高的太平洋,北为寒冷的西伯利亚,从西北、西部、西南直至南部,环绕着干旱荒凉的大沙漠、险峻的青藏高原、横断山脉、云贵高原和东南丘陵,这种地理封闭格局阻碍了中国与外界的商品、技术、文化的交流。加之山地较多而交通不便,且许多河流因水流湍急而无舟楫之便,导致新兴的先进生产方法不易传播,由此进一步加强了小农经济的封闭性。在政治方面,统一的中央集权的封建大国始终是中国封建社会的主导形式,其原因除涉及政治、经济、军事和历史等因素外,还与中国独特的地理环境密切相关,而水患则当属其中最为至关重要的一个原因。中国地势西高东低,珠江、长江、淮河、黄河、海河等大河的上游均地处地势陡然升高的山地,若遇特大暴雨,降水将汇成洪水顺势向下游坦荡的平原倾泻,极易形成水患。中国是一个水患大国,其水患灾害影响往往是流域性的或大面积的,而只有大面积、全流域乃至跨流域的统一治理才是治理水患唯一行之有效的对策。鉴于分散的农户和诸侯小国均难以担当治理水患的重任,封建中央集权政府遂接过此使命,并作为唯一的一种集体力量在兴修水利方面起着决定性的作用。

中国地理环境对传统文化的影响也极其深远,地理环境的"隔离机制"使传统文化具有封闭和内向的特点及强烈的"自我中心主义倾向",中国人因此一向自视为"天朝之国"。伴随文化自我中心主义而产生的文化优越感,使古代中国人认为将文明由内向外单向辐射是文化传播的唯一形式。

(三) 欧洲资本主义社会形成的自然地理背景

随着人类文明的发展,全球近代文明的中心逐渐迁移至地处温带、濒临大西洋的欧洲。欧洲自然要素的组合对耕作业发展虽远不及中国等古文明国家有利,但由此却促成了耕作业与畜牧业的交杂并存,催生了不同生产方式之间的交流,从而有利于手工业和商业的发展。此外,欧洲地理环境提供的航海条件也大大优于中国,而航海的发达则促进了与外界的商品、技术、文化的交流和商品经济的发展。一旦人类社会发展呼唤出现某个比封建社会更为先进的阶段时,欧洲所有这些有利于资本主义发展的地理环境因素就开始起作用了,在这些因素和社会因素的共同作用下,资本主义社会率先出现在欧洲。

(四) 不发达的自然地理背景

人类社会的生产力水平和文明进程发展到今天,世界上仍然存在着一大批不发达国家和地区长期得不到发展。导致不发达国家和地区贫困与落后的社会原因很多，诸如不合理的国际经济体系和国际经济秩序、内外动荡的政治局势，以及历史上殖民主义的疯狂掠夺等，这些早已被许多社会科学家所不断剖析。那么，这其中是否也存在地理环境方面的因素呢？

全球至今仍有一些地方处于极其落后的社会发展阶段，如南美的亚马孙雨林、非洲的丛林、太平洋中的一些岛屿等处就生活着发展水平停留在石器时代的原始人群。高山、密林、海洋等自然屏障限制了他们与外部社会的交流，而当地的自然地理环境和土著人的生产水平只能提供原始的生活需求。地理环境因素对当地发展的延缓作用仿佛穿越时空隧道再现了人类发展早期的图景。

世界上不发达国家和地区绝大多数分布在地球的30°N～30°S范围内，除社会因素外，该范围内严酷的自然生态环境不能不说是不发达所固有的触发条件。与贫困和不发达状况一致性最显著的因素之一是炎热。热带地区拥有植物种类最丰富的热带雨林生态系统，但孕育这些植物的土壤（砖红壤）却并不肥沃，其原因就在于炎热虽能促进植物快速生长，从而为土壤提供丰富的枯枝落叶，但同时也加快了微生物的分解速度，使土壤腐殖质无法得到充分积累，造成土壤腐殖质层很薄，肥力很低。与森林土壤相比，农田土壤因缺乏树木林荫遮蔽而裸露在热带的强烈阳光之下，其原有的一些腐殖质会被迅速分解掉，造成土壤结构恶化，保水性严重下降，肥力极低，农田作物收成极少。炎热还会降低体力劳动者的劳动效率，并导致各种害虫、寄生虫、微生物、病菌、病毒等的大量繁殖，殃及人体自身及庄稼。热带地区与贫困和不发达状况一致性最显著的另一个因素是降水的变化多端：降水空间分布不均匀，赤道附近雨水过多，其两侧雨水又太少；降水的年内变化很大，每年水灾与旱灾交替发生；降水的年际变化也很大，一年暴涨，一年暴落，年际变化率一般高达15%～20%，甚至超过40%；降水强度大，如在非洲尼日利亚北部，90%以上的雨水是以每小时大于25 mm的暴雨形式降落的，这不仅不利于土壤获取水分，还会造成水土和矿物质养分的严重流失，使土地日益贫瘠。此外，热带地区还常年饱受破坏性极大的热带风暴的定期袭扰，且易受到地震、火山等突发性灾害的威胁。所有这些不利的自然地理环境因素都极大地制约着这些地区的发展。

当前地球陆地还有35%～40%的区域基本无人居住，全球1/3的人口集中于1/7的土地上，全球人口分布格局深受自然地理环境地域分异的影响。

总之，自然地理系统对人类社会发展起着促进和限制作用，这种作用在人类社会发展的早期往往是决定性的，并在任何国家和地区的社会发展进程中深深地打上了自然地理环境影响的烙印。但随着科学技术和人类社会的进步，自然地理系统对人类社会发展的影响在一定程度上有所削弱，而人类对自然地理系统的影响则变得日益广泛和深刻。

第三节 人类对自然地理系统的影响

脱胎于自然地理系统的人类具有双重属性，其生物学属性意味着人与其他生物物种一样，需依赖自然界中的空气、光、热、水、营养物质等来维持自身的新陈代谢及种族繁衍，人的血和肉都属于自然界；其社会学属性则意味着人是有别于其他生物物种的高等生物，可通过自己的主观能动性有意识地去认识自然和改造自然，以满足自己不断增长的需求。随着人口爆发式地增长，以及人类向自然界索取的欲望和能力的非线性扩张，自然地理系统承受了越来越大的压力。

一、人口增长对自然地理系统的压力

人类的生存与发展有赖于自然资源，而自然资源并非取之不尽、用之不竭的（尤其可耕地、淡水、矿物等），这就使得地球可养活的人口数量必定存在着一个极限。对此极限，目前多数学者倾向于生态学家根据生物圈总的生产力推算出的结果——82.5亿人。全球人口增长若超越此极限，将可能导致自然地理系统的崩溃。

人类自诞生以来经历过漫长的人口低增长阶段，但近几十年间却出现了高达2%～3%的年增长率，以致人口增长10亿所耗费的时间在不断缩短（表9－2）。2009年3月联合国经济和社会事务部人口司发布的报告指出，到2050年全球人口总数将从68亿增长至90多亿。人口极限被逾越之日为时不远，人口增长对自然地理系统的压力正接近自然地理系统的承载阈值，人类必须赶在这一天到来之前将自身的繁衍速度降下来，

直至零增长。科学家的忠告绝非危言耸听,人类必须正视人口增长及其活动所产生的自然地理环境后果。

表 9-2 世界人口增长 10 亿所耗时间表

年　　份	世界人口总数	人口数增长 10 亿所耗时间
1850	10 亿	
1930	20 亿	80 年
1960	30 亿	30 年
1975	40 亿	15 年
1987	50 亿	12 年
1999	60 亿	12 年
2012	70 亿(预测数)	13 年
2026	80 亿(预测数)	14 年
2050	90 亿(预测数)	24 年

注: 本表绝大部分数据引自陈淳的《考古学与现代工业文明的忧虑》(据复旦大学新闻文化网,http://news.fudan.edu.cn/2009/0608/21698.html),并经整理而成。

二、人类活动的自然地理环境后果

为谋求生存与发展,人类自诞生起就从未停止过对自然界的改造活动,由此产生了各种各样的自然地理环境后果。由于人类活动的基本目的是获取自然资源,故对其活动的自然地理环境后果的分析大致可沿对各类自然资源影响的脉络来展开。

(一) 人类活动对土地资源的影响

1. 土地数量与人类需求的矛盾　地球陆地表面积共 1.48×10^8 km^2,扣除其中 0.14×10^8 km^2 被冰雪所覆盖的部分后就仅剩约 1.34×10^8 km^2,此即人类赖以生存和发展的基地的总数量。在这个总数量中还有约 60.4%不适宜耕作(如森林、沙漠、沼泽地、冻土带等),人类为满足人口增长及发展的各种需求,曾不断试图利用这部分不适宜耕作的土地,但这些违反自然规律的开发要么付出了昂贵的代价而进展缓慢;要么则在获得一些眼前及局部效益的同时,却因破坏生态平衡格局而留下了长期及更大范围的隐患。所以,要拓宽人类的生存空间,自然地理系统所提供的土地资源确实已没多大余地可挖了。

土地是人类生存与发展的根基,而其中最为珍贵的当属可耕地,即那些适宜耕作的平坦而肥沃的优质土地。全球耕地面积迅速减少的警报已不断发出,当前其减少的速率已达惊人的 2 300 m^2/s。土地沙漠化、土质劣化、非农建设占用、灾害损毁等原因均可减少耕地,而欲通过开荒、围垦等方式加以补偿的思路却受到可耕地资源匮乏的极大限制。耕地数量锐减与人口数量激增这两种作用的叠加必然导致人均耕地面积下降,而这一人地关系矛盾的激化极有可能引发生存危机。中国这一矛盾的尖锐性举世瞩目: 以占全球不足 7%的耕地养活 22%的人口,足见其耕地的生态负荷之沉重。据测算,中国 2030 年实现粮食完全自给所需耕地的数量为 1.30×10^8 hm^2;若仅按 1996 年《中国的粮食问题》白皮书中确定的 95%的自给目标,则所需耕地的数量也达 1.233×10^8 hm^2。从保障经济发展和粮食安全考虑,专家们曾为中国耕地数量的下限设置了 1.2×10^8 hm^2(约 18×10^8 亩)这道红线;而截至 2008 年 12 月 31 日,中国耕地总面积已降至 1.217×10^8 hm^2,且其后备资源的开发潜力尚不足 333×10^4 hm^2(2.74%)。耕地红线近在咫尺,保护耕地刻不容缓。

2. 土地质量退化的方方面面　面对土地尤其可耕地数量的有限性及人口的不断增长,人类采取了一系列措施试图增加农作物的产量。但鉴于增产增收的进程往往与过度开垦、灌溉不当、滥施农药化肥等不良方式相伴随,许多地方的土地质量因此出现了严重退化,关于土壤侵蚀与水土流失、土地沙漠化、土壤次生盐渍化、土壤污染等方面的报道随处可见。

(1) 土壤侵蚀与水土流失　人类活动影响下的土壤侵蚀包括常态侵蚀和加速侵蚀。前者的速度接近于天然侵蚀速度,一般不会破坏土壤结构;而后者多与滥伐森林、陡坡耕垦、过度放牧、铲挖草皮、筑路开矿等过程相伴随,其速度超出天然侵蚀速度 150 倍,土壤结构多遭破坏而裸露岩石,之后再难恢复重建。

土壤侵蚀造成的水土流失危害极大：纵横的沟壑破坏了地表的完整性，给耕作及其他生产活动造成困难；肥沃表土流失后造成土壤肥力下降，影响农作物产量；泥沙淤积河道加剧洪涝灾害，恶化生态环境。目前，全球每年因水土流失而损失的土壤高达 260×10^8 t，此速率高出天然土壤再造速率好几倍。中国是全球水土流失最为严重的国家之一，每年约流失土壤 50×10^8 t，损毁耕地 6.67×10^4 hm^2，水土流失防治的任务紧迫而艰巨。

(2) 过度开垦与土地沙漠化　土地沙漠化多发生于干旱、半干旱及某些半湿润地区，其触发因素主要是人类的过度樵采、不合理垦殖和过度放牧等。沙漠化所导致的水土流失加剧与土地贫瘠化已使不少国家饥荒连年不断。

目前全球沙漠及沙漠化土地面积共约 $4\,560.8\times10^4$ km^2，约占陆地面积的 1/3，主要集中在非洲和亚洲。非洲的撒哈拉沙漠正以 6 km/a 的速度向北扩展，极有可能越过地中海扩展至西班牙、西西里岛、希腊及整个东欧地区。至 2025 年，非洲之角可能将有约 4 亿的环境难民因沙漠化而逃离家园。中国是受沙漠化危害最严重的国家之一，国家林业局第三次全国荒漠化和沙化状况公报的数据显示，截至 2004 年全国沙化土地面积为 173.97×10^4 km^2，约占国土面积的 18.12%。

阻止沙漠化进程的前提是控制人口与家畜数量的增长，采取封沙育草和营造防风固沙林等措施，并进行林、牧、水利等综合开发治理，以达到退沙还土之目的。

(3) 灌溉不当与土壤次生盐渍化　天然状态下的土壤盐渍化主要发生在干旱、半干旱地区及受海水侵灌的滨海低地地区，但灌溉不当等原因亦可引起地下水位上升而造成土壤中盐分的积聚并发生盐渍化，此即土壤次生盐渍化。土壤次生盐渍化会造成土壤板结及肥力下降，导致耕地生产力降低或丧失，耕地面积将因弃耕地的增多而缩减，环境质量亦将受到影响。

全球约有 30 个国家不同程度地受到土壤次生盐渍化危害，其中以巴基斯坦的印度河平原最为典型。对印度河的开发造就了这个世界上最大的灌溉区，在给巴基斯坦带来 90%的食物和 50%的电力的同时，却因采用大水漫灌方式且排水不畅而导致农田出现严重的次生盐渍化，并已因此丧失了 1/10 的耕地。治理盐渍化是人类必须面对的全球性农业开发难题。

(4) 工业化与土壤污染　土壤污染主要源于工业化时代农药与化肥的过量施用、农田污水灌溉、固体废弃物倾倒，以及工业废气和汽车尾气排放形成的酸雨和降尘等。土壤污染物通过农作物产品的传递直接危及人体健康。

中国的农田污染与工业化进程紧密相连。早在 20 世纪末，受农药和劣质化肥严重污染的农田就已达 $1\,600\times10^4$ hm^2，受工业“三废”污染农田亦达 $1\,000\times10^4$ hm^2。如乡镇企业快速发展的浙江省已成为主要的土壤氟污染区(邓英淘，1999)。对土壤污染的治理必须从治理污染排放源头与改进农业增产方式两方面抓起。

(二) 人类活动对气候的影响

1. 改变下垫面性质，影响热平衡和气候　气候是太阳辐射、大气环流与下垫面共同作用的结果。目前人类尚无法改变太阳辐射的收支状况及大气环流的基本格局，但可通过改变下垫面来影响局部区域的热量平衡和小气候。如砍伐森林、兴建城市、扩大灌溉面积、排干沼泽水、修建水库等活动可不同程度地改变地表局部的反射率及水热条件而形成各种小气候效应，其中被讨论最多的是城市的“热岛效应”。

2. 向大气中排放温室气体和热量，干扰热平衡和气候　人类活动向大气层排放出各种废气和热量，可对大气的组分、地-气系统的热平衡和气候产生不同程度的影响，并造成大气污染。这些影响随人类活动规模和强度的增加而日益增强，其中以二氧化碳等温室气体排放量的不断增加所产生的“温室效应”最为瞩目，其影响范围已呈从区域向全球扩展之势。

2008 年，由国际上 10 名卓越的科学家组成的研究小组称，当今地球大气中的二氧化碳含量已达危险水平，倘若未来几十年内不能被显著降低的话，很可能将导致全球气候发生灾难性的变化。2009 年 12 月 7～19 日，《联合国气候变化框架公约》第 15 次缔约方会议暨《京都议定书》第 5 次缔约方会议在丹麦哥本哈根召开，有来自 193 个缔约方大约 4 万名各界代表及 119 名国家领导人和国际机构负责人出席。此次会议的规模及各方面的关注程度前所未有，体现出国际社会加强应对气候变化国际合作的强烈政治意愿。经各方艰苦磋商，大会分别以《联合国气候变化框架公约》及《京都议定书》缔约方大会决定的形式通过了有关成果文件，并以附加文件的方式通过了《哥本哈根协议》。尽管这一协议不具约束力，但这是国际社会向共同应对气候变化这一方向迈出的重要一步，社会舆论甚至普通百姓也都开始关注“低碳经济”了。

（三）人类活动对水资源及水平衡的影响

1. 淡水资源供给与人类需求的矛盾

（1）*淡水资源总量的有限性和空间分布的不均匀性* 地球上各类水体总储量达 138.6×10^9 km^3，其中淡水仅有约 3.5×10^9 km^3（占 2.53%）；再扣去其中无法利用的部分（如冰川、永久雪盖、永冻土底冰、深层地下水等），仅剩下极其有限的 119×10^4 km^3，此即目前人类可以利用的地球淡水资源总量。

有限的淡水资源空间分布很不均匀，全球约 65%的淡水资源集中在 10 个国家，而占世界总人口 40%的 80 个国家却严重缺水。各国人均水资源拥有量相差悬殊，如加拿大人均年可用水量为 1.2×10^5 m^3，而马耳他则不足 100 m^3，两者相差 1 200 多倍。

（2）*人均淡水资源需求的递增性* 人类对淡水资源需求的递增来自两方面的驱动：① 新增人口对淡水资源的需求；② 人均淡水资源需求量随时代的进步不断递增的压力。1999 年世界人口较 20 世纪 50 年代增加了 1.4 倍，而同期的农业用水增加了 5 倍，工业用水增加了 26 倍，家庭及生活用水增加了 18 倍。据估计，到 2025 年全球将有 18 亿人处于极度缺水的状态；而到 2050 年世界人口将可能突破 90 亿，上述两方面驱动压力的叠加将使人类的水资源需求量成倍增长，而与水资源总量的有限性及空间分布的不均匀性构成尖锐的供需矛盾。

2. 水资源污染与浪费 人类当前面对的水资源短缺不仅有资源性缺水，还包括水体污染导致水质恶化不能使用而造成的水质性缺水。联合国水资源世界评估报告显示，全球每天约有 200 t 垃圾倒入各种水体，而每升废水足可污染 8 L 淡水；流经亚洲城市的所有河流均被污染；美国有 40%的流域被食品加工废料、金属、肥料和杀虫剂等污染；欧洲 55 条河流中仅有 5 条的水质勉强合格。2003 年中国废污水排放总量达 680×10^8 t，较 1980 年增加了 1 倍多。目前全球有 11 亿（其中中国 3.2 亿）人口无法得到安全饮用水。

面对总量有限而又频频被污染的水资源，水资源浪费的现象却比比皆是。例如，许多发展中国家基础设施陈旧，水库、水渠、管道等的渗漏严重而普遍；农业灌溉采用大水浸灌、串灌方式，浪费严重；工业用水的重复利用率也很低。

3. 水利工程对区域水平衡的影响 地表水时空分布的不均匀给人类活动带来了极大不便，人类很早就开始为改变这种状态而兴修水利，由此对区域水平衡产生了很大的影响。

（1）*修建水库和防洪堤造成的影响* 修建水库是调节地表径流的时间分配，获取防洪、灌溉、发电、养殖等效益的一种有效方式，早在 1989 年全球已建成的水库就已能调节全球总径流量的 1/10（古迪，1989）。但修建大型水库对生态环境的影响不容忽视，这其中被讨论最多的当属埃及在尼罗河上修建阿斯旺大坝的利与弊。修建防洪堤是为了防范河水泛滥，但也因此约束了河流在丰水期的流势，改变了水情要素。早在春秋战国时期，黄河两侧就出现了防洪堤，秦汉以后更形成了两岸统一的堤防系统，将黄河约束于两堤之间，从而根本改变了黄河下游的形态，使黄河河道具有“善淤、善决、善徙”的特点，形成黄河与人类的尖锐矛盾（钱正英，2006）。

（2）*跨流域调水造成的影响* 跨流域调水旨在调节地表径流的空间分配，将丰水地区“过剩”的水资源输送到缺水地区。据不完全统计，全球已建、再建或拟建的大型跨流域调水工程有 160 多项，主要分布在 24 个国家，见诸于恒河、尼罗河、亚马孙河、密西西比河等大河之上。水资源调入地因此增加了水域面积，加强了水域与大气圈含水层间的水分垂直交换，地表水得到补偿和调节，水的自净能力及水质得以改善。但水资源调出地及工程沿线地区受到的负面影响不可忽视，如水资源调出地的河流下游及河口地区可能因径流量减少而导致污染物浓度增加，还可能引起咸水倒灌及增加河水含盐度，最终将影响到当地的生态环境。调水工程沿线若有污染源，则可能传输受污染的水。中国的南水北调工程将沟通长江、淮河、黄河、海河四大流域，这将有助于缓解北方地区的水资源短缺；但此工程也将改变水资源的天然分布格局，并将对相关区域的生态环境产生深远影响。

（四）人类活动对生物资源及生态平衡的影响

1. 人类活动对生物资源的影响　人类对生物资源的影响主要表现在对森林、草原、鱼类等资源的破坏上。森林具有多种经济价值，同时在保护动物、调节气候、净化空气、涵养水分、保持水土等方面发挥重要作用。但人类从古至今始终以获取其经济价值为主要目的在砍伐森林，森林资源不断遭破坏，不少地方已成无林区。据2005年联合国粮食及农业组织发表的《全球森林资源评估报告》，世界森林面积已不足40×10^4 hm^2（约占陆地总面积的32.3%）。砍伐原始森林对森林动物的打击是毁灭性的，而森林生态功能的丧失更可引发一系列生态灾难，如生物物种减少、气候异常、空气污染、水土流失加剧、土地沙化、土壤肥力下降等。

草原的经济价值主要体现在通过放牧收获的各种畜产品上，而其特殊的生态功能则是森林所无法取代的。在不适宜生长森林的半干旱、半湿润、高原等地区，正是由草原生态系统担当起维持生态平衡的重任。片面追求草原的经济价值带来的过度放牧甚至耕垦都有悖于当地的自然地理系统运行规律，由此可引发一系列生态灾难，如草原生物多样性降低、草场退化、草原沙化、草原盐渍化、沙尘暴等。

鱼类资源的经济价值很高，且具有有限的可再生及可重复利用机制。遗憾的是人类过度的捕捞行为已在破坏这种宝贵的机制。据2007年3月联合国粮农组织发布的《世界渔业和水产状况报告》，全球野生鱼类的年捕捞量已达创纪录的$9\,500\times10^4$ t，加上水产养殖在内的全球渔业年产量为1.4×10^8 t，其中25%用于鱼粉和鱼油生产，其余75%则直接用以食用。在全球野生鱼类种群中，52%已接近或达到可持续捕捞要求的最大限度，17%被过度捕捞，7%已枯竭。过度捕捞将严重破坏海洋生态系统和淡水生态系统的可持续发展，其严重性仍未引起公众足够的重视。

2. 人类活动对生态平衡的影响　生态平衡表达的是某一区域内的生物与生物、生物与环境之间在长期适应过程中建立起来的相对稳定的结构状态。要维持天然生态系统，就应注意对生物资源利用的强度不应超出生态系统的承载能力，以免其再生与平衡机制被打破而招致系统崩溃。人类活动往往要破坏天然生态系统而代之以人工生态系统（毕竟后者的生产力要高于前者），则原有的生态平衡将被新的平衡所取代。单一的人工生态系统结构的有序性或复杂性一般不如天然生态系统，其稳定性更低而更不易抵御外界干扰对系统结构的破坏，如用农田生态系统取代森林生态系统就会遇到这种情景，而用“林-草-田”等复合生态系统的效果就将好得多。

人类在破坏各种天然生态系统的同时，也在探索构建合理的人工生态系统，这种人工生态系统不仅应具备较高的资源循环利用的生产力，还应具备较强的平衡与抗干扰能力。这其中最值得称道的当属桑基鱼塘模式。地处中国亚热带湿润地区的珠江三角洲，水热条件极佳且多低洼潦水，当地农民从明清时期起就尝试在低洼处挖塘养鱼，再挖出肥沃的塘泥堆积成基以植桑，而后用桑叶养蚕并用蚕粪喂鱼，如此在桑-蚕-鱼这些生物之间构建了一个物质循环利用的良性通道，实现了高生产力与高结构稳定性的平衡。类似的模式还有蔗基鱼塘、果基鱼塘、菜基鱼塘和稻田鱼塘等。

（五）人类活动对矿物资源的影响

地球的矿物资源是大自然历经亿万年漫长的地质年代而形成的不可再生资源，其储量有限且空间分布很不均匀。随着人口的增长，以及生产与生活需求的增长，矿物资源的消耗量也以空前的速度增长，并对其剩余储量发出严峻的挑战。以石油为例，全球石油资源的地理分布很不均衡，主要集中于北半球。2008年世界已探明的石油剩余储量约为$1\,838.82\times10^8$ t（其中中东地区占了2/3），而当年世界石油产量为36.48×10^8 t。若按此储量与年产量之比推算，世界石油储量寿命指数（用以衡量其可利用期限）仅为50年；尽管未来还可能探明一些新油田（如开发难度及成本都很高的海底油田），但即便将此因素考虑在内，有推算表明世界石油储量按目前的开采速度也仅够再用100年，最多150年。煤、天然气、金属等其他矿物资源的情况也大致相仿：煤的储量寿命指数为122年，天然气为58年，铝为224年，铜为41年，铅、汞均为22年，镍为65年，锡、锌均为21年，铁为167年。

显然，地球的矿物资源不可能满足人类需求的持续增长。人类如不降低目前的矿物资源消耗速度，则所有的矿物资源终将被耗完，新的发现只能延缓而不能阻止这一天的到来。需求的持续和无止境增长必然要导致资源危机。

第四节 人类与自然地理系统协调的可持续发展

人类自诞生以来，与自然地理环境相伴随依次经历了“依附”自然、“顺应”自然、“征服”自然等阶段。在“征服”自然阶段后期，人口爆炸、粮食短缺、资源过度消耗、能源危机、经济危机、环境污染和生态失衡等一系列全球性问题不期而至，由此迫使人类开始重新审视自己在自然地理系统中的位置，积极探索人类与自然地理系统的对立统一关系，努力寻求与自然长期“共生”、和谐统一的可持续发展道路。

一、人类与自然地理系统的对立统一关系

人类从诞生之日起就与自然地理系统发生着密切的联系，维持着一种对立统一的相互关系。从对立角度看，由于人类社会系统及经济系统与自然地理系统有着完全不同的运行规律，彼此在运行中就有可能发生冲突。如人类社会系统及经济系统在从低级到高级的渐次演进过程中，其人口数量及对自然资源的需求量不断递增，由此希望自然地理系统能为之做出尽可能多的贡献，尤其当人类因拥有越来越强大的改造自然的能力而使主观能动性极度膨胀时，哪怕违反自然规律也在所不惜；而自然地理系统的运行则顽强地遵循其固有的客观规律及各个阶段的约束要求，并通过各种因果反馈机制对任何超出约束要求的干扰做出反应，由此就必然地要对人类的各种“非分”之举进行严厉的报复。从统一角度看，自然地理系统发展演变到今天这种状态是其各组成要素共同作用的结果，这其中也包括较晚加入该系统的人类这一特殊要素的作用。故从某种意义上看，人类也是自然地理系统的构建者。自然界中的天然生态系统似乎与生俱来就是那样合理。经过亿万年的进化，环境造就了生物，生物适应了环境。组成生态系统的各个要素相生相克，通过负反馈机制使得任何要素的数量都不可能过多或过少，各要素之间维持着一定的比例关系。人类作为一种高等生物，应当明了这种生态平衡机制，明了自己与其他生物物种乃至其他自然地理组分间的相辅相成关系，在不违反自然地理系统客观运行规律的前提下，引导其由低级向高级转化，向更有利于人类生存与发展的方向演变和发展，实现人类与自然地理系统的和谐统一。

二、可持续发展思想与人地和谐统一

“可持续性”意即“不间断性”或“连续性”，是一种对物质运动状态的描述；而由此引出的“可持续发展”则主要强调要将发展及其所依赖的物质基础（资源）在代际之间合理地调配，以使发展能长期持续下去。对可持续发展思想的理解有助于把握人地和谐统一发展的正确方向。

（一）“可持续发展”的提出与深化

1972 年 6 月 5 日，在生态灾难和环境危机日益加剧的威胁下，全球 113 个国家政府的代表和有关团体的 1 300 多名代表聚集在瑞典的斯德哥尔摩剧院，举行了联合国人类环境会议。这是人类史上第一次将人类环境问题纳入世界各国政府和国际政治议程，也是世界各国代表针对环境的全球性影响第一次在一起共商对策。人类环境会议的基调是“只有一个地球”，人类应当同舟共济，保护已是千疮百孔的地球环境，维持生态平衡。此次会议尽管存在着各种分歧，但大会最终还是在“人类必须保护环境”这一点上达成了一定的共识，大会通过的《关于人类环境的斯德哥尔摩宣言》体现了这一共识。会议所形成的《人类环境行动计划》已初步显现可持续发展的基本含义。

1980 年由国际自然保护联盟（IUCN）牵头，与联合国环境规划署（UNEP）及世界自然基金会（WWF）等国际组织一起发表了题为《世界自然保护战略》的报告，其副标题为《可持续发展的生命资源保护》。该报告分析了资源和环境保护与可持续发展之间的关系，其中的“保护”意味着管理人类利用生物圈的方式，使得生物圈在给当代人提供最大持续利益的同时保持其满足未来世代人需求的潜能；而“发展”则意味着改变生物

圈及投入人力、财力、生命和非生命资源等去满足人类的需求与改善人类的生活质量。此报告初步给出了可持续发展概念的轮廓及内涵。

1987 年 11 月世界环境与发展委员会(UNCED)向联合国第 42 届大会提交了《我们共同的未来》这份著名的报告,报告分为共同的问题、共同的挑战和共同的努力三大部分。世界环境与发展领域最优秀的学者们通过这三部分内容表达了他们的总观点——从一个地球到一个世界。他们提出“一个经济发展的时代必须立足于使环境资源得以持续和发展的政策,使越来越多人贫困化及环境恶化的发展将难以满足下一世纪的需求。我们需要有一条新的发展道路,不是一条仅能在若干年内在若干地方支持人类进步的道路,而是一直到遥远的未来都能支持全球人类进步的道路”。明确提出人类应走可持续发展的道路。

1992 年 6 月联合国在巴西里约热内卢召开了世界环境与发展大会,有 183 个国家和国际组织的 1.5 万名代表(其中有 117 个国家的首脑)聚集在一起,共商人类如何摆脱环境危机的对策。在这个被称为“地球首脑会议”的大会上,可持续发展的概念被接受并具体体现在《里约环境与发展宣言》(又名《地球宪章》)和《21 世纪议程》这两个纲领性文件之中,前者可视作一个关于国家和公众行为基本准则的框架,后者则为一个行动方案。大会还签署了《气候变化框架公约》、《生物多样性公约》和《关于森林问题的原则声明》。可持续发展由此首次得到世界最广泛和最高级别的承诺。需指出,发达国家和发展中国家在里约会议上虽就环境与发展问题达成了共同实施可持续发展的准则,但要在全球真正建立起平等与合作的伙伴关系,并将会议的承诺付诸行动及消除承诺与行动之间的差距,这实在不是一件容易的事情。

2002 年 8 月在南非约翰内斯堡召开了可持续发展世界首脑会议,有 191 个国家的代表(其中有 104 个国家元首或政府首脑)出席会议。会议旨在纪念世界环境与发展大会召开 10 周年,回顾《21 世纪议程》的执行情况及存在的问题,并制定一项新的可持续发展行动计划。最终通过了《关于可持续发展的约翰内斯堡宣言》和《可持续发展世界首脑会议实施计划》。

(二)“可持续发展”的概念和四项基本原则

《我们共同的未来》报告的策划者布伦特兰夫人最初将可持续发展的概念简明地定义为“既满足当代人的需求,又不损害后代人满足其需求的发展”,由此概括出可持续发展概念的两个重要内涵:一是需要,二是限制。

在此基础上,《里约环境与发展宣言》提出 27 点原则,将可持续发展的概念表述为“人类应享有与自然和谐的方式过健康而富有成果的生活的权利。为了公平地满足今世后代在发展和环境方面的要求,求取发展的权利必须实现”,并阐述了可持续发展中社会、经济与环境的发展要求,以及国家、团体、个人、自然之间的相互关系。根据这些内容,并针对中国和国际的具体情况,可将其概括成以下四项基本原则。

原则一:发展原则　此原则包括两方面含义:① 它强调发展的必要性,认为发展是可持续发展的核心,必须通过发展来提高当代人的福利水平,那种认为必须停止经济发展以保护环境的观点是不可取的;② 追求经济发展须具有长远观点,既要考虑当前发展的需要,又要考虑未来发展的需要和发展的后劲,不能以牺牲未来的发展能力为代价来换取一时的高速度,不能以牺牲后代人的利益来满足当代人的发展。这既是可持续发展的一般原则,对中国而言也是实现现代化,避免发展中途夭折的必要条件。这一原则可进一步表述为:人类的发展是历史的积累过程,发展是硬道理,没有当前的发展,未来的发展也就没有基础。但发展必须是可持续的,不能竭泽而渔。若现在的发展破坏了人类生存的物质基础,发展就难以持续,也就违背了发展的根本宗旨,发展本身也就失去了意义。

原则二:协调性原则　经济和社会的发展不能超越资源和环境的承载能力。适当投资于自然资本,投资于自然资源的保护和改善,扩大资源和环境的支撑能力,这是经济和社会发展的内在要求。中国人口众多,人均耕地资源、水资源、矿物资源及森林覆盖率等均远低于世界平均水平,资源、环境对经济和社会发展的制约明显。着眼于 21 世纪的发展,必须在现实的经济发展和提高资源承载力之间合理配置资源,适当投入资金来维护自然资本,投资于资源勘查、环境整治,以及旨在防止自然资本的枯竭和减少的技术创新等项活动。投资于技术创新有助于增加可资利用的自然资本,因为能够用于经济活动的自然资本将部分地取决于技术水平。换言之,自然资源的可用量在不同的技术水平条件下是不同的,是随着技术水平的提高而增加的。

原则三：质量原则 可持续发展强调经济发展的质，而不仅仅是经济增长的量。这正是中国政府反复强调的“积极促进经济增长方式的根本转变”的关键所在。经济发展应避免单纯依靠扩大资源投入和刺激消费来增大经济总量，应以尽可能低的资源代价去达到提高人民生活质量之目的。在传统经济发展模式中，环境保护被看作是发展的制约；而在可持续发展概念下，生产过程及其产品对环境的影响程度，与产品的功能、耐久性、可靠性及易于使用的程度等质量要素一样，被看作是经济发展的质的一个重要方面。可持续发展还要求创造产业竞争力，提高经济运行效率。从长期看，要使全球人口都达到发达国家目前的健康水平和物质资料的丰富程度，各种经济活动就应进行得更加有效，单位经济增长所消耗的能源、原材料及产生的废弃物也应更少，从而达到最佳的生态效益。

原则四：公平性原则 包括本代内公平、代际公平、资源利用和发展机会的公平等方面。从国际角度看，坚持发展中国家在资源利用和经济发展中的公平机会，既是发展中国家的利益所在，也是保持全球经济协调发展的必要基础。发达国家优先利用了地球上的资源，这一长期以来形成的格局，剥夺了本应由发展中国家公平利用的那一部分地球资源来促进自己经济增长的机会。目前全球贫富悬殊与两极分化的状况是不可持续的，故发展中国家应将消除贫困作为最优先的努力方向。从国内角度看，使广大民众在发展中普遍受益，改善低收入阶层的物质文化生活状况，这既是发展的目的，也是保证有足够的发展动力和拓宽发展空间的要求。政府应当保护承受能力差的阶层，应当重视区域发展的均衡性和公平性，对落后地区要给予政策支持和经济扶持，促进地区间的协调发展。

可持续发展的概念成功地缓冲了发达国家呼吁保护环境与发展中国家捍卫发展权的冲突，并使南北双方环境与发展的要求相互协调，体现了平等的原则，为停滞多年的南北对话留下了一个较大的余地。从这个概念产生的形势和历史过程看，可持续发展不是从单一角度可以概括的概念，而是一个生态的、经济的、政治的综合概念。可持续发展思想为人地和谐统一发展指明了正确的方向。

三、人地和谐统一发展的主要途径

1. 控制人口数量，提高人口素质 地球生物赖以生存的能量归根结底来自地球以一定的表面积接受的一定数量的太阳辐射能；其中被绿色植物固定的那部分能量通过食物链的传递与转换，并按生态金字塔格局决定着生物圈总的生产力，以及生产者和各级消费者之间数量的比例分配。这表明天然生态系统的负载是有限的，各种生物的生存与繁衍由此受到最基本的约束。具有主观能动性的人类，曾不断试图借助科学技术进步来提高人类生态系统金字塔的能量转换效率及对各种自然资源的利用率，以期在提高生活水准的同时也能保持人口数量的不断增长，但这种愿望受到了地球表面积、热力学定律及自然资源有限性等诸多限制。有理性的人类应当深刻认识生态系统及自然地理系统的运行机制和承载限度，并赶在各种全球性人地冲突及危机发展到不可收拾的局面之前，就能通过自觉地降低人口出生率，将人口数量稳定于环境容量的临界限度乃至最适限度以内；同时还应提高人口素质，提高民众的生态文明意识，提倡适度消费与“低碳”消费，合理利用资源和保护环境。

2. 转变经济增长方式，改善自然地理环境质量 发展经济是满足人类生存与进步之必需，也是改善自然地理环境质量之物质保证。贫困是环境恶化的根源，而只有合理地发展经济才能消除贫困，并从根本上避免环境恶化。经济增长有两种方式：① 依靠生产要素数量的增长来扩大生产规模的所谓外延型增长方式，走的是一种拼资源、拼资金、拼劳力的粗放型生产之路；② 依靠生产要素效率的高度发挥来实现质量和效益的提高的所谓内涵型增长方式，走的是一种依靠科技进步和提升人力资本、循环利用资源、低投入、低消耗、高产出、高效益的集约型生产之路。长期以来，发展中国家大多采用第一种方式发展经济，对环境的破坏极大；而发达国家多已采用第二种方式发展经济，对环境的不利影响很小。转变经济增长方式是解决发展与保护的矛盾、提高发展质量、保证发展可持续性的必由途径。

3. 依托系统论的整体观，开展自然地理环境建设 自然地理环境是由诸多要素组成的有机综合体，保护和改善自然地理环境必须从系统论的整体性观点出发，运用系统工程的理论和方法，以全球性视野来考量和解决一系列环境问题，避免头痛医头、脚痛医脚的修修补补。近年来，人们在经历了先发展后治理、先破坏后保护的曲折过程后，提出了“环境建设”的新概念，即人类在与自然合作的基础上，既按照社会经济规律合理组织社会系统和经济系统，又遵循自然规律设计和营造人工与自然协调的人类生态系统；在经济发展的同时,构建一个人地互利共生、更有利于人类发展的理想的自然地理环境。

必须指出,人类活动的实质是社会活动,社会制度及经济政策的合理性是积极建设自然地理环境的根本前提。人类利用和建设自然地理环境的方向和程度,不仅取决于生产力的发展水平,还取决于生产方式的合理性,人地协调发展的根本出路在于社会的进步。

4. 提高政府的执政能力,培育公众的议政与监督意识 人类发展是一项有组织的社会生产活动。伴随着人类知识水平和文明程度的不断提高,这种活动的组织性、有序性和协调性必将有进一步的提高。因此,处于某种特殊地位的决策活动与管理活动必将直接或间接地影响到发展的速度、发展的规模和发展的质量,而决策能力和管理水平的提高既维系着政府的执政能力,也维系着公众的议政与监督意识。人类发展的历史在这方面留下了许多宝贵的经验和教训,人类过去的行为和决策失误相对而言还仅限于局部,还不足以对整个人类及其子孙后代构成严重的威胁,人类犯了错误还有改正的机会;但这种机会如今已不复存在了,当代的任何行为和决策失误,不论发生在地球何处,其后果都不可避免地具有普遍乃至全球的性质。因此,当代社会的任何决策和计划,如果包含这样的错误,则意味着人类将为之付出长期而沉重的代价。提高政府的执政能力,培育公众的议政与监督意识,应被视为实施可持续发展战略,保持人地和谐统一的必要的社会保证。

参考文献

贲克平. 国际上大规模跨流域调水工程实例. http://www.sdnsbd.gov.cn/jishuguanli/ShowArticle.asp?ArticleID=9.

陈淳. 考古学与现代工业文明的忧虑. http://news.fudan.edu.cn/2009/0608/21698.html.

陈静生,蔡运龙,王学军. 2007. 人类-环境系统及其可持续性. 北京:商务印书馆.

陈玉恒. 2004. 大规模、长距离、跨流域调水的利弊分析. 水资源保护,2.

大气中二氧化碳已构成威胁. http://www.stdaily.com/kjrb/.

邓英淘. 关于我国土地资源退化状况的综述. http://www.ecrcass.com/ECRCASS/CTTB/1999/1999_16.htm.

第三次全国荒漠化和沙化状况公报. http://www.forestry.gov.cn/sub/FstList.aspx? id=fszs.

葛京凤. 2005. 综合自然地理学. 北京:中国环境科学出版社.

黄鼎成,王毅,康晓光. 1997. 人与自然关系导论. 湖北:湖北科学技术出版社.

粮农组织说全球森林面积净流失比率逐年减少. http://www.un.org/chinese/News/fullstorynews.asp?newsID=4681.

刘南威,郭有立,张争胜. 2009. 综合自然地理学. 第三版. 北京:科学出版社.

马光等. 2000. 环境与可持续发展导论. 北京:科学出版社.

钱正英,陈家琦,冯杰. 2006. 人与河流和谐发展. 河海大学学报(自然科学版),34(1).

山本良一. 2005. 1秒钟的世界. 王莹,崔扬译. 北京:北京出版社.

世界渔业和水产状况报告. 2007. http://www.fao.org/index_zh.htm.

守住全国耕地不少于18亿亩这条红线. http://www.mlr.gov.cn/zt/17thtudiri/4.htm 5.html.

水土流失使我国每年损失土壤50亿吨. http://news.xinhuanet.com/zhengfu/2002-05/27/content_410941.htm.

孙金华,颜志俊,倪深海. 2005. 人类活动对水资源影响要素分析. 人民黄河,27(11).

汪恕诚在国际灌溉排水委员会第19届国际灌排大会暨第56届国际执行理事会上的讲话. http://www.mwr.gov.cn/ldxw/wsc/zyjh/20050915000000058252.aspx.

伍光和,王乃昂,胡双熙等. 2008. 自然地理学. 北京:高等教育出版社.

夏伟生. 1966. 人类生态学初探. 兰州:甘肃人民出版社.

晏路明. 2001. 人类发展与生存环境. 北京:中国环境科学出版社.

印度河 痛苦的河谷. 2009. http://www.icec.org.cn/gjjl/fyyd/200903/t20090319_49514.html.

中国科学院地理科学与资源研究所. 世界水论坛呼吁以实际行动解决水危机. http://www.igsnrr.cas.cn/xwzx/kydt/200303/t20030320_1813635.html.

中国科学院可持续发展战略研究组. 可持续发展的研究历程. http://www.chinapop.gov.cn/rklt/gzyj/200403/t20040326_140085.htm.

中国最新公布：全国耕地面积为 18.257 4 亿亩. 2009. http://news.xinhuanet.com/newscenter/2009-02/26/content_10904418.htm.

古迪. 1989. 人类影响——在环境变化中人的作用(中译本). 北京：中国环境科学出版社.

2008 年世界油气储量、产量分析. http://www.lrn.cn/zjtg/academicPaper/200903/t20090324_345079.htm.